Heiner Newe
Heiderose Thomsen-Newe

MIT DEM WOHNMOBIL NACH BAYERN

Teil 1: Der Nordosten

Die Anleitung für einen Erlebnisurlaub

DER WOHNMOBIL-VERLAG
D-98634 Mittelsdorf/Rhön

Die Deutsche Bibliothek – CIP-Einheitsaufnahme

Bibliografische Information der Deutschen Bibliothek

Die Deutsche Bibliothek verzeichnet diese Publikation in der Deutschen Nationalbibliografie.
Detaillierte bibliografische Daten sind im Internet über <http://dnb.ddb.de> abrufbar.

Titelbild:
Bamberg, altes Rathaus in der Regnitz (Tour 6)

2. korrigierte Auflage 2014

Druck:
www.schreckhase.de

Vertrieb:
GeoCenter, 70565 Stuttgart

Herausgeber:
WOMO-Verlag, 98634 Mittelsdorf/Rhön
Position: N 50° 36' 38.2" E 10° 7' 55.6"

Fon: 0049 (0) 36946-20691
Fax: 0049 (0) 36946-20692
eMail: verlag@womo.de
Internet: www.womo.de

Autoren-eMail: Newe@womo.de

Alle Rechte vorbehalten.
Alle Angaben ohne Gewähr.

ISBN 978-3-86903-312-9

EINLADUNG

„Warum in die Ferne schweifen, wenn das Gute liegt so nah!" Mit diesem leicht abgewandelten Zitat von Johann Wolfgang von Goethe möchten wir Sie einladen eine Region Deutschlands zu besuchen, die teilweise unberührt scheint.

Neben den „Highlights" dieser Region, wie die fränkische Metropole Nürnberg, die UNESCO-Welterbestädte Bamberg und Regensburg, die Wagnerstadt Bayreuth oder die allseits bekannten Naturlandschaften der Fränkischen Schweiz, des Altmühltales und des Bayerischen Waldes, gibt es sehr viel mehr zu entdecken.

Wir nehmen Sie mit in wenig bekannte Städte und Städtchen, die sich mit Stadtmauern, Tortürmen und tadellosem Fachwerk von ihrer romantischen Seite zeigen. Führen Sie zu märchenhaft und unberührt erscheinende Seen und Flusslandschaften, die kaum jemand kennt und suchen mit Ihnen einige der schönsten Schlösser, Burgen und Burgruinen auf. Wir führen Sie in fantastische Höhlen und zu Klangerlebnissen der besonderen Art. Wenn Sie mögen, wandern und radeln wir auch mit Ihnen auf den schönsten Strecken entlang der Flüsse und alten Kanäle. Einige Museen von überregionaler Bedeutung haben wir auch für Sie auf dem Programm.

Auf unsere Tischkultur wurde aus dieser Region erheblich Einfluss genommen. Wussten Sie das? Täglich nutzen wir Teller und Gläser, die in dieser Region produziert wurden. Wir führen Sie in die Orte, die dieser Region mit Porzellanmanufakturen und Glaskunst einen besonderen Glanz verliehen haben.

Wir zeigen Ihnen natürlich auch, was in dieser Region auf den Teller und in die Gläser kommt. Das ist nicht wenig, sehr schmackhaft und verblüffend preiswert. Hier werden die Teller nicht mit Speisen dekoriert, hier werden sie gefüllt!

Diese Region wird Ihnen gefallen. Wir haben uns bemüht, Sie ihnen „wohnmobilgerecht" aufzubereiten.

Einen schönen Urlaub wünscht das Autorenpaar

Sehr geehrte Leserinnen und Leser, liebe WOMO-Freunde!

Reiseführer sind für einen gelungenen Urlaub unverzichtbar – das beweisen Sie mit dem Kauf dieses Buches. Aber aktuelle Informationen altern schnell, und ein veralteter Reiseführer macht wenig Freude.

Sie können helfen, Aktualität und Qualität dieses Buches zu verbessern, indem Sie uns nach Ihrer Reise mitteilen, welchen unserer Empfehlungen Sie gefolgt sind (freie Stellplätze, Campingplätze, Wanderungen, Gaststätten usw.) und uns darüber berichten (auch wenn sich gegenüber unseren Beschreibungen nichts geändert hat).

Bitte füllen Sie schon während Ihrer Reise das Info-Blatt am Buchende komplett aus und senden Sie es uns sofort nach Ihrer Heimkehr zu (per Brief, Fax oder formlos als eMail).

Dafür gewähren wir Ihnen auch bei späteren Buchbestellungen direkt beim Verlag ein Info-Honorar von 10%.

Aktuelle Korrekturen finden Sie unter: forum.womoverlag.de

Um die freien Übernachtungs- und Campingplätze auf einen Blick erfassen zu können, haben wir diese im Text in einem Kasten nochmals farbig hervorgehoben und, wie auf den Karten, fortlaufend durchnummeriert. Wir nennen dabei wichtige Ausstattungsmerkmale und geben Ihnen eine kurze Zufahrtsbeschreibung. »Max. WOMOs« soll dabei andeuten, wie viele WOMOs dieser Platz maximal verträgt und nicht, wie viele auf ihn passen würden (schließlich gibt es auch Einwohner und andere Urlauber)!

Übernachtungsplätze mit **B**adeinmöglichkeit sind mit hellblauer Farbe unterlegt. **W**anderparkplätze sind grün gekennzeichnet. **P**icknickplätze erkennen sie an der violetten Farbe. Auf Schlafplätzchen, denen die gerade genannten Merkmale fehlen – also auf einfache **S**tellplätze – weist die Farbe Gelb hin.

Empfehlenswerte **C**ampingplätze haben olivgrüne Kästchen. Wanderungen, die wir Ihnen besonders ans Herz legen möchten, haben wir ebenfalls grün unterlegt.

Und hier kommt das Kleingedruckte:

Jede Tour und jeder Stellplatz sind von uns meist mehrfach überprüft worden, wir können jedoch inhaltliche Fehler nie ganz ausschließen. Bitte achten Sie selbst auf Hochwasser, Brandgefahr, Steinschlag und Erdrutsch!

Verlag und Autoren übernehmen keine Verantwortung für die Legalität der veröffentlichten Stellplätze und aller anderen Angaben. Unsere Haftung ist, soweit ein Schaden nicht an Leben, Körper oder Gesundheit eingetreten ist, ausgeschlossen, es sei denn, unsere Verantwortung beruht auf Vorsatz oder grober Fahrlässigkeit.

INHALT

Anreisewege
Zeichenerklärung für die Tourenkarten .... S. 6
Wir starten in den Nordosten Bayerns .... S. 7

20 Touren durch Bayern
Tour 1:   Von Coburg in den Frankenwald .... S. 8
Tour 2:   Vom Frankenwald ins Fichtelgebirge .... S. 26
Tour 3:   Vom Fichtelgebirge nach Coburg .... S. 48
Tour 4:   Von Coburg nach Bayreuth .... S. 62
Tour 5:   Von Bayreuth nach Bamberg .... S. 74
Tour 6:   Von Bamberg nach Coburg .... S. 92
Tour 7:   Von Bayreuth nach Weiden in der Opf. ...... S. 108
Tour 8:   Durch das Stiftland und den Steinwald .... S. 120
Tour 9:   Durch den Oberpfälzer Wald .... S. 140
Tour 10:   Von Wernberg-Köblitz nach Pegnitz .... S. 154
Tour 11:   Von Pegnitz nach Nürnberg .... S. 170
Tour 12:   Von Nürnberg nach Bamberg .... S. 188
Tour 13:   Von Ansbach nach Treuchtlingen .... S. 204
Tour 14:   Von Treuchtlingen nach Nürnberg .... S. 222
Tour 15:   Von Treuchtlingen nach Greding .... S. 234
Tour 16:   Von Greding nach Nürnberg .... S. 246
Tour 17:   Von Greding nach Regensburg .... S. 260
Tour 18:   Von Regensburg nach Wernberg .... S. 278
Tour 19:   Durch den nördlichen Bayerischen Wald ..... S. 290
Tour 20:   Durch den südlichen Bayerischen Wald .... S. 304

Tipps und Tricks
für Reisevorbereitung und Urlaub .... S. 322

Stichwortverzeichnis
Die wichtigsten Stichwörter zum Nachschlagen .... S. 326
Bildnachweis .... S. 331

Tourenübersicht
Alle Touren auf einen Blick .... S. 337

Zeichenerklärung für die Tourenkarten

	Autobahn ohne und mit Tourverlauf
	4-spurige Straße ohne und mit Tourverlauf
	Hauptstraße ohne und mit Tourverlauf
	Nebenstraße ohne und mit Tourverlauf
	Sonstige Straße ohne und mit Tourverlauf
Tour 7	Kennzeichnung benachbarter Touren
6 466 St2230	Straßennummern
....	Wanderweg
– – –🚢– – –	Route eines Ausflugsschiffes
S	Stellplatz ohne Übernachtung
11	Stellplatz mit freier Übernachtung
W	Wanderparkplatz ohne Übernachtung
12	Wanderparkplatz mit freier Übernachtung
P	Picknickplatz ohne Übernachtung
13	Picknickplatz mit freier Übernachtung
B	Badeplatz ohne Übernachtung
14	Badeplatz mit freier Übernachtung
213	WOMO-freundliche Gaststätte
⊢	Trinkwasserentnahmestelle
V/E	Ver- und Entsorgungsmöglichkeit
WC	Toilette
⊙	Stromanschluss
△	Campingplatz
	(Alle Übernachtungsplätze sind im Text und auf den Tourenkarten fortlaufend durchnummeriert)
—·—·—	Staatsgrenze
	Nationalpark
	Sperrgebiet
Wehrkirche ♱ ♱ Kloster	Kirche, Kloster
Wülzburg ⚔ ⚔ Ruine Randeck	Burg/Schloss, Ruine
Schulerloch ⋒	Höhle
Blasturm ▯	Turm
⛲	Kurbad
•······•	Seilbahn
Rauher Kulm ▲ 682 m	Berggipfel mit Höhenangabe
⚹	Aussichtspunkt
Weltenburger Enge ✸	Sehenswürdigkeit Natur
Saalequelle ✸	Sehenswürdigkeit Gewässer
Kornhaus ✸	Sehenswürdigkeit Kultur
N50° 19' 50.3" E11° 42' 40.6"	GPS-Daten (im Text)

Wir starten in den Nordosten Bayerns

Das Wochenende oder ein verlängertes Wochenende ist für den Wohnmobilisten ein vielfach genutzter Zeitraum, um einen Kurzurlaub in heimischen Gefilden durchzuführen. Mit dieser Erkenntnis im Hinterkopf haben wir die 20 Touren dieses Buches angelegt.

Wir starten – fast ausnahmslos – eine Tour immer in unmittelbarer Nähe einer Autobahnabfahrt und lassen sie, ebenso fast ausnahmslos, an anderer Stelle in der Nähe einer Autobahnauffahrt enden. Wenn man nicht sehr weit von dieser Region entfernt lebt, kann man also nach Arbeitsende starten und muss im Zielgebiet, nachdem man die Autobahn verlassen hat, nicht lange nach einem Stellplatz suchen. Ab dem darauffolgenden Tag hat man dann die Zeit und hoffentlich auch die Muße, die gewählte Tour abzufahren. Apropos Zeit: Die Angaben der Reisezeit in Tagen ist ein schwieriges Unterfangen, denn jeder hat seinen eigenen Rhythmus und seine eigenen Interessen. Der eine dehnt eine Wanderung aus, der andere unternimmt erst gar keine, sondern fährt nur von Ort zu Ort. Die Angaben könnten also nur eine vage Vorstellung über die Zeit vermitteln, die man benötigt, um die jeweilige Tour zu absolvieren, deshalb haben wir sie weggelassen. Wenn Sie mit Muße reisen und alles anschauen und machen wollen, was wir in diesem Buch aufgelistet haben, wird in den meisten Fällen ein Wochenende für eine Tour nicht reichen, da wird es dann schon ein verlängertes Wochenende sein müssen.

Start- und Endpunkte der Touren bilden vielfach einen Knotenpunkt, an dem mehrere enden, andere in verschiedene Himmelsrichtungen starten. So lassen sich die Touren auch bequem zu längeren Reisen aneinanderhängen. Schauen Sie doch dazu einmal in die hintere Umschlaginnenseite, dort finden Sie eine kartografische Übersicht der Reiserouten.

Jede Tour hat ihren eigenen Schwerpunkt und fast jede führt durch einen anderen Landschaftstyp. Zwischen stark frequentierten Straßen und Stellplätzen wie auf der Tour 13 oder wenig belebten Straßen und Orten wie auf der Tour 8 reicht die Spannbreite.

Sie haben die Wahl! Gute Reise!

Wenn Sie uns direkt ansprechen möchten:
Heiner Newe
Schönblickweg 16
72213 Altensteig-Wart
e-mail: newe@womo.de

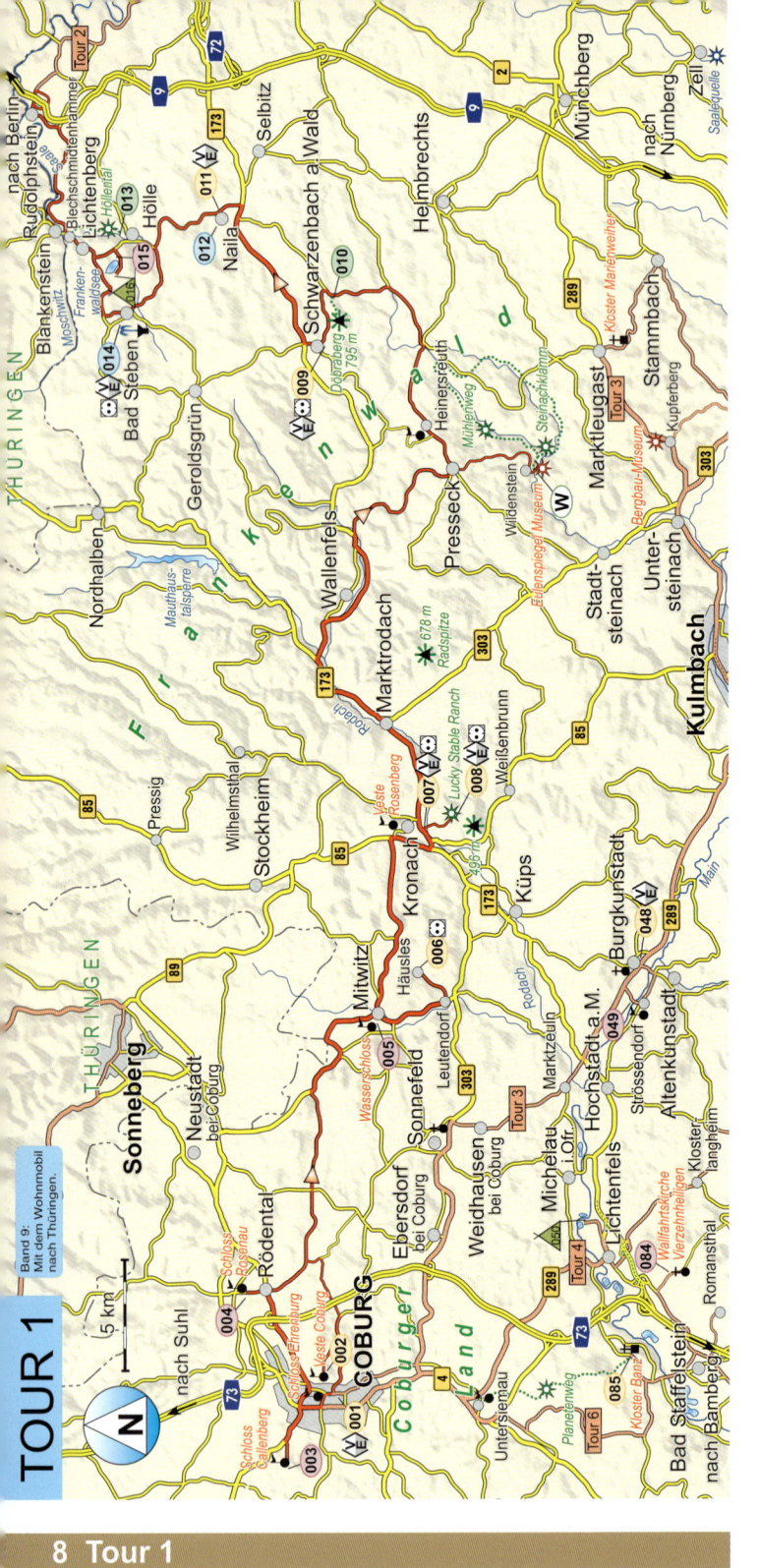

TOUR 1 (ca. 165 km)

Coburg – Mitwitz – Kronach – Presseck – Schwarzenbach – Naila – Hölle – Bad Steben – Lichtenberg – Rudolphstein

Freie Übernachtung:	Coburg, Mitwitz, Schwarzenbach, Hölle, Lichtenberg
Stellplätze:	Coburg, Mitwitz-Häusles, Kronach, Schwarzenbach, Naila, Bad Steben
Campingplätze:	Lichtenberg
Ver-/Entsorgung:	Coburg, Kronach, Naila, Bad Steben, Lichtenberg
Besichtigungen:	Coburg (Altstadt und Veste), Schloss Callenberg, Schloss Rosenau mit Parkanlage, Mitwitz (Wasserschloss), Kronach (Altstadt und Burg), Presseck (Eulenspiegel Museum), Bad Steben (Kurpark), Lichtenberg (Burgruine)
Wandern:	Presseck (Steinachklamm, Mühlenweg), Schwarzenbach (Döbraberg), Hölle (Höllental)
Baden/Wellness:	Naila (Freibad), Bad Steben (Kuranlagen)

Wir beginnen mit COBURG, der schönen alten Residenzstadt der Herzöge von Sachsen-Coburg. Über die A73 ist die Stadt gut an das Autobahnnetz angeschlossen. Der Stellplatz am Großparkplatz Anger an der Schützenstraße ist leicht zu finden. Auch wenn nur 9 Stellplätze offiziell ausgewiesen sind, bietet die Größe des Platzes bei Bedarf auch wesentlich mehr Fahrzeugen Raum. Obwohl der Platz mitten in der Stadt liegt, erweist

Coburg, Marktplatz mit Prinz-Albert-Denkmal und dem Stadthaus.

Von Coburg in den Frankenwald

Schloss Ehrenburg mit Denkmal für Herzog Ernst I auf dem Schlossplatz.

er sich in der Nacht doch als erstaunlich ruhig. Ideal ist der Standort, um die Innenstadt mit ihrem nahezu quadratischen Marktplatz zu besichtigen. Nur ca. 600 Meter sind dafür vom Stellplatz durch Ketschentor und über die Ketschengasse zurückzulegen. Ein besonders malerisches Bild bietet der Platz mit den prächtigen Fassaden des Stadthauses und des gegenüber liegenden Rathauses in der Abenddämmerung. Weitere 200 Meter entfernt wirkt das in englischer Neugotik errichtete **Schloss Ehrenburg** und das im klassizistischen Stil errichtete **Landestheater** mit dem dazwischen liegenden **Schlossplatz** nicht weniger reizvoll. Das Schloss kann im Rahmen einer Führung besichtigt werden. Wer barocke Pracht und

(001) WOMO-Stellplatz: Coburg - Großparkplatz Anger

GPS: N50° 15' 11.6" E10° 57' 48.8"
max. WOMOs: 9.
Ausstattung/Lage: Asphaltierter Platz am Rande des Großparkplatzes Anger, gebührenfrei.
Zufahrt: Über die Bamberger und Schützenstraße dem Parkleitsystem mit der Beschriftung „Anger" folgen.
Ver- und Entsorgung: An der Aral-Tankstelle an der Bamberger Straße (ca. 500 Meter).

(002) WOMO-Stellplatz: Coburg - Veste

GPS: N50° 15' 47.6" E10° 59' 23.8"
max. WOMOs: 5.
Ausstattung/Lage: Befestigter Parkplatz auf der Brandensteiner Ebene, außerorts.
Zufahrt: Über die Löbelsteiner Straße der Wegweisung zur Veste folgen.
Ver- und Entsorgung: Keine

höfischen Glanz mag, der wird dies sicher gerne tun und erfährt dabei noch so ganz nebenbei, welche verwandtschaftlichen Beziehungen die Heiratspolitik des Hauses Sachsen-Coburg in Europa hervorgebracht hat.

Veste Coburg

Die Veste ist eine der größten Burganlagen Deutschlands. Sie thront auf einem Dolomitfelsen 167 Meter oberhalb der Stadt. Mit ihrem dreifach gestaffelten Befestigungsring aus Türmen, Wehrmauern und Bastionen prägt sie das Landschaftsbild des Coburger Umlands und hat der Veste den Beinamen **„Fränkische Krone"** eingebracht. Es ist eine sehr gepflegte Burganlage, die hier zu einem ausgiebigen Besuch einlädt. Um die Anlage mit ihren Gebäuden, Räumlichkeiten und Ausstellungen zu besichtigen sollte man mindestens einen halben Tag einplanen. Die Kunstsammlungen in der Veste sind sehr umfangreich. Neben vielen Gemälden (u.a. von Lucas Cranach d.Ä.) und Skulpturen gibt es eine sehr große Waffensammlung mit ca. 10000 Exponaten sowie eine außergewöhnliche Glassammlung von der italienischen Renaissance bis zum Art Deco des 20. Jahrhunderts. Die Aussicht von der Burg ins Umland ist phantastisch.

Vom **Schlossplatz** führen über einen Terrassenbau Wege in den großen Hofgarten. Diese schöne Anlage endet am Fuße des Festungsberges. Von hier aus weisen markierte Fußwege den weiteren Weg zur **Veste**.

Veste Coburg, die „Fränkische Krone"

Wer zum Parkplatz an der Burg hochfahren möchte, muss, wenn er aus der Innenstadt kommt, einen kleinen Umweg über die Löbelsteiner Straße in Kauf nehmen. Der direkte Weg über

Innenhof Schloss Callenberg.

die Festungsstraße ist für Wohnmobile nicht geeignet. Der Platz in unmittelbarer Nähe der **Veste** auf der Brandensteinsebene ist für die Übernachtung eine gute Alternative, vor allem dann, wenn unten in der Stadt der riesige Parkplatz durch eine Großveranstaltung blockiert ist.

Eine weitere Übernachtungsalternative ist der Parkplatz [**003: N50° 16' 44.3" E10° 55' 13.4"**] von **Schloss Callenberg**, unserem nächsten Etappenziel. Dazu fahren wir von COBURG in Richtung BAD RODACH und folgen den Hinweisen zum Schloss. Es liegt abseits auf einem Bergkegel und ist von einem alten und mächtigen Baumbestand umgeben. Während dieser Callenberger Forst zu einem Spaziergang geradezu herausfordert, lockt im Inneren der dreiflügeligen neugotischen Schlossanlage eine Kunstsammlung, die die Geschichte des Hauses Sachsen-Coburg mit unterschiedlichsten Exponaten dokumentiert und das **Deutsche Schützenmuseum**. Vom Schlossberg hat man

Der Schwanenteich im Schlosspark Rosenau.

einen schönen Blick über das Coburger Land und kann in nicht sehr großer Entfernung einen Blick zurück auf die **Veste** werfen.

Umgeben von einem ca. 35 ha großen Landschaftspark liegt **Schloss Rosenau** in RÖDENTAL. Um die Anlage zu erreichen, fahren wir über Coburg in Richtung Sonneberg und folgen in Rödental den Richtungshinweisen zum **Schloss Rosenau**. Der Parkplatz [**004: N50° 17' 45.5" E11° 01' 17.3"**] ist gebührenpflichtig und eine weitere Übernachtungsalternative.

Der weitläufige Park ist frei zugänglich. Er wurde im Stile eines englischen Landschaftsparks im 19. Jh. angelegt. Die im klassizistischen Stil erbaute Orangerie dient heute als Veranstaltungsort, das ehemalige Teehaus als Restaurant. In einem Neubau am Rande des Parkplatzes ist das **Europäische Museum für Modernes Glas** untergebracht. Hauptattraktion ist aber das **Jagdschloss** mit seiner neugotischen Spitzbogenarchitektur, das nach dem Willen des Bauherrn Ernst I. in einem romantisch-mittelalterlichen Bild erscheinen sollte. Die Innenräume sind prachtvoll ausgestattet, sie können im Rahmen einer Führung besichtigt werden. Zweifellos wurde hier mit Park und Schloss zu Beginn des 19. Jh. eine schöne Sommerresidenz geschaffen. Verständlich, dass Queen Victoria, die Tochter der Victoria von Sachsen-Coburg-Saalfeld, bei ihren Besuchen von diesem Anwesen geschwärmt haben soll.

Jagdschloss Rosenau mit Brunnen.

Wir verlassen nunmehr diese Anlage und fahren durch eine flachhügelige Landschaft Richtung KRONACH weiter. Nach ca. 20 Kilometern erreichen wir MITWITZ, wo uns das nächste Schloss erwartet. Wir stellen das Womo auf dem Parkplatz in unmittelbarer Nähe des Schlosses ab und haben nach wenigen Metern am Schlossgraben vorbei das Eingangstor zur Anlage erreicht.

Fast fühlen wir uns nach Westfalen versetzt, aber wir sind hier nicht im Münsterland mit seinen vielen Wasserschlössern,

Das Wasserschloss in Mitwitz.

Von Coburg in den Frankenwald

Hochzeit auf Schloss Mitwitz.

sondern in Franken. Das Schloss im Stile der Renaissance ist das Wahrzeichen des Ortes. Es wurde Ende des 16. Jahrhunderts erbaut und ist das bedeutendste Wasserschloss Frankens.

Die Innenräume können nur mit einer Führung besichtigt werden und das auch nur an den Wochenenden von Mai bis Oktober. Die Gelegenheit hatten wir jedoch nicht, denn als wir eintrafen, fand gerade eine Hochzeit statt. Eine besonders stilvolle Hochzeit wie wir meinen, denn das Brautpaar und die

(005) WOMO-Picknickplatz: Mitwitz - Wasserschloss

GPS: N50° 14' 51.6" E11° 12' 24.7"
max. WOMOs: 3.
Ausstattung/Lage: Befestigter Platz am Ortsrand neben dem Wasserschloss, gebührenfrei. Camping ist untersagt.
Zufahrt: Im Ortszentrum, 100 Meter von Staatsstraße 2208 (Sonneberger Straße) entfernt.
Ver- und Entsorgung: Keine

Gäste waren in mittelalterlichen Gewändern gekleidet. Wenn Sie auch in diesem Schloss Hochzeit feiern wollen: Auf der website der Gemeinde Mittwitz erfahren Sie mehr. Der Parkplatz am Schloss eignet sich nur als Picknickplatz. Wer ruhig übernachten möchte, der kann in den Ortsteil Häusles fahren. Hier gibt es 3 Wohnmobilstellplätze mit Stromanschluss, einem Brötchenservice, einer Gastwirtschaft, einem Bauernhof und einem Damwildgehege. Adresse: Häusles 3 (so heißt die Straße) [**006: N50° 14'4.80" E11° 14'8.73"**].

Auf der B303 geht es weiter nach KRONACH, dort steuern wir den Stellplatz Hammermühle an. Nur 2 km weiter liegt die **Lucky Stable Ranch**. Der Weg dorthin ist steil (14% Steigung) und recht schmal. Für den Pferdefreund hat die Ranch vielerlei im Angebot, auch kostenpflichtige Wohnmobilstellplätze mit Stromanschluss sowie Ver- und Entsorgungsmöglichkeiten für Wasser, Abwasser und der Toilette.

(007) WOMO-Stellplatz: Kronach - Hammermühle

GPS: N50° 13' 52.5" E11° 19' 41.4"
max. WOMOs: 12.
Ausstattung/Lage: Asphaltierter Platz am Ortsrand an der Rodach, gebührenpflichtig, ganzjärig nutzbar, auch für sehr große Fahrzeuge.
Zufahrt: Von der Weißenbrunner Straße am südlichen Ortsrand der Wohnmobilbeschilderung folgen.
Ver- und Entsorgung: Über eine Servicestation, Elektrizität über Stromsäulen.

(008) WOMO-Stellplatz: Kronach - Lucky Stable Ranch

GPS: N50° 13' 04.1" E11° 20' 31.5"
max. WOMOs: 2.
Ausstattung/Lage: Asphaltierter Platz auf der Ranch, gebührenpflichtig.
Zufahrt: Von der Hammermühle 2 km bergauf fahren.
Ver- und Entsorgung: Nutzung von Wasser, Strom und Toilette sind in den Stellplatzkosten enthalten.

Wir bleiben an der Hammermühle und erkunden von hier aus zu Fuß die Stadt. Stolz ist man in KRONACH darauf, die Geburtsstadt Lucas Cranach d. Ä. zu sein und mindestens ebenso stolz ist man auf die **Festung Rosenberg**, die über die Stadt wacht. Dieses altehrwürdige Gemäuer vereinigt Baustile, die vom Mittelalter bis zum Spätbarock reichen. Immer wieder wurde die Festungsanlage in den vergangenen Epochen an die wechselnden Erfordernisse einer Verteidigungsanlage angepasst und verändert. Eingenommen wurde die Burg nie. Selbst die heftigen Angriffe der Schweden während des Dreißigjährigen Krieges überstand sie unbeschadet.

Der Zugang zur Festung führt durch ein frühbarockes Tor, das nach Plänen des italienischstämmigen Baumeisters Antonio Petrini errichtet wurde. Petrini gilt als der Vater des fränkischen Barock. Nach seinen Plänen wurde auch **Schloss Seehof** in MEMMELSDORF (siehe Seite 100) gebaut.

Heute beherbergt die Festung die Fränkische Galerie mit Exponaten von Lucas Cranach d. Ä., Tilman Riemenschneider, Veit Stoß u.a. und dient als Spielort für die jährlich stattfindenden Faust-Festspiele, die auf einer Freilichtbühne innerhalb des Burggeländes aufgeführt werden.

KRONACH überstand den Zweiten Weltkrieg nahezu unbeschadet. Die historischen Gebäude in der Altstadt unterhalb der Burg bilden ein romantisches Ensemble aus Fachwerk, Sandstein, Toren, Türmen, verspielten Erkern und Brunnen. Es lohnt sich von der Stadtpfarrkirche Sankt Johannes der Lucas-

Festung Rosenberg mit dem „Dicken Turm" im Vordergrund.

Cranach-Straße zu folgen und zur Festung hoch zu gehen und den Blick über die Häuserfassaden schweifen zu lassen. Für den Rückweg ist die parallel verlaufende Amtsgerichtsstraße ebenso interessant. Einkehrmöglichkeiten gibt es entlang der Straßen zur Genüge. Als störend empfanden wir allerdings den Autoverkehr, der sich an den Straßenlokalen vorbeizwängt. Oben auf der Burg wartet fernab des Autoverkehrs ein Biergarten auf Gäste. Original Kronacher Bratwürste werden hier u.a. angeboten. Sie schmecken herzhaft und gut, wir haben sie gern probiert.

Nachdem wir die fantastische Aussicht über KRONACH und sein Umland sowie unser Abendbrot haben genießen können, beenden wir unseren Aufenthalt auf der Burg und gehen wieder hinunter zum Wohnmobil.

Am nächsten Morgen fahren wir weiter entlang der Rodach Richtung NAILA. Wir passieren WALLENFELS und biegen wenige Kilometer hinter diesem Städtchen nach PRESSECK ab und fahren nach WILDENSTEIN. Das

Kronach, Johannesbrunnen.

Steinachtal mit der **Steinachklamm** ist unser Ziel.

Die Sträßchen werden schmal und das Tal immer enger. Schließlich kommen wir unten im Steinachtal bei der ehemaligen Schmiede Waffenhammer an, in der jetzt ein **Till Eulenspiegel Museum** untergebracht ist. Der Parkplatz [N50° 11' 39.1" E11° 33' 18.4"] ist überschaubar klein, wir sind die einzigen Besucher. Bis zur **Steinachklamm** sind es nur wenige Meter. Eine Wanderung auf dem **Mühlenweg**, einem Rundweg für den man etwa 5 Std. Gehzeit einkalkulieren sollte, lässt

Till Eulenspiegel im Steinachtal.

sich von hier aus unternehmen. Wer allerdings Mühlen mit klappernden Mühlrädern entlang rauschender Bäche erwartet, wird in Bezug auf die Mühlen enttäuscht sein. Der Wanderweg lebt von der Abwechslung zwischen Feld, Wald und Wiese, Tal und Hügellandschaft und dem Bach. Die alten Mühlen sind oder wirken teilweise verlassen und sind durch bauliche Veränderungen in den vergangenen Jahrzehnten als Mühle nicht immer

Die Steinachklamm gehört zu Bayerns schönsten Geotopen.

erkennbar. Man wandert hier ungestört, das ist das reizvolle Naturerlebnis nach all den Burgen und Schlössern. Uns sind an einem sonnigen Samstag Ende Mai nur zwei Radler begegnet.

Auf dem weiteren Weg mit dem Womo Richtung NAILA fahren wir durch HEINERSREUTH und erreichen zunächst SCHWARZENBACH AM WALD. Wie ein überdimensionaler Fußball scheint eine Kugel auf den Baumwipfeln am **Döbraberg** zu liegen. Nur 9 Kilometer sind es von PRESSECK bis zu diesem, mit 795 Metern höchsten Punkt des Frankenwaldes. Hinter der Kugel verbirgt sich eine Radarstation, die vor dem Fall der Mauer vor mehr als 25 Jahren große Bedeutung für die militärische Luftraumüberwachung der NATO hatte. Die Grenze zu Thüringen und damit zur ehemaligen DDR ist nur wenig mehr als 10 Kilometer entfernt. Der **Döbraberg** war somit als Horchposten ein idealer Standort. Erklimmt man den 18 Meter hohen Prinz-Luitpold-Turm, den Aussichtsturm auf dem **Döbraberg,** so hat man einen weitreichenden Blick nach Thüringen und Sachsen hinein. Die

Döbraberg mit Radarstation.

(009) WOMO-Stellplatz: Schwarzenbach am Wald
GPS: N50° 16'55.19" E11° 37'32.83"   **max. WOMOs:** 6.
Ausstattung/Lage: Befestigter Stellplatz an der Schützenstraße, gebührenfrei. Grünanlage mit Kastaniengarten, Grillplatz und Sportanlagen in unmittelbarer Nähe. Guter Ausgangspunkt für Wanderungen.
Ver- und Entsorgung: Strom, Frischwasser und Entsorgungsanlagen sind vorhanden, die Bezahlung erfolgt über einen Münzautomat.

(010) WOMO-Wanderparkplatz: Döbraberg
GPS: N50° 16' 34.4" E11° 39' 19.2"   **max. WOMOs:** 3.
Ausstattung/Lage: Befestigter Wanderparkplatz, gebührenfrei.
Zufahrt: Von der St2158 nach Rodeck abbiegen, dann noch 500 Meter.
Ver- und Entsorgung: Keine.

Höhenzüge des Thüringer Waldes und des Erzgebirges sind an klaren Tagen gut zu sehen. Blickt man nach Süden ist auch das Fichtelgebirge leicht zu erkennen.

Das Areal rund um die Bergkuppe ist ein beliebtes Wandergebiet, hier kreuzen sich einige Hauptwanderrouten. Der Wasserscheidenweg verläuft über den **Döbraberg**. Er verläuft entlang der europäischen Hauptwasserscheide, die die Zuflüsse zu Nordsee und Atlantik auf der einen Seite und dem

Blick vom Döbraberg in Richtung Thüringen/Sachsen.

Mittel- bzw. Schwarzen Meer auf der anderen Seite trennt. Große Hinweistafeln am Wanderparkplatz zeigen an, dass dieses Gebiet im Winter auch für den Ski-Langlauf bei entsprechender Schneelage interessant ist. Etliche Loipen sind auf wetterfesten Tafeln ausgewiesen.

Als nächsten Ort fahren wir NAILA an. Wir könnten auch hinlaufen, denn ein Wanderweg entlang des Flüsschens Culmitz führt direkt vom **Döbraberg** zum Bahnhof von NAILA. Wobei wir schon beim Thema „Wandern" wären. In NAILA gibt es nichts, was man unbedingt gesehen haben müsste. Aber der Ort der zwei offizielle Stellplätze hat, einen am Bahnhof und einen am Freibad, ist ein guter Standort für die Versorgung und ein guter Ausgangsort für Wanderungen und/oder Radtouren. Die

(011) WOMO-Stellplatz: Naila - Bahnhof

GPS: N50° 19' 50.3" E11° 42' 40.6"
max. WOMOs: 5.
Ausstattung/Lage: Befestigter Stellplatz an der Christian-Schlicht-Straße, gebührenfrei.
Zufahrt: In der Ortsmitte von Naila den Hinweisschildern zum Bahnhof folgen.
Ver- und Entsorgung: Über eine Servicestation, keine Stromversorgung.

(012) WOMO-Badeplatz: Naila - Freibad

GPS: N50° 19' 48.8" E11° 41' 58.5"
max. WOMOs: 4.
Ausstattung/Lage: Asphaltierter Stellplatz am Ortsrand, gebührenfrei.
Zufahrt: Von der Ortsmitte die Badstraße hochfahren, der Platz ist rechts vorm Freibad.
Ver- und Entsorgung: Keine.

Bahnstrecke Hof - Bad Steben, die immer noch in Betrieb ist und mehrmals täglich befahren wird, kann für die Planung von Wandertouren nach BAD STEBEN oder in das **Höllental** sehr nützlich sein. An mehreren Haltepunkten kann man unterwegs aus- oder zusteigen und somit die Wanderung abkürzen oder den Rückweg zum Womo planen.

Wir fahren weiter nicht in die, aber nach HÖLLE, ein kleines Örtchen in unmittelbarer Nähe des **Höllentales**. Der verschwiegene Parkplatz [**013:** N50° 22' 07.0" E11° 41' 27.1"] am Eingang des Tales eignet sich in hervorragender Weise als Startpunkt für Wanderungen in das **Höllental**, das seinen Namen der Sage nach einer schaurigen Begegnung des Teufels mit einem Köhler verdankt. Der Köhler soll sich erfolgreich der Entführung durch den Teufel widersetzt haben, was diesen so wütend machte, dass er stampfend und tobend mit donnerndem Getöse und Schwefelgeruch im Talgrund verschwand. Und wo sich der Teufel aufhält, so die Sage, ist nun mal die Hölle.

Wanderparkplatz in Hölle.

Durch das ca. 4 Kilometer lange **Höllental**, das von der Selbitz durchflossen wird, führte einst eine Eisenbahnstrecke, die unter Eisenbahnfreunden als **Höllentalbahn** bekannt ist. Die Strecke verlor jedoch durch die deutsche Teilung nach dem Zweiten Weltkrieg weitgehend ihre Funktion, wurde zu Beginn der siebziger Jahre aufgegeben und in den Folgejahren demontiert. Eine alte Dampflok und einige Waggons am Informationszentrum in BLECHSCHMIDTENHAMMER erinnern an den Betrieb dieser Eisenbahnlinie. Eine originalgetreue Nachbildung dieser Bahn ist im Gebäude des Informationszentrums zu besichtigen. Wer das **Höllental** durchwandert, wird die Spuren dieser Eisenbahnlinie leicht erkennen können.

Womit wir wieder auf die Wanderungen im **Höllental** zurückgekommen

Parkplatz Blechschmidtenhammer.

wären. Mehrere Möglichkeiten stehen offen: Den mit 2 km relativ kurzen Walderlebnispfad hat man in einer Stunde durch und kann dabei, wenn man die Hinweistafeln studiert, gleichzeitig etwas über das Ökosystem des Waldes lernen oder die Kenntnisse darüber wieder auffrischen. Wer neben der Bewegung etwas über das Wasser im **Höllental** erfahren will, der nimmt den Wasserpfad. Er ist ein leicht begehbarer Waldweg, der nicht mehr als zwei Stunden Gehzeit in Anspruch nimmt. Als besondere Attraktion steigt an Sonntagen in den Sommermonaten eine 36 Meter hohe Fontäne an dem kleinen Wasserkraftwerk empor. Anspruchsvoller dagegen sind der Geologische Lehrpfad, der an dem Besucherbergwerk **Friedrich-Wilhelm-Stollen** vorbeiführt und der Kanzelweg, an dem der Aussichtspunkt **„König David"** liegt und einen schönen Blick in das **Höllental** bietet. Wahrzeichen des Höl-

Die Kurverwaltung lädt Sie ein,
durch unsere Parkkur fit zu sein
Wandern Sie genau nach Zeit,
„Ihre" Strecke wie Sie's freut.
Schnell oder langsam, ganz egal,
den Kurpark erkunden, ohne Qual.
Leisten Sie sich Leistung mit viel Spaß,
Ihr Kurarzt weiß das rechte Maß.
Für Herz- und Kreislauf, Streß ade,
geht es entlang die Parkallee.
Bergauf, bergab in frischer Luft, vorbei an Grün und Tannenduft.
Natur und Kur, ich sage es ja,
sind ein besonders trautes Paar.
Beides kannst Du hier erleben, bei
der Terrainkur in Bad Steben.

lentales ist der **Hirschsprung**, eine lebensgroße Skulptur eines springenden Hirschs in der Nähe des Aussichtspunktes.

Gemächlicher lässt es sich in BAD STEBEN wandern oder sagen wir besser spazieren gehen. Der Kurort hat einen sehr schönen, weitläufigen Park mit hohen Bäumen und einem verzweigtem Wegenetz. Mit der Terrainkur wurden spezielle Wanderwege für die Kurgäste angelegt, auf die der Kurdirektor auf einer Holztafel im Haupthaus der Kuranlage mit dem oben stehenden Text besonders hinweist.

Drei Heilwasserquellen gibt es in

Kurpark Bad Steben.

Das Kurhaus in Bad Steben mit der Wandelhalle.

BAD STEBEN. Die Tempelquelle, die radonhaltiges Wasser hervorbringt, die Wiesenquelle, aus der kohlensäurehaltiges Wasser sprudelt und die Max-Marien-Quelle, aus der ebenfalls kohlensäurehaltiges Wasser zutage tritt.

Schon seit dem Mittelalter sind die Quellen bekannt, doch wurden sie lange Zeit nicht für therapeutische Zwecke genutzt. Der Bergbau hatte die längere Tradition. Quellen belegen, dass dieser schon seit dem 8. Jahrhundert von den damals hier ansässigen Kelten betrieben wurde. Zu Beginn der Industrialisierung stand der Bergbau in Steben vor neuen Herausforderungen. In wissenschaftlichen Untersuchungen führte der damals noch junge Universalgelehrte **Alexander von Humboldt**, der einige Jahre in BAD STEBEN wirkte, die

Die Lutherkirche in Bad Steben, mit Diabasmauerwerk.

Vorkommen und Qualität der Erze auf. Gold und Silber waren auch darunter, was seine Auftraggeber zunächst euphorisch werden ließ. Der industrielle Abbau der Erze währte jedoch nicht lang, zu Beginn des 20. Jahrhunderts kam der Bergbau bereits vollständig zum Erliegen. Die Erzvorkommen waren einfach nicht ergiebig genug, der Abbau zu kompliziert und damit zu teuer. Der Geschichte des Bergbaus in dieser Region kann man auf dem Geologisch-bergbaulichen Lehrpfad Bad Steben, der über 17 Stationen von BAD STEBEN nach BLECHSCHMIDTENHAMMER führt, nachspüren.

(014) WOMO-Badeplatz: Bad Steben

GPS: N50° 21' 46.6" E11° 37' 57.2"
max. WOMOs: 12.
Ausstattung/Lage: Geschotterter Platz in der Nähe der Therme, kostenpflichtig, Strom gegen Gebühr. Eine Anmeldung an der Tourist-Information oder an der Thermenkasse ist zwingend erforderlich.
Ver- und Entsorgung: Über eine Sanistation abseits des Stellplatzes
Zufahrt: Über die Steinbacherstrasse am Ortsausgang rechts.

Der Aufstieg als Kurstadt begann Anfang des 19. Jahrhunderts. 1832 bekam Steben den Titel **„Königlich Bayerisches Staatsbad"**. In der Folgezeit wurden viele der auch heute noch vorhandenen Gebäude der Kuranlagen im klassizistischen Stil errichtet und der Kurpark angelegt. Um die Jahrhundertwende vor dem ersten Weltkrieg erlebte das Staatsbad einen ersten großen Boom.

Heute dient das Staatsbad nicht nur dem Kurbetrieb, sondern fungiert auch als Therme mit diversen Wellness- und Fitness-Angeboten. Was hat BAD STEBEN noch zu bieten? Die **Lutherkirche** im Ort fällt besonders auf. Sie wurde Anfang des 20. Jahrhunderts mit Jugendstilelementen erbaut und wirkt mit ihrer verwinkelten Architektur und durch die Ausmauerung der Ecken mit großen Diabassteinen fast wie eine Burg. Der Innenraum ist schlicht und kühl.

Wir fahren nunmehr weiter nach LICHTENBERG. Der malerische Ort mit seinem hoch aufragenden Burgturm liegt auf einem 564 Meter hohen Bergkegel über dem Lohbach, einem Nebenfluss der Selbitz. Von der einst prächtigen Burg ist nur dieser Bergfried erhalten, der heute als Aussichtsturm dient. Vom Burggelände hat man einen phantastischen Blick in den Thüringer Wald und hinunter in die Tallandschaften des Höllentales mit der Selbitz und der Moschwitz, dem Grenzfluss zu Thüringen. Der Ortskern ist klein, seine Restaurierung

Bergfried der Burgruine Lichtenberg.

sehr gelungen. Mit jungem Baumbestand und gepflasterten Straßen wirkt der Ort wie frisch herausgeputzt.

Südlich des Ortes befindet sich der **Frankenwaldsee.** Der See liegt ruhig und abgeschieden zwischen Wäldern und Feldern und lädt zum Baden, Wandern und Radeln ein. Er ist nicht sehr groß und lässt sich leicht umrunden. Der Parkplatz am See ist eben und relativ groß. Er eignet sich deshalb hervorragend für eine Übernachtung. Wer lieber einen Campingplatz nutzt, muss nur 250 Meter weiterfahren.

Die weitere Fahrt geht zunächst nach BLECHSCHMIDTENHAMMER. Hier gehen wir an dem Informationszentrum

Der Frankenwaldsee südlich von Lichtenberg.

(015) WOMO-Picknickplatz: Frankenwaldsee
GPS: N50° 22' 26.5" E11° 40' 21.9"   **max. WOMOs:** 2-3. **Ausstattung/ Lage:** Offener Platz am Seeufer, gebührenfrei.
Ver- und Entsorgung: Keine.
Zufahrt: Über die Nailaer Straße in Lichtenberg bis zur Seestraße fahren.

(016) WOMO-Campingplatz-Tipp: Frankenwaldsee

GPS: N50° 22' 25.2" E11° 40' 11.6"   **max. WOMOs:** 5-6.
Ausstattung/Lage: Befestigte Rasenplätze in der Nähe des Sees, ganzjährig geöffnet.
Ver- und Entsorgung: Entsprechende Einrichtungen sind vorhanden.
Zufahrt: Über die Nailaer Straße in Lichtenberg bis zur Seestraße fahren.

über den Frankenwald vorbei zur vollkommen zugewachsenen, alten Eisenbahnbrücke der **Höllentalbahn** über die Moschwitz. Wir unterqueren sie, laufen ein Stück den Bach entlang und sind nunmehr in Thüringen.

Bogenbrücke über die Moschwitz.

Vor etwas mehr als 25 Jahren hätten wir diesen Spaziergang nicht machen können. Heute ist die ehemals deutsch-deutsche Grenze ein friedliches Naturparadies, nichts erinnert hier mehr an die deutsche Teilung. Wir fahren weiter und halten noch einmal kurz am Endpunkt des **Rennsteigs** in BLANKENSTEIN an. Wir parken in Bayern und ein kurzer Sprung über die Brücke der Selbitz führt uns auf die thüringische Seite zu einem kleinen eigenwilligen Denkmal. Viele Wanderer scheinen ihre Schuhe hier „an den Nagel gehängt" zu haben, nachdem sie den Rennsteig erfolgreich abgewandert sind.

Weiter geht es nun entlang der Panorama- und Saaletalstraße. Tief unten im Tal windet sich der Grenzfluss Saale malerisch gen Thüringen. Ein Grenzfluss, wird uns auch gleich als erstes auf der nächsten Tour beschäftigen. Nur noch wenige Kilometer trennen uns von der A9 und damit vom Ende dieser Tour.

Endstation des legendären Rennsteigs.

TOUR 2

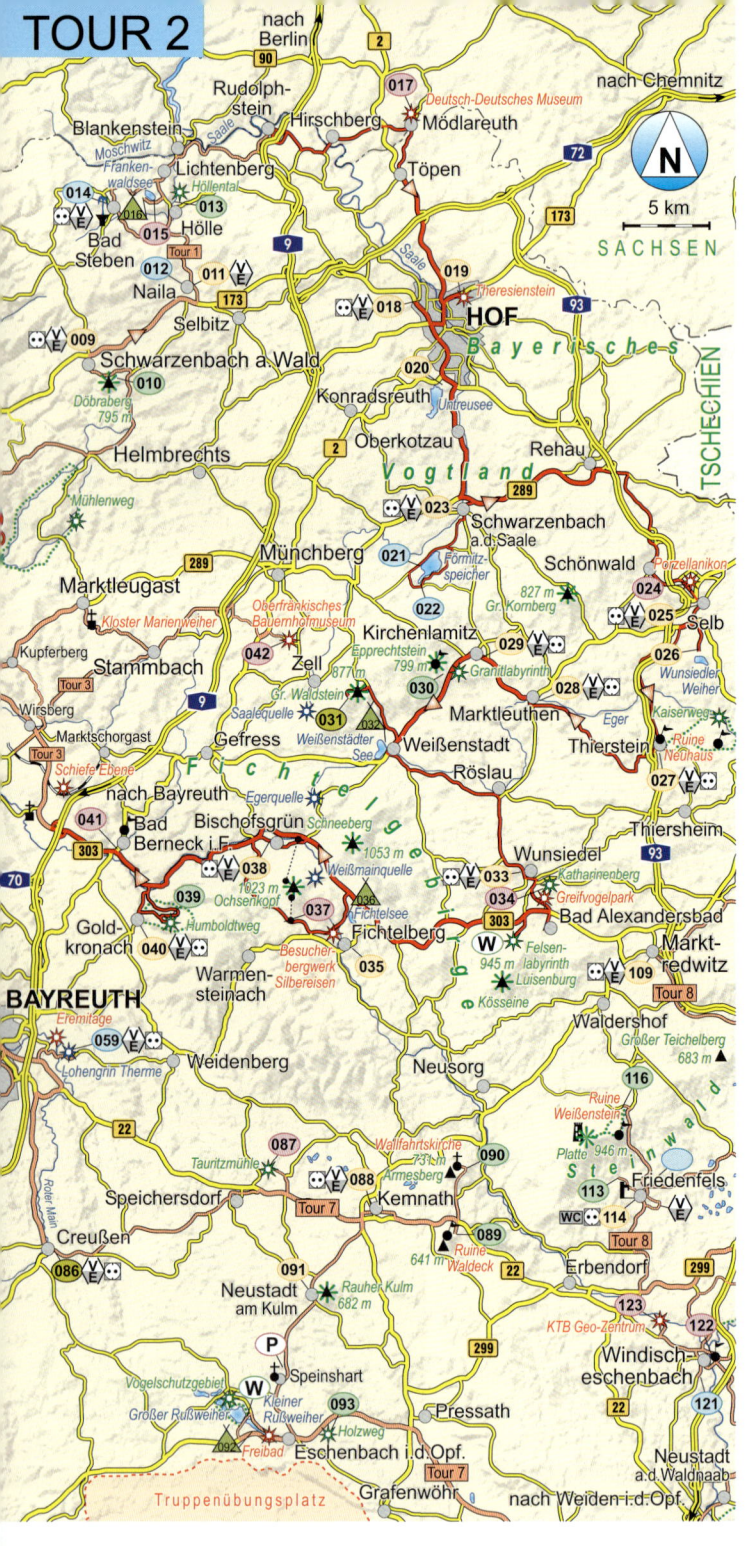

TOUR 2 (ca. 200 km)

Rudolphstein – Mödlareuth – Hof – Förmitzspeicher – Selb – Thierstein – Marktleuthen – Kirchenlamitz – Weißenstadt – Wunsiedel – Bad Alexandersbad – Fichtelberg – Bischofsgrün Goldkronach – Bad Berneck im Fichtelgebirge

Freie Übernachtung:	Mödlareuth, Förmitzspeicher, Selb, Kirchenlamitz, Großer Waldstein
Stellplätze:	Hof, Selb, Thierstein, Marktleuthen, Kirchenlamitz, Weißenstadt, Wunsiedel, Fichtelberg, Bischofsgrün, Goldkronach
Campingplätze:	Weißenstadt, Fichtelberg
Ver-/Entsorgung:	Hof, Thierstein, Marktleuthen, Kirchenlamitz, Weißenstadt, Wunsiedel, Fichtelberg, Bischofsgrün, Goldkronach
Besichtigungen:	Mödlareuth (Museum), Hof (Thersienstein, Fernwehpark), Selb (Porzellanikon), Wunsiedel (Greifvogelwarte), Bad Alexandersbad (Luisenburg), Ochsenkopf, Bad Berneck i.F.
Wandern:	Hof (Untreusee), Thierstein (Kaiserweg), Kirchenlamitz (Steinbruchweg), Großer Waldstein, Weißenstädter See (Weg der Poesie), Bad Alexandersbad (Luisenburg), Goldkronach (Humboldtweg).
Baden/Wellness:	Untreusee, Förmitzspeicher, Weißenstadt (See und Kuranlagen), Fichtelberg (Fichtelsee und Kuranlagen)

Von der Autobahnabfahrt Rudolphstein fahren wir über HIRSCHBERG nach MÖDLAREUTH. Wir parken auf der thüringischen Seite des 50-Seelen-Ortes direkt neben einem Panzer aus der Sowjetzeit. Das Wetter ist trüb und regnerisch, mindestens genauso trüb war lange Zeit die Geschichte dieses Ortes. Wir befinden uns am **Deutsch-Deutschen Museum Mödlareuth,** das die Geschichte von „Little Berlin" widerspiegelt.

Schon vor dem Weltkrieg war das Dorf geteilt, nur hat es kaum jemanden gestört. Der Tannbach trennte den Ort in einen thüringischen und einen bayerischen Teil. Auf das dörfliche und gesellschaftliche Leben hatte dies jedoch keinen Einfluss. Über

(017) WOMO-Picknickplatz: Mödlareuth
GPS: N50° 24' 51.9" E11° 52' 47.0"
max. **WOMOs:** 3.
Ausstattung/Lage: Befestigter Platz am Freilichtmuseum, gebührenfrei.
Zufahrt: Von der B2 der Beschilderung nach Mödlareuth folgen

Wachturm und Stacheldraht, Merkmale der DDR-Grenzsicherung.

Der schmale Tannbach bildet die Grenze.

den Bach konnte man bequem rüberhüpfen. Die Schule lag im thüringischen Teil des Ortes, die Kirche im bayerischen. Die Grenze hatte eine Verwaltungsfunktion, mehr nicht. Dies änderte sich nach dem Ende des Zweiten Weltkrieges, als die Aufteilung Deutschlands in die vier Besatzungszonen festgelegt wurde. Da sich die Siegermächte bei der Grenzziehung fast ausschließlich an den inneren Landesgrenzen des Deutschen Reiches von 1937 orientierten, wurde der Tannbach zur Demarkationslinie. Der Ort wurde geteilt, und gehörte bis zum Fall der Mauer den zwei völlig unterschiedlichen politischen Systemen an. Der „Eiserne Vorhang" senkte sich auch an diesem kleinen Ort am Ende der Welt.

Nach dem Fall der Mauer entschloss man sich in MÖDLAREUTH Teile der alten Grenzanlagen stehen zu lassen und ein Museum zur Teilung Deutschlands zu errichten. Alle Etappen des Mauerbaus und der damit verbundenen Begleiterscheinungen sind eingehend dokumentiert. Wer eindrücklich über die deutsche Nachkriegsgeschichte informiert werden will, dem können wir den Besuch dieses Museums nur empfehlen.

Nach der Lehrstunde in deutscher Geschichte fahren wir weiter nach HOF. Die Stadt liegt, von einigen Hügeln umgeben, im Tal der Sächsischen Saale. Dort angekommen, schauen wir zunächst nach den Stellplätzen: Der Stellplatz am Cleanpark ist als Ver- und Entsorgungsstation notwendig, als Übernachtungsplatz scheidet er aus. Er liegt direkt an der viel befahrenen Hofecker Straße, ist sehr laut und abseits des Zentrums. Gut eignen sich dagegen die Plätze am **Theresienstein** und am **Untreusee**, allerdings haben diese keine Versorgungseinrichtungen und auch keine Stromanschlüsse.

Nachdem wir den Park und die Gärten am Theresienstein ausgiebig erkundet haben, wollen wir uns nun dem Stadt-

Theresienstein
Er ist der älteste Bürgerpark in Deutschland. Zu Beginn als klassischer Landschaftsgarten angelegt, existiert er seit 1819. Er wurde mehrfach erweitert und umgestaltet und ist mit seinem alten Baumbestand, den Blumenanlagen und Pavillions, den Skulpturen, den kleinen Seen, dem Aussichtsturm und der künstlich angelegten Ruine auf dem Labyrinthberg ganz sicher eine der schönsten Garten- und Parkanlagen Deutschlands. Angegliedert ist ein Botanischer und ein kleiner Zoologischer Garten. Die Anlage liegt oberhalb der Stadt. Von hier hat man einen weiten Blick über Hof und das Saaletal. Wahrzeichen des Parks ist das Wirtschaftsgebäude mit Konzertsaal, Veranstaltungsräumen, Restaurant und Biergarten. Es wurde 1902 im Jugendstil errichtet und ist zweifelos eines der schönsten Gebäude in Hof.

Turm des Wirtschaftsgebäudes Theresienstein.

zentrum zuwenden. Wir parken in der Nähe des Weihers am Lettenbachweg [N50° 19' 29.5" E11° 55' 34.7"], gehen von dort am Eisteich vorbei der Saale entlang und betrachten zunächst einmal die Schilder im Fernwehpark. Was man dort zu sehen bekommt, zeigt das Foto ausschnittsweise. Lange halten wir uns hier aber nicht auf, gehen bald weiter in die Altstadt. Dazu überqueren wir die Straße, nehmen dann gleich rechts die Stufen des Orlasteigs, gehen an den Bronzefiguren des mittelalterlichen Marktes vorbei und treffen

Schilder im Fernwehpark Hof.

Vom Frankenwald ins Fichtelgebirge 29

(018) WOMO-Stellplatz: Hof, Cleanpark

GPS: N50° 19' 38.1" E11° 53' 36.5"
max. WOMOs: 8-10.
Ausstattung/Lage: Befestiger Platz neben einer Autowaschanlage, gebührenpflichtig.
Ver- und Entsorgung: Über eine Servicestation, gebührenpflichtig.
Zufahrt: An der Hofeckerstraße in der Nähe der B173.

(019) WOMO-Stellplatz: Theresienstein

GPS: N50° 19' 45.9" E11° 55' 11.3"
max. WOMOs: >10.
Ausstattung/Lage: Parkplatz zwischen Friedhof und Theresienstein, Stadtrand, für 24 Stunden gebührenfrei.
Ver- und Entsorgung: Keine
Zufahrt: An der Plauer Straße (B173) Richtung Plauen auf der rechten Seite.

(020) WOMO-Stellplatz: Untreusee

GPS: N50° 17' 08.5" E11° 54' 48.4"
max. WOMOs: >10
Ausstattung/Lage: Parkplatzgelände mit Sträuchern abgeteilt, für 24 Stunden gebührenfrei.
Ver- und Entsorgung: Keine.
Zufahrt: Wilhelm-Löhe-Straße, am Südrand der Stadt über die B15 (Ortsumgehung) und Stelzenhofstraße erreichbar.

Hof, Rathaus in der Ludwigstraße.

auf die breite Ludwigstraße, die nach einem Großbrand 1823 neu bebaut wurde. Schlichte Eleganz des Biedermeier-Stils prägt die Architektur der Häuser. Diese Straße ist nach wie vor die Hauptverkehrsachse, die mitten durch den historischen Stadtkern führt und sie ist die Haupteinkaufsstraße. Hier befinden sich auch einige der markanten historischen Gebäude wie das Rathaus und die Michaeliskirche. Ab dem Oberen Tor (ein Tor gibt es nicht mehr, der Platz heißt nur noch so) wird die Straße zu einer Fußgängerzone mit dem klassischen Repertoire einer Innenstadtflaniermeile mit Läden, Straßencafes und was sonst noch so dazugehört. Wir gehen noch bis zur Marienkirche, die am Ende der Fußgängerzone

Untreusee mit Hafenanlage und Bootshaus.

steht, kehren dann um und machen uns auf den Weg zum **Untreusee**. Auf dem Rückweg zum Womo kaufen wir bei einem **Wärschtlämo**, einem traditionellem Hofer Würstchenverkäufer, „Gnagger" mit Brötchen und Senf und verzehren sie sogleich.

Der ca. 60 Hektar große **Untreusee** wurde als Wasserrückhaltebecken angelegt, hat aber auch eine große Freizeitfunktion. Es ist ein von Besuchern stark frequentiertes Areal. Man kann hier segeln, surfen und baden. Auf einem sechs Kilometer langen Weg lässt sich der See mit dem Rad oder zu Fuß bequem umrunden. Viele Jogger, Skater, Radler sowie Spaziergänger sind hier unterwegs und im Restaurant am Ufer schauen die Gäste den Surfern und Seglern auf dem See zu.

Ganz anders zeigt sich der fast doppelt so große **Förmitzspeicher** südlich von SCHWARZENBACH an der Saale, diesen See haben wir fast für uns allein. Der für die Wasser- und Fischwirtschaft angelegte See ist touristisch überhaupt nicht erschlossen, am sehr kleinen Bootshafen liegen nur wenige Segeljollen. Kaum jemand hält sich hier auf. Auf dem Wanderparkplatz am Westufer [**021:** N50° 11' 42.9" E11° 54' 08.3"] stehen wir 50 Meter vom See entfernt zwischen einigen Büschen und kleinen Bäumen abseits der kaum befahrenen Straße. Am Parkplatz am Südostufer [**022:** N50° 11' 06.1" E11° 54' 07.9"] ist es im Prinzip genauso, nur sind hier die Bäume ein wenig höher, und man kommt zum Baden durch die Uferböschung nicht so gut an den schmalen Vorspeicher. Wer Ruhe und Abgeschiedenheit an einem See sucht, wird diese beiden

Der Förmitzspeicher, wenige Meter vom Wanderparkplatz.

(023) WOMO-Stellplatz: Schwarzenbach a.d.S.
GPS: N50° 13' 23.10" E11° 55' 58.87"   **max. WOMOs:** 2.
Ausstattung/Lage: Befestiger Platz in der Fleischgasse im Zentrum des Ortes. Gebührenfrei, für große Mobile nicht geeignet.
Ver- und Entsorgung: Über eine Servicestation, gebührenpflichtig. Stromversorgung über Münzautomat.

Porzellanbrunnen vor der Andreaskirche.

Plätze genießen können. Nur übernachten ist hier nicht gestattet, da kann man nach SCHWARZENBACH a.d.S. ausweichen.

Über REHAU und SCHÖNWALD, fahren wir weiter nach SELB, der Stadt des Porzellans. Marken wie Rosenthal, Hutschenreuther und Villeroy & Boch haben hier ihre Standorte. Die Hinweise auf Werksverkäufe dieser bekannten und der weniger bekannten Marken sind überall in der Stadt zu sehen. Ob man hier auch tatsächlich das „Schnäppchen" machen kann, haben wir nicht versucht herauszufinden.

Die Stadt ist mit rund 17000 Einwohnern nicht besonders groß. Die Sehenswürdigkeiten sind nicht so zahlreich und haben zumeist mit Porzellan zu tun. Man sieht Porzellan als Wandbilder an Häusern, als Straßenschilder oder als sonstige dekorative Schmuckelemente. Der Brunnen vor der Andreaskirche, der aus 45000 Porzellanplättchen zusammengesetzt wurde, zählt zu den wichtigsten Sehenswürdigkeiten der Stadt.

Wer sich für die Herstellung und die Geschichte des Porzellans interessiert, dem empfehlen wir einen Besuch des **Porzellanikon** am Werner-Schürer-Platz [**024:** N50° 11' 18.0" E12° 06' 57.6"]. In einer stillgelegten Rosenthal-Fabrik sind hier

Porzellanikon:
Das **Europäische IndustrieMuseum für Porzellan** erzählt die Arbeits- und Sozialgeschichte im Zusammenhang mit der Porzellanherstellung. Es zeigt dabei die technischen Abläufe von der Rohstoffverarbeitung bis zur Fertigung des gebrauchsfähigen Porzellans. Das **Rosenthal Museum** präsentiert eine Auswahl der Produkte aus der mehr als 125-jährigen Firmengeschichte und geht auf die Zusammenarbeit mit namhaften Künstlern und Designern ein, die für die Gestaltung der Kollektionen von besonderer Bedeutung sind oder waren.

Das **Europäische Museum für Technische Keramik** zeigt schließlich wozu Porzellan und Keramik sonst noch Verwendung finden. Hitzeschilder für Space Shuttle sind ein Beispiel aus der Raumfahrt, Knie- oder Knöchelgelenke ein Beispiel aus der Medizin und Bremsscheiben eins aus der Fahrzeugtechnik.

Brennofen im Rosenthalmuseum.

Die Vielfalt und Bedeutung der technischen Keramik ist verblüffend hoch.

(025) WOMO-Stellplatz: Selb-Hafendecke
GPS: N50° 10' 3.54" E12° 8' 57.10"   **max. WOMOs:** 6.
Ausstattung/Lage: Asphaltierter Platz im Industriegebiet, gebührenfrei.
Ver- und Entsorgung: Frischwasser gegen Gebühr, Grauwasser ist über einen Bodeneinlass zu entsorgen, die Stromversorgung erfolgt über einen Münzautomaten
Zufahrt: Über den Christian-Höfer-Ring zur Hafendecke

(026) WOMO-Stellplatz: Selb-Eissporthalle
GPS: N50° 09' 19.8" E12° 08' 04.7"   **max. WOMOs:** 6.
Ausstattung/Lage: Ruhiger Waldparkplatz hinter der Hutschenreuther Eissporthalle, gebührenfrei.
Ver- und Entsorgung: keine
Zufahrt: Am Ende der Hanns-Braun-Straße.

gleich drei Museen und mehrere Werkstätten untergebracht. Es ist das größte Spezialmuseum für Porzellan in Europa.

Tipp: Wunsiedler Weiher
Nur 500 Meter vom Stellplatz hinter der Eissporthalle entfernt, befindet sich der Wunsiedler Weiher, ein romantisch gelegner See mitten im Wald. Am südlichen Ufer des Weihers befindet sich ein kleines Waldhotel mit Restaurant, das gute traditionelle bayerische und mediterrane Gerichte zu fairen Preisen anbietet.

Wir fahren nunmehr weiter auf der Selb-Wunsiedler-Hochfläche nach THIERSTEIN. In Sichtweite der Burg befindet sich der Stellplatz. Von hier aus lassen sich bequem wenig anstrengende Wanderungen oder Radtouren entlang der Eger unternehmen.

Thierstein, Burgruine und Kirche.

Von Thierstein an die Eger (Gehzeit etwa 4-5 Stunden):
Vom Stellplatz geht es auf markierten Wegen vorbei an Gut Blumenthal und dem ehemaligen Gästehaus der Hutschenreuther AG, hinunter an die Eger ins Wellertal. Auf dem **Kaiserweg**, der hier Teil des Egerradweges ist, geht es entlang einiger Felsformationen an den Hängen und mächtiger Felsblöcken im Fluss zum Wasserkraftwerk Hirschsprung. Es geht weiter die Eger hinunter bis nach Neuhaus und von dort an der Burgruine vorbei wieder nach Thierstein zurück. So ganz nebenbei kann man sich auf den Schautafeln über die Bedeutung und Funktionsweise der Wasserkraftwerke, die zur Versorgung der Selber Porzellanindustrie mit Elektrizität errichtet wurden, informieren. Der **Kaiserweg** ist in der Tat ein empfehlenswerter, sehr schöner landschafts- und kulturhistorischer Wanderweg durch das Egertal.

(027) WOMO-Stellplatz: Thierstein

GPS: N50° 06' 06.8" E12° 06' 00.2"
max. WOMOs: 15.
Ausstattung/Lage: Ruhiger Platz in Ortsrandlage, gebührenpflichtig, Sanitäranlage mit Waschmaschine und Trockner, ganzjährig geöffnet, W-lan-Anschluss.
Ver- und Entsorgung: Servicestation am Rande des Platzes. Bodeneinlass für die Grauwasserentsorgung.

Die weitere Fahrt führt uns nach MARKTLEUTHEN. Der Stellplatz dieses Ortes zählt zu Topplätzen Süddeutschlands. Offiziell ist dieser Platz mit allen Serviceleistungen gebührenfrei, um eine Spende wird allerdings gebeten. Eine Haltung, die sich für die Gemeinde

Die Eger beim Kraftwerke Hirschsprung.

offensichtlich auszahlt, denn niemand verlässt den Platz ohne eine gute Spende und niemand hinterlässt irgendeine Sauerei, wie uns der Objektmanager erzählt hat.

Dieses liebenswerte Städtchen am Rande des Fichtelgebirges ist ein guter Ausgangsort für Wanderungen und Radtouren. Wer keinen Wanderführer dabei hat: Macht nichts, Vorschläge für den Nahbereich mit den unterschiedlichsten Schwierigkeitsgraden incl. Skizzen und Beschreibungen legt auch die Gemeinde bereit. Den Egerradweg kann man von hieraus übrigens gut bis

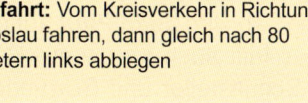
Marktleuthen, Turm der St.-Nikolaus-Kirche.

(028) WOMO-Stellplatz: Marktleuthen

GPS: N50° 07' 46.9" E11° 59' 43.2"   **max. WOMOs:** 10.
Ausstattung/Lage: Ruhiger Platz an der Eger, Toilettenanlage mit Münzduschen, Kinderspielplatz..
Ver- und Entsorgung: Strom- und Wasserversorgung erfolgt auf Spendenbasis.
Zufahrt: Vom Kreisverkehr in Richtung Röslau fahren, dann gleich nach 80 Metern links abbiegen

zur Quelle in der Nähe von WEISSENSTADT und/oder bis zur Grenze zu Tschechien hinter HOHENBERG a.d.Eger befahren.

Zum nächsten Ort: Nur wenige Kilometer sind es von MARK-TEUTHEN nach KIRCHENLAMITZ. Auch hier gibt es einen Stellplatz, er liegt direkt hinter einem Lebensmitteldiscounter.

(029) WOMO-Stellplatz: Kirchenlamitz

GPS: N50° 08' 55.7" E11° 56' 30.7"
max. WOMOs: 6.
Ausstattung/Lage: Platz hinter einem Lebensmittelmarkt, mit Stromanschluss.
Ver- und Entsorgung: Am Wertstoffhof am Peuntweg, kostenlos.
Zufahrt: Weißenstädter Str. 79, am Ortsausgang Richtung Weißenstadt auf der linken Seite.

Am Ortsrand liegt die **Burgruine Epprechtstein**. Ihr zu Füßen liegen Granitsteinbrüche, die über einen Wanderweg erkundet werden können. Vom Wanderparkplatz Buchhaus an der Straße nach Weißenstadt [**030: N50° 08' 25.6" E11° 55' 41.0"**] lässt sich dieser ca. 4 km lange Weg leicht erreichen. Der Abbau des Baumaterials wurde schon Mitte des letzten Jahrhunderts eingestellt. Entlang des Weges vermitteln Schautafeln einen Eindruck

Kirchenlamitz, Rathaus und Michaeliskirche.

Kirchenlamitz, Granitlabyrinth.

über die harte körperliche Arbeit im Steinbruch. Der Weg führt an der Burgruine vorbei. Als Abschluss wartet, wenn man die Straße überquert hat, ein Labyrinth aus mächtigen Granitblöcken mit einem Obelisken in Zentrum. *„Das Ziel muss man früher kennen als den Weg"*, so wird **Jean Paul** auf dem Obelisken zitiert. Wie wahr, das trifft auch für unsere Reise zu. **Jean Paul**, der deutsche Schriftsteller und Bewunderer der französischen Aufklärung, wird uns noch einige Male auf dieser Reise begegnen. Wir lesen noch einige Merksätze auf dem Obelisken von anderen Geistesgrößen wie z.B. von **C.G. Jung:** *„Der schnellste Weg zum Ziel: Der Umweg".* Philosophische Betrachtungen entlang der Wanderwege scheinen in diesem Raum Konjunktur zu haben. Am Weißenstädter See kommen wir darauf zurück, vorher machen wir aber noch unseren Umweg!

Dieser Umweg führt zum **Großen Waldstein**. Neben diesem Felsenungetüm, das die klassische Form der in dieser Region weit verbreiteten Wollsackverwitterung zeigt, steht das Waldsteinhaus [**031: N50° 07' 45.7" E11° 51' 03.3"**]. Ein wunderbarer Ausgangspunkt, um die nähere Umgebung zu erkunden. Die Quelle der **Sächsischen Saale**, die am Westhang aus einem alten Bergwerkstollen entspringt, ist in etwas mehr als einer halben Stunde erreicht. Der Rückweg dauert etwas länger, denn der Höhenunterschied von 170 Metern fordert seinen zeitlichen Tribut. Um die Felsformationen

Felslandschaft des Großen Waldsteins.

und Ruinen des **Großen Waldsteins**, der auf einer Höhe von 879 Metern liegt zu umrunden, benötigt man eine Stunde. Über Steinstufen vorbei an „Teufelstisch" und den Ruinen des Roten Schlosses gelangt man zum Aussichtsfelsen „Schüssel". Von hier geht der Blick über WEISSENSTADT, den Weißenstädter See zum Ochsenkopf und Schneeberg.

Bis zum **Weißenstädter See** [N50° 06' 29.4" E11° 52' 46.8"] müssen wir nur noch 5 Kilometer zurücklegen. Der Stausee wurde in den siebziger Jahren angelegt. Hauptzufluss ist die Eger, die nur wenige Kilometer weiter am Nordwesthang des Schneeberges entspringt. Der See ist etwa 50 ha groß und

(032) WOMO-Campingplatz: Weißenstädter See

GPS: N50° 06' 29.4" E11° 52' 38.8"
max. WOMOs: 10.
Ausstattung/Lage: Ganzjährig geöffneter Platz am Nordrand des Weißenstädter Sees mit 2 Sanitärgebäuden, Restaurant und Biergarten, W-lan.
Zufahrt: Badstrasse 91, in Weißenstadt den gut ausgeschilderten Hinweisen zum Campingplatz folgen.

Vom Frankenwald ins Fichtelgebirge

Meditative Betrachtungen am Weißenstädter See.

kann auf dem 4 Kilometer langen Uferweg bequem umrundet werden. 14 Stelen aus unterschiedlichen Gesteinsarten des Fichtelgebirges säumen den Uferweg. Auf ihnen sind Worte aus dem Stundenbuch von **Eugen Gomringer** graviert und sollen zur Meditation einladen. Da muss sich jeder selbst einen Vers draus machen. Ansonsten: Baden, segeln, surfen, skaten, radeln alles ist möglich, der See bietet viele Alternativen.

Stadtpfarrkirche in Weißenstadt.

In den Kuranlagen am See ist man auf Therapieanwendungen mit Radon spezialisiert, hat aber auch klassische Wellnessanwendungen im Angebot.

Vom See aus ist die denkmalgeschützte Altstadt bequem zu erreichen. Vom Ufer bis zum Marktplatz dieses alten Ackerbürgerstädtchens sind es nur knapp 400 Meter. Im Grundriss der Stadt sind die alten Wallanlagen noch gut erkennbar. Im Stadtbild selbst sind die alten Stadtmauern allerdings nur bruchstückhaft zu sehen. Eine städtebauliche Besonderheit sind die Scheunen aus gemauerten und zum Teil verputzten Natursteinen. Sie wurden nach dem verheerenden Feuer in der Altstadt von 1823 sicherheitshalber außerhalb der Stadtmauer errichtet und dominieren noch heute das Straßenbild am Altstadtrand.

Weiter geht es. Wir durchqueren eine hügelige Landschaft und erreichen nach 15 Kilometern WUNSIEDEL. Dort angekommen stellen wir das Womo auf dem Stellplatz ab, der nur ca. 500 Meter vom Zentrum entfernt ist und besuchen die Innenstadt.

Von der Ludwigstraße gehen wir in die Feldstraße nach rechts, dann noch 100 Meter weiter bis zur Kemnather Straße und sehen linker Hand bereits das Wahrzeichen der Stadt, den **Koppetentorturm** aus dem 15. Jahrhundert. Wir durchschreiten das Tor, gehen bis zur Theresienstraße und erreichen den Marktplatz.

Koppetentorturm, Wahrzeichen Wunsiedels.

Tipp: Alljährlich feiert die Stadt Wunsiedel vor der Mitsommernacht ihr traditionsreiches **Brunnenfest**. Das in seinem Ursprung auf einen heidnischen Brauch zurückgehende Spektakel findet immer am Wochenende vor dem 24. Juni statt. Dazu werden alle 32 Brunnen der Stadt mit Blumen kunstvoll geschmückt und mit Lichtern ausgestaltet. Umrahmt wird das farbenprächtige Stadtfest mit viel Musik, kulinarischen Spezialitäten und allerlei künstlerischen Darbietungen.

(033) WOMO-Stellplatz: Wunsiedel

GPS: N50° 02' 11.2" E11° 59' 36.5"   **max. WOMOs:** 10.
Ausstattung/Lage: Befestigter Platz am westlichen Ortsrand, relativ ruhig, gebührenpflichtig, ganzjährig nutzbar.
Ver- und Entsorgung: Über eine Servicestation am Rande des Platzes. Von November bis März ist die Wasserversorgung wegen Frostgefahr abgestellt.
Zufahrt: Der Platz liegt an der Ludwigstraße.

Vom Frankenwald ins Fichtelgebirge

Torbogen in der Ruine St. Katharina.

Zum **Fichtelgebirgsmuseum**, das zu den besten Regionalmuseen Bayerns zählt und rund um den Spitalhof liegt, sind es nur noch 200 Meter. Die Ausstellungen zur Natur-, Kultur- und Regionalgeschichte sind sehr umfassend. Wer sich für **Jean Paul**, den deutschen Schriftsteller und berühmtesten Sohn der Stadt interessiert, der findet hier im Museum eine sehr umfangreiche Dokumentation über sein Leben und Werk.

Etwas außerhalb der Stadt liegt der **Katharinenberg [034: N50° 02' 06.5" E12° 00' 46.9"]**. Hier befindet sich das älteste Bauwerk der Stadt, die Ruine der Wallfahrtskirche **St. Katharina**. Sie verfiel nach einer wechselvollen Geschichte bereits früh zu einer Ruine und wurde im 19. Jahrhundert, im Zeitalter der Romantik zu einem integralen Bestandteil eines Landschafts- und Bürgerparks, der in dieser Epoche gerade in Mode kam. Der Turm wurde rekonstruiert, das Kirchenschiff blieb mit Mauerresten, offenen Fenstern und Toren eine Ruine und wurde lediglich gegen den weiteren Verfall geschützt. Ein äußerst reizvolles Fotomotiv.

Neben der Ruine und dem umliegenden Park, der mit seinem alten und artenreichen Bestand aus Laubbäumen ein schönes Naturdenkmal ist, wurde 2007 ein **Greifvogelpark** eröffnet. Neben den Flug-

Einer der Stars des Greifvogelparks.

vorführungen, die von April bis Oktober dargeboten werden, können in begehbaren Volieren über 50 verschiedene Greifvögel bestaunt werden. In einem Medienraum wer-

Schloss Alexandersbad.

den darüber hinaus Filme über die Beizjagd und die Falknerei gezeigt.

Weiter geht die Fahrt: Unser nächstes Ziel ist das Mineral- und Moorheilbad BAD ALEXANDERSBAD. Beschaulich klein ist der Ort am Waldrand. Uns fallen die vielen Einrichtungen auf, die sich dem Lebensabend des Menschen widmen. **Schloss Alexandersbad**, ein schlichtes, im Stil des Frühklassizismus errichtetes Gebäude, ist eigentlich kein Schloss. Markgraf Alexander ließ es als Badehaus mit Hotelfunktion zur Unterbringung der Kurgäste am Ende des 18. Jahrhunderts erbauen. Hinter der Anlage führt ein schmaler Weg durch eine kleine Parkanlage zur Heilquelle. Alles ist sehr übersichtlich, die Wege sehr kurz. Kurz gefasst: Ein kleiner und sehr ruhiger Kurort, der sich u.a. auf Mooranwendungen spezialisiert hat.

Von BAD ALEXANDERSBAD zum **Felsenlabyrinth Luisenburg** ist es nur ein Katzensprung. Dort angekommen erwartet uns ein stark gefüllter gebührenpflichtiger Parkplatz [N50° 00' 48.6" E11° 59' 27.9"]. Auf dem Fußweg zum Eingangsbereich treffen wir auf eine muntere Schar von Besuchern. Die mit

Die künstlich angelegte Ruine in der Luisenburg.

Felsenlabyrinth

Es ist ein wildes Durcheinander, was die Natur hier angerichtet hat. Granitblöcke liegen kreuz und quer, große und kleine liegen aufgeschichtet oder verkantet zueinander, versperren den Weg oder lassen mit schmalen Spalten nur einen engen Durchschlupf zu. Steile Treppen wurden angelegt, um die größten dieser Gesteinsklötze überhaupt erklimmen zu können. Manche Steine liegen gefährlich nah am Rand ihrer Unterlage und man gewinnt den Eindruck, die geringste Erschütterung würde ausreichen, um sie hinabstürzen zu

Im Felsenlabyrinth der Luisenburg.

lassen. Aber keine Angst, die Blöcke verharren schon noch in ihrer Position. Das Felsenlabyrinth hat schon Johann Wolfgang von Goethe fasziniert und einen Deutungsversuch zur Entstehung dieses Labyrinths formulieren lassen. Wollsackverwitterung nennen die Geographen den Prozess, der zur Bildung solcher Felslandschaften führt und bevorzugt bei grobkristallinen Gesteinen wie Granit auftritt. Dieses Naturphänomen finden wir natürlich in dieser Region noch an vielen anderen Orten, nur nicht in dieser Mächtig- und Häufigkeit. Die Wege sind gut markiert aber nicht immer leicht begehbar. Wer wie wir Hunde dabei hat, sollte es sich gut überlegen, sie hierher mitzunehmen. Die zum Teil recht scharfkantigen Gitterstufen der Treppen sind für die Pfoten kleinerer und mittlerer Fellnasen nur schwer begehbar. Wir haben unsere Hunde an verschiedenen Stellen tragen müssen.

den Kindern an der Hand gehen ins Freilichttheater – Michel aus Lönneberga steht auf dem Programm – die anderen ins **Felsenlabyrinth**. Das Freilichttheater bietet übrigens Platz für 1800 Besucher und hat ein anspruchsvolles und abwechslungsreiches Programm sowohl für Kinder, wie für Erwachsene. Neben Theateraufführungen finden hier auch Musikveranstaltungen statt. Hier treten übrigens nicht nur Laienschauspieler auf, sondern auch sehr bekannte Größen aus TV und Kinofilm.

Von der **Luisenburg** lohnt auch eine Wanderung zur **Kösseine**, die nur 3,5 Kilometer entfernt ist. Vom Aussichtsturm auf dem 945 Meter hohen Gipfel hat man bei guter Fernsicht einen Blick bis zum Bayerischen Wald. Im Kösseinehaus neben dem Aussichtsturm (Mo. Ruhetag) gibt es eine Erfrischung und Stärkung bevor der Weg fortgesetzt wird und es wieder zum Parkplatz zurückgeht.

Nach so viel frischer Luft geht es weiter nach FICHTEL-BERG. Wir schnuppern ins **AMF-Museum** hinein.

Hier riecht es nach Benzin und Öl, nicht penetrant aber doch deutlich. Über 140 Oldtimer und Motorräder der älteren und jüngeren Automobilgeschichte sind in den Hallen ausgestellt. Ein alter VW-Bus als Campingmobil erinnert an den Beginn der Womo-Zeit. Im Freigelände stehen hauptsächlich ausgediente Militärflugzeuge russischer Bauart. Der asphaltierte Parkplatz am Museum [**035**: N49° 59' 51.2" E11° 51' 18.8"] ist auch gleichzeitig als Wohnmobilstellplatz ausgewiesen. Ver- und Entsorgungseinrichtungen gibt es hier allerdings nicht. Einen Campingplatz mit Wohnmobilstellplätzen gibt es am **Fichtelsee,** den wir als nächstes aufsuchen.

Ausstellungsobjekte im AMF-Museum.

Wir stellen das Womo auf dem kleinen gebührenpflichtigen Parkareal vor dem Campingplatz in der Nähe des Sees ab und gehen zum Ufer hinunter. Der künstlich aufgestaute See ist offensichtlich ein beliebtes Reiseziel. Das große Gasthaus am Ostufer ist gut besucht, Kinder fahren Tretboot, baden oder tummeln sich auf der Liegewiese. Wer den See umrunden will, kann dies auf den angelegten Wegen tun. Je weiter wir uns vom Gasthaus entfernen, umso ruhiger und idyllischer wird

(036) WOMO-Campingplatz: Fichtelsee

GPS: N50° 00' 59.7" E11° 51' 19.4"
max. WOMOs: 10.
Ausstattung/Lage: Ruhiger Platz am Rande des Fichtelsees. Mit separater Ver- und Entsorgungsstation für Reisemobile.
Zufahrt: Von der B303 Richtung Fichtelberg fahren und nach 1500 Metern links abbiegen.

Idyllisch: Der Fichtelsee am Fuße des Ochsenkopfs.

es. Wanderwege gehen in alle Richtungen. Bis zum **Ochsenkopf** und zum **Schneeberg,** den beiden höchsten Gipfeln des Fichtelgebirges, ist es nicht weit. Mehrere Tage könnten wir hier mit Wanderungen verbringen und es würde sicher nicht langweilig werden. Zusätzliche Abwechslung bietet das **Besucherbergwerk Silbereisen** sowie die **Kristall Radon-Sole-Therme** in unmittelbarer Nähe des Sees, die allerdings nach einem Großbrand geschlossen wurde. Ob und wann sie wieder eröffnet wird, war bei Redaktionsschluss nicht bekannt.

Gut besucht ist der **Ochsenkopf [037:** N50° 00' 48.9" E11° 48' 29.1"], den wir als nächstes Ziel anfahren. Das Freizeitangebot rund um diesen 1023 m hohen Berg ist vielfältigster Natur. Beginnen wir damit, dass man den Gipfel nicht besteigen

Am Südende des Ochsenkopfs sind etliche Wanderparkplätze angelegt.

muss, sondern mit Seilschwebebahnen, eine von der Südseite, eine von der Nordseite, bequem erreichen kann. Eine Sommerrodelbahn und einen Outdoorpark finden wir am Nordhang, Mountainbiketrails am Südhang. Wanderwege gibt es in Hülle und Fülle. Um die gesamte Vielfalt der Tourismusregion rund

Blumengeschmückte Gastlichkeit in Bischofsgrün.

um den Ochsenkopf auch nur annähernd erleben zu können, benötigt man schon mindestens ein verlängertes Wochenende.

An der Nordseite des Ochsenkopfs liegt BISCHOFSGRÜN. Der kleine heilklimatische Kurort gilt als das „Kräuterdorf" im Fichtelgebirge. Kräuterwanderungen werden über die örtliche Tourist-Info angeboten, wo auch der Kurbeitrag zu entrichten ist, wenn man den gepflegten Stellplatz länger als einen Tag nutzen will. BISCHOFSGRÜN eignet sich sehr gut als Ausgangsort für Wanderungen zum Ochsenkopf und Schneeberg. Besonders hervorzuheben sind der Outdoorpark mit Hochseilgarten und 3D Bogenschießparcours sowie für die Wintertouristen die Skipisten am Nordhang des Ochsenkopfes.

(038) WOMO-Stellplatz: Bischofsgrün

GPS: N50° 03' 13.4" E11° 47' 34.5" **max. WOMOs:** 6.

Ausstattung/Lage: Ruhiger Platz am Rangenweg. Gebührenfrei, Kurbeitrag 1,00 € pro Person/Tag (in der Kur- und Tourist Information in der Jägerstraße 9 zu entrichten). Strom gegen Gebühr, der Platz ist ganzjährig nutzbar.
Ver- und Entsorgung: Über eine Servicestation gegen Gebühr.
Zufahrt: Ab der Ortsmitte der Womo-Beschilderung folgen.

Schattiges Plätzchen in der Ortsmitte von Goldkronach.

Das Goldbergbau-Museum in GOLDKRONACH erinnert mit den Besucherbergwerken neben dem Silbereisenbergwerk in FICHTELBERG an die Bergbautradition im Fichtelgebirge. Wie in BAD STEBEN (siehe Seite 22) war auch hier Alexander v. Humboldt tätig. Als junger Bergbeamter in preußischen Diensten ließ er eine bereits stillgelegte Zeche wieder aktivieren, was den Niedergang des Bergbaus jedoch nicht verhinderte.

Alles golden in Goldkronach, auch die Aussicht.

Ein Lehrpfad, der seinen Namen trägt, führt an 40 Bergbaustationen vorbei und liegt auf dem **Goldberg**. Um die Bergwerke zu besuchen (nur sonntags geöffnet), kann man von der Ortsmitte den Goldberg hoch laufen, aber auch hoch fahren (ausgeschildert). Der Parkplatz [039: N50° 00' 37.1" E11° 42' 21.0"] vor den Bergwerken ist ausreichend groß

(040) WOMO-Stellplatz: Goldkronach

GPS: N50° 00' 44.7" E11° 40' 56.6"
max. WOMOs: 10.
Ausstattung/Lage: Ruhiger gebührenfreier Platz in Ortsrandlage, Strom gegen Gebühr (nur 4 Stromanschlüsse).
Ver- und Entsorgung: Frischwasser gegen Gebühr, Grauwasser und Toilette gratis.
Zufahrt: Vom Marktplatz die Peuntgasse nehmen, nach 300 m rechts.

und unproblematisch für eine Übernachtung mit der Goldenen Aussicht (in der Nähe) inklusive.

Einen offiziellen Wohnmobilstellplatz hat BAD BERNECK, der letzte Ort auf dieser Tour, nicht aufzuweisen. Selbst Parkplätze stehen in diesem Städtchen an der Ölschnitz nur in sehr beschränkter Zahl zur Verfügung. Um den Kurort zu besuchen, stellt man das Fahrzeug am besten in der Bahnhofstraße am Ortseingang hinter dem Einkaufszentrum ab **[041: N50° 02' 39.0" E11° 40' 08.0"]** und geht dann zu Fuß weiter.

Blick vom Marktplatz auf den Schlossturm.

Wir gehen entlang der Bahnhofstraße, überqueren die Ölschnitz und erreichen hinter einem Haus der Diakonie einen der wenigen dendrologischen Gärten Deutschlands. Im Umfeld des alten Bergwerks **„Beständiges Glück"** stehen einige zum Teil mehr als 100 Jahre alte Bäume mit Exoten aus aller Welt. Es ist eine sehr kleine Anlage, die wir schnell durchschritten haben. Über die Maintalstraße und entlang der Ölschnitz gelangen wir in die Ortsmitte. Von hier aus hat man einen schönen Blick auf den Schlossturm oberhalb der Stadt. Zum **Kurpark** mit den Kolonaden sind es dann nur noch wenige Meter. Den schauen wir uns noch an, dann geht es zurück zum Womo.

Bad Berneck i.F.: Kolonaden im Kurpark und Ruine Hohenberneck.

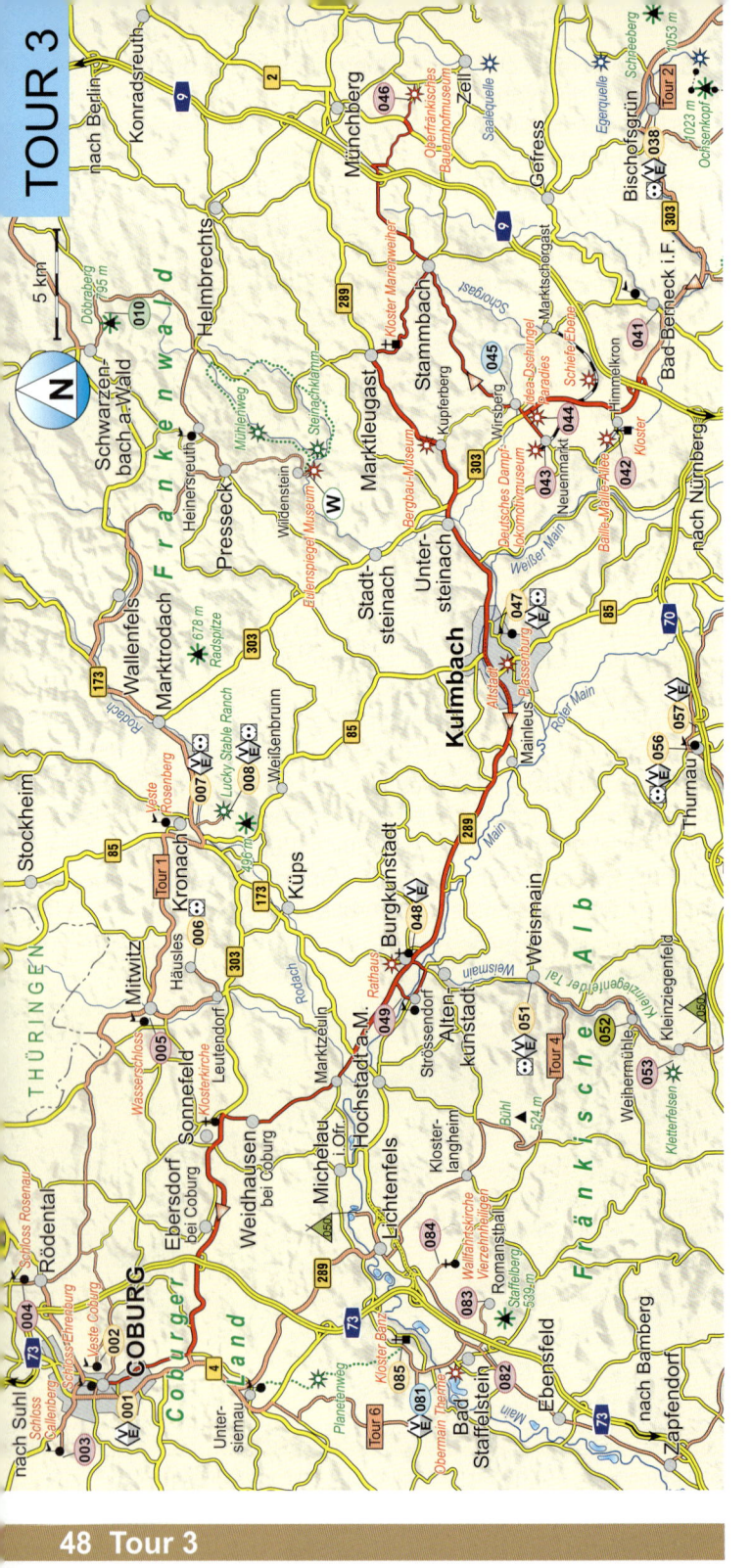

TOUR 3 (ca. 140 km)

Bad Berneck – Himmelkron – Neuenmarkt – Wirsberg – Kleinlosnitz – Marktleugast – Kulmbach Burgkunstadt – Sonnefeld – Coburg

Freie Übernachtung:	Himmelkron, Neuenmarkt, Strössendorf
Stellplätze:	Wirsberg, Kulmbach, Burgkunstadt, Coburg
Campingplätze:	keine
Ver-/Entsorgung:	Kulmbach, Burgkunstadt, Coburg
Besichtigungen:	Himmelkron (Baille-Maille-Allee), Neuenmarkt (Deutsches Dampflokmuseum, Schmetterlingspark), Kleinlosnitz (Oberfränkisches Bauernhofmuseum), Marktleugast (Wallfahrtskirche), Kupferberg (Bergbau-Museum), Kulmbach (Altstadt und Plassenburg), Burgkunstadt (Altstadt), Sonnefeld (Klosterkirche)
Wandern:	Wirsberg (entlang der Schorgast)
Baden/Wellness:	Wirsberg (Freibad)

Von der Autobahn A9 nehmen wir die Abfahrt 39 Bad Berneck/Himmelkron und fahren auf der B303 Richtung KRONACH. Schon nach einem Kilometer erreichen wir HIMMELKRON und folgen dem Hinweisschild zum Kloster. Wir stellen das Womo auf dem Parkplatz [**042: N50° 03' 43.2" E11° 35' 24.6"**] in der Nähe der **Baille-Maille-Lindenallee** auf einem asphaltierten Platz ab. Das Kloster ist heute eine pädagogisch-soziale Einrichtung der Diakonie und kann nicht besichtigt werden. Nicht weiter tragisch, uns interessiert in erster Linie die Lindenallee.

Während unseres Besuches in Himmelkron wurde

Stiftskirche des Klosters Himmelkron.

Die ca. 800 Meter lange Lindenallee „Baille-Maille" in Himmelkron.

Baille-Maille-Allee

Hofdamen beim Mailspiel.

Kloster Himmelkron wurde von Zisterzienserinnen im 13.Jh. gegründet. Nachdem es im Zuge der Reformation zur Aufhebung kam, wurde es im 16. Jh. Sommerresidenz der Bayreuther Markgrafen. Sie ließen den Vorlieben der damaligen Epoche folgend, einige bauliche Veränderungen am Kloster vornehmen, um u.a. für das höfische Freizeitvergnügen dem großen Vorbild Versailles nachzueifern. Aus dieser Zeit rührt auch die erste Lindenallee, die Markgraf Christian Ernst im 17. Jahrhundert in unmittelbarer Nähe des Klosters anpflanzen ließ. Sie bestand allerdings nur bis zum Ende des 18. Jahrhunderts und war Ort für das Ballspiel **„Baille-Maille"** oder kurz Mailspiel, so eine Art Vorläufer des Krocket. Im Spiel geht es darum Holzkugeln im Wettlauf durch kleine, in den Boden gesteckte Bögen zu schlagen. Ein Spiel, das ab dem ausgehenden Mittelalter unter Adels- und Patrizierfamilien sehr beliebt war. Alleen dieser Art gab es zu dieser Zeit an vielen Orten in Europa. Die Allee in Himmelkron galt als eine der schönsten in Deutschland. Dennoch fiel sie der Axt zum Opfer und geriet dann lange Zeit in Vergessenheit. Erst Ende der 80ziger Jahre des letzten Jahrhunderts wurde die Lindenallee durch einen Förderkreis wieder zum Leben erweckt, Bäume angepflanzt und der Name **„Baille-Maille-Allee"** reaktiviert. Ergänzt wurde die Allee im Jahre 2004 mit einigen Skulpturen, die überwiegend im vorderen Drittel der Allee zu finden sind. Eine mittelalterliche Brücke über den noch jungen Weißen Main, bildet den Abschluss dieser Allee.

mit einem kleinen Festakt ein neues Kunstwerk für die Öffentlichkeit enthüllt. Zugegen waren auch die jungen Hofdamen, die das Mailspiel mit großer Freude dem staunenden Publikum vorführten. Glück gehabt, da waren wir zur richtigen Zeit am richtigen Ort.

Auf der weiteren Fahrt nach NEUENMARKT überqueren wir die „**Schiefe Ebene**", eine Eisenbahnrampe aus der Dampflokzeit. Sie wurde zwischen 1844 und 1848 gebaut und ist eine ingenieurtechnische Meisterleistung dieser Epoche. Auf einer Strecke von etwa 7 Kilometern überwindet sie zwischen NEUENMARKT und MARKTSCHOR-

Lokomotiven im Aussengelände.

GAST 158 Höhenmeter bei einer nahezu gleichbleibenden Steigung. Eine Nachbildung dieses Streckenabschnitts ist im **Deutschen Dampflokomotivmuseum** in NEUENMARKT zu sehen.

Verbrannte Kohle, ein Geruch, den wir noch aus Kindheitstagen kennen, zieht in die Nase, nachdem wir das Womo auf dem Parkplatz **[043: N50° 05' 36.3" E11° 34' 59.2"]** verlassen haben. Es raucht und dampft, eine Lok wird offenbar angeheizt. Das Museum nutzt das ehemalige Bahnbetriebswerk des Bahnhofs Neuenmarkt-Wirsberg. Es besteht aus einem Ringlokschuppen mit einem Außengelände und ist seit 1977 für die Öffentlichkeit zugänglich.

Ausgestellt sind etwa 30 Lokomotiven und allerlei Gerätschaften, die für den Betrieb dieser Lokomotiven notwendig

Bartagame, Echsenart aus Australien.

waren und auch noch sind. Von großen und schweren Ungetümen über kleinere und mittlere Loks bis hin zu den kleinsten Lokomotiven für Industriebahnen reicht die Ausstellungspalette. Ein historischer MITROPA-Speisewagen dient der gastronomischen Versorgung. Das Museum bietet ein recht umfangreiches Programm für Dampflokfahrten an, die aber in der Regel auf den Rundkurs im Museumsgelände beschränkt sind. Über die **„Schiefe Ebene"** fährt als Museumsbahn ein Schienenbus. Wir verlassen das Museum und wollen zum Nachbarort WIRSBERG weiterfahren. Am Ortsausgang machen wir noch einen kurzen Stopp im **idea Dschungel Paradies [044:** N50° 05' 53.6" E11° 35' 30.2"]. Das Gebäude ähnelt einem kleinen Zirkuszelt und beinhaltet einen kleinen tropischen Park mit frei fliegenden Schmetterlingen. Es stockt uns kurz der Atem, als wir durch eine Schleuse den Raum betreten. Von einem Moment auf den anderen haben wir unser kühlgemäßigtes Klima verlassen und sind nun in der Klimazone der immerfeuchten Tropen. Es ist heiß und feucht, die Brille beschlägt, das Objektiv der Kamera ebenso, es dauert einen Moment bis wir uns an diesen „Klimawandel" gewöhnt haben. Schmetterlinge umschwirren uns, chinesische Zwergwachteln laufen umher, nur die Weißbüscheläffchen müssen in ihrem abgezäunten Gehege bleiben. In Terrarien werden zudem noch Nattern, Heuschrecken, Vogelspinnen, Bartagamen und andere exotische Kleintiere gezeigt. Nachdem wir alles eingehend betrachtet haben, verlassen wir verschwitzt das Haus. Ein Spaziergang in einem schattigen Wald an einem rauschenden Bach wäre jetzt schön, oder ein Besuch in einem Freibad.

Das geht ganz fix, zwei Kilometer fahren wir dafür. Wir kreuzen die B303 und sind in WIRSBERG, überqueren dort in der Ortsmitte die schöne alte Bogenbrücke über die Schorgast, biegen danach sofort rechts ab und stellen das Womo nach kurzer Zeit auf den äußerst ruhigen Stellplatz an der Schorgast ab.

Die Steinerne Brücke von 1711 führt über die Schorgast.

(045) WOMO-Badeplatz: Wirsberg, Freibad

GPS: N50° 06' 28.1" E11° 36' 49.9"
max. WOMOs: 5.
Ausstattung/Lage: Gebührenfreier befestigter Platz am Freibad, außerhalb des Ortes am Ende der Straße Schorgasttal. Das öffentliche WC am Parkplatz ist von Ostern bis ca. Mitte Oktober in Betrieb.
Ver- und Entsorgung: Keine Wasser Ver- und Entsorgungsanlage, kein Stromanschluss.

Zufahrt: Von der Ortsmitte sofort nach der Schorgastbrücke rechts abbiegen und dem Straßenverlauf noch etwa 500 Meter folgen.

Wirsberg, Wanderweg entlang der Schorgast.

Bis zum Freibad sind es nur noch wenige Meter zu Fuß. Es ist trotz großer Rutsche keines dieser modernen Freizeit-Spaßbäder, sondern eines der älteren und einfacheren Art aus den achtziger Jahren. Am Freibad vorbei geht es auf einem befestigten, leicht begehbaren Weg entlang der rauschenden Schorgast leicht bergan. Wir kommen durch einen kleinen Park mit Rhododendren-Sträuchern und passieren eine Wassertretstelle. Der Wanderweg ist auch gleichzeitig ein geologischer Lehrpfad. Auf nummerierten Hinweistafeln wird auf die verschiedenen Gesteinsarten am Weg hingewiesen, für geologische Laien vermutlich mit schwer verständlichen Begriffen. Wir setzen unseren Spaziergang an der Schorgast fort, genießen die Ruhe, lauschen dem Rauschen des Baches und wundern uns darüber, dass uns an einem sonnigen Samstag Ende Mai niemand begegnet. Nachdem wir zum Womo zurückgekehrt sind, setzen wir unsere Fahrt in Richtung MARKTLEUGAST fort.

Tipp: Marktschorgast ist nicht weit. Frankia-Fahrer können eine Besichtigung des **Frankia** Werkes in der Bernecker Straße 12 in Marktschorgast vornehmen. Eine Anmeldung ist über den Händler erforderlich. Sehr viele Besuchstermine gibt es nicht.

Ob ein Abstecher zum **Oberfränkischen Bauernhofmuseum** lohnt? Wir probieren es und fahren nicht direkt nach MARKTLEUGAST, sondern zunächst nach KLEINLOSNITZ. Das Museum liegt am Ortseingang des Dorfes [046: N50° 09' 21.3" E11° 47' 21.2"]. Auf dem kleinen Parkplatz darf man übernachten, wenn man das mag, das Gelände hat jedoch Gefälle und erscheint uns deshalb nicht besonders gut geeignet.

Das Museum ist sehr klein, kein Vergleich mit den großen Bauernhofmuseen in TITTLING (siehe Seite 319/320, NEUSATH Seite 288/289 oder FINSTERAU Seite 314). Es gibt in diesem Museum nur zwei Höfe, den **Dietel-** und den **Wirtschaftshof**, die jeweils mehrere Gebäude umfassen. Das Besondere

Dietelhof: Innenhof mit Stallgebäuden.

Kloster Marienweiher.

daran: Sie stehen an ihrer Originalposition und sind im Original erhalten. Nur das Handwerkerhaus hinter dem Eingangsgebäude wurde aus einem andern Ort hierher gebracht und neu aufgesetzt. Der **Dietelhof** ist ein mit Stroh gedeckter Vierseithof aus dem 18. Jahrhundert. Vom Eingangstor bis zur rauchgeschwärzten Küche, dem Kachelofen sowie der gesamten Inneneinrichtung ist alles im Originalzustand. Es wirkt so, als wären die Bauersleute nur mal gerade eben weggegangen. Dennoch, man muss schon eine besondere Vorliebe für die bäuerliche Kultur haben, um sich hier lange aufzuhalten.

Wir fahren die Route zurück und biegen in STAMMBACH nach MARKTLEUGAST ab. Nachdem wir das Dorf Steinbach passiert haben, sehen wir vor uns das **Kloster Marienweiher**. MARIENWEIHER ist ein Teilort von MARKTLEUGAST und ein wenig bekannter Marien-Wallfahrtsort, obwohl die Wallfahrtskirche eine der 70 Kirchen in Deutschland ist, die vom Papst den Titel **„basilica minor"** verliehen bekommen hat. Der Innenraum der Kirche glänzt mit einer prunkvollen Ausstattung im Barock- und Rokokostil. Das Gnadenbild im Hochaltar zeigt eine geschnitzte, fast lebensgroße spätgotische Madonna mit dem Jesuskind.

Nachdem wir den Innenraum der Kirche und die vergoldete Steinmadonna sowie die Lourdes Grotte auf dem Vorplatz ausgiebig in Augenschein genommen haben, fahren wir weiter nach KUPFERBERG, einem Ort, der seine bergmännische Bedeutung schon im Namen trägt.

Schräg gegenüber der mächtigen Kirche befindet sich das **Bergbau-Museum** der Stadt. Heute zählt der Ort noch ca. 1000 Einwohner, in seiner Blütezeit

Kirche in Kupferberg

Begehbarer Stollen im Bergbau-Museum Kupferberg.

waren es mehr als 3000. Der Rückgang der Bevölkerung hängt mit der Aufgabe des Kupferbergbaus zusammen. Der Bergbau war hier im 18. Jahrhundert noch von großer Bedeutung. Die immer wiederkehrenden Abbauprobleme machten ihn jedoch zunehmend unwirtschaftlicher, bis er 1940 vollends eingestellt wurde.

Das kleine, didaktisch gut gemachte **Bergbau-Museum** gibt einen realitätsnahen Einblick in die Arbeitswelt des hiesigen Kupferbergbaus der vergangenen Jahrhunderte. Die engen und dunklen Gänge vermitteln einen Eindruck der bergbaulichen Tätigkeit „unter Tage", Schautafeln erklären die einzelnen Arbeitsschritte und Arbeitsabläufe, die notwendig waren, um das erzhaltige Gestein abzubauen.

Den „Tagebau", den wir sehen, als wir den Ort Richtung KULMBACH verlassen, hat nichts mit Kupfer zu tun. Hier wird Diabas abgebaut, ein vulkanisches Urgestein, das in der Bauindustrie Verwendung findet. Wir fahren durch UNTERSTEINACH und sind bald in KULMBACH.

Hier stellen wir unser Womo auf dem Stellplatz zwischen vielen anderen Fahrzeugen ab und gehen am Abend noch ein wenig durch die „heimliche Bierhauptstadt" wie

Das Rathaus in Kulmbach.

(047) WOMO-Stellplatz: Kulmbach - Schwedensteg

GPS: N50° 06' 40.2" E11° 27' 39.3"
max. WOMOs: 25.
Ausstattung/Lage: Befestigter Platz am Schwedensteg/Festplatz. Ganzjährig nutzbar.
Ver- und Entsorgung: An einer Servicestation am Rande des Platzes. Die Frischwasserversorgung ist in den Wintermonaten abgestellt. Die Stromversergung erfolgt über Münzautomaten.
Zufahrt: Von der B289 über die Saalfelder und Kronacher Straße zum Schwedensteg.

Markplatz mit Luitpoldbrunnen und der Plassenburg im Hintergrund.

Westfassade der Plassenburg.

KULMBACH sich selbst nennt. Vom Stellplatz sind es durch den kleinen Mainpark und die Fischergasse nur 500 Meter. Wir kommen dabei am Weißen Turm vorbei, der als Teil der Stadtmauer zur alten Stadtbefestigung gehört. Wenige Meter später, nachdem wir an der Spitalkirche vorbeigegangen sind, stehen wir schon auf dem Marktplatz mit dem Luitpoldbrunnen und sehen am Ende des Platzes das Rathaus mit seiner schönen Rokokofassade in abendlichem Glanz. Die Straßenlokale in der Spitalgasse sind gut besucht, natürlich wird Kulmbacher Bier ausgeschenkt, was sonst, das ist nicht überraschend. Hoch über der Stadt wacht seit dem 12. Jahrhundert die **Plassenburg**, die nach einer langen und wechselvollen Geschichte heute u.a. das **Deutsche Zinnfigurenmuseum** mit

Markplatz mit Luitpoldbrunnen mit dem Weißen Turm im Vordergrund.

rund 300.000 Einzelfiguren beherbergt.

Am nächsten Tag geht es hinauf auf die **Plassenburg**. Wir laufen jedoch vorher die abendliche Runde noch einmal bei Tageslicht, dehnen den Spaziergang noch ein wenig aus und kommen nun auch an der spätgotischen Hallenkirche St. Petri und dem **Langheimer Amtshof** mit seiner barocken Giebelfassade und dem Roten Turm vorbei. Der Langheimer Amtshof wurde als klösterliche Amtskanzlei errichtet. Von hier aus wurden die Ländereien des Zisterzienser-Klosters Langheim bis zu Beginn des 19. Jahrhunderts verwaltet. Heute ist hier die Akademie für Neue Medien und eine Berufsfachschule untergebracht. Nicht weit davon steht der fünfgeschossige Rote Turm mit markantem Fachwerk im obersten Geschoss. Er war, wie der Weiße Turm, ein Teil der ehemaligen Stadtbefestigung, von der ansonsten nicht mehr viel zu sehen ist.

Über Treppen und Wege geht es dann weiter hinauf zur Burg. Oben angekommen, geht es durch ein breites Portal in den Kasernenhof der Burg. Als Meisterwerk der deutschen Renaissance gilt der zweite Hof der Burg, der nicht umsonst der „**Schöne Hof**" genannt wird. Es ist ein Arkadenhof mit dichtem Reliefdekor, der für Open-Air-Konzerte und andere Veranstaltungen genutzt wird. Neben dem **Deutschen Zinnfigurenmuseum** sind auf der Burg noch das **Landschaftsmuseum Obermain**, das **Armeemuseum Friedrich der Große** und das Museum „**Hohenzollern in Franken**" untergebracht. Von der **Plassenburg** hat man übrigens auch einen sehr schönen Blick auf Kulmbach und in das Kulmbacher Land.

Weiter geht es, BURGKUNSTADT ist das nächste Ziel. Wir verlassen Kulmbach über die B289 gen Westen. Ist die Talaue entlang des Weißen Mains zunächst noch relativ eng, wird sie ab MAINLEUS schnell breiter. Südöstlich von MAINLEUS ver-

Fachwerkensemble am Marktplatz von Burgkunstadt.

Kirche am Marktplatz in Burgkunstadt.

einigen sich der Weiße und der Rote Main. Nach dem Zusammenfluss heißt das Gewässer nur noch **Main,** der nun mit größerer Erosionskraft ausgestattet eine breitere Talaue geschaffen hat. Wenige Kilometer weiter flussabwärts erreichen wir BURGKUNSTADT.

Die Stadt, deren Namen durch das große Versandunternehmen Baur bekannt ist, zeigt rund um den Marktplatz ein schönes Fachwerkensemble. Der Marktplatz liegt auf einer Anhöhe, auf der einst eine Burg stand. Reste davon sind noch in dem Rathaus zu sehen, das mit seinem Fachwerk einen besonders schönen Anblick bietet.

(048) WOMO-Stellplatz: Burgkunstadt
GPS: N50° 08' 22.7" E11° 14' 58.8" **max. WOMOs:** 4.
Ausstattung/Lage: Innerorts am Festplatzgelände, gebührenfrei, ganzjährig nutzbar.
Ver- und Entsorgung: Über Servicestation bei der Agip-Tankstelle an der B289, in Sichtweite des Stellplatzes. **GPS:** N50° 08' 12.8" E11° 15' 01.4"
Zufahrt SP: Von der B289 in die Bahnhofstraße fahren, dann gleich rechts dem Alten Postweg folgen.

Wir fahren weiter dem Ende dieser Tour entgegen. Auf dem Weg nach COBURG machen wir einen kleinen Schlenker über STRÖSSENDORF. Das Ensemble von Schloss und Kirche am Main hat seinen besonderen Reiz. Auch wenn das Schloss nicht besichtigt werden kann, lohnt der Blick auf dieses fränkische Idyll. Wer mit einem kompakten Womo unterwegs ist, hat hier direkt am Main noch einen sehr schönen Rastplatz [**049:** N50° 08' 22.7" E11° 13' 27.3"]. Größere Fahrzeuge werden ein Problem haben, diesen von der schmalen Straße her anzufahren. Es geht im rechten Winkel durch eine relativ enge Einfahrt ein leichtes Gefälle hinunter.

Über MARKTZEULN und WEIDHAUSEN fahren wir weiter. Bevor wir jedoch in COBURG ankommen, steht noch ein Besuch des ehemaligen Klosters der Zisterzienserinnen in SONNEFELD auf dem Programm.

Zisterzienser erbauten in Franken ein dichtes Netz mit Klosteranlagen. Das berühmteste dürfte sicher das **Kloster Waldsassen** (siehe Tour 8 S. 127/128) sein. Die Gründung des Kloster Sonnefelds entspricht nicht dem Ordensideal eines Baues in der Waldeinsamkeit, aber man wahrte mit diesem Ort trotzdem Distanz zu größeren Siedlungen. Seine höchste Blüte erlebte das Kloster im 14. und 15. Jahrhundert. Von der mittelalterlichen Klosteranlage ist nur wenig erhalten. Die Klosterkirche ist aber, trotz zahlreicher Veränderungen im Lauf der Jahrhunderte, immer noch eines der mächtigsten gotischen Bauwerke in Oberfranken. Grabplatten im Inneren der Kirche erinnern an die Zisterzienserinnen und die Stifter des Klosters.

Während der Reformation wurde die Kirche lutherisch und steht heute unter der Obhut der Evangelisch-Lutherischen Kirchengemeinde Sonnefeld.

Wir fahren nunmehr weiter nach COBURG und beenden dort diese Tour. Die Stadt haben wir schon in der Tour 1 beschrieben (siehe Seiten 9-12). Weiter geht es mit Tour 4, die von Coburg nach Bayreuth führt.

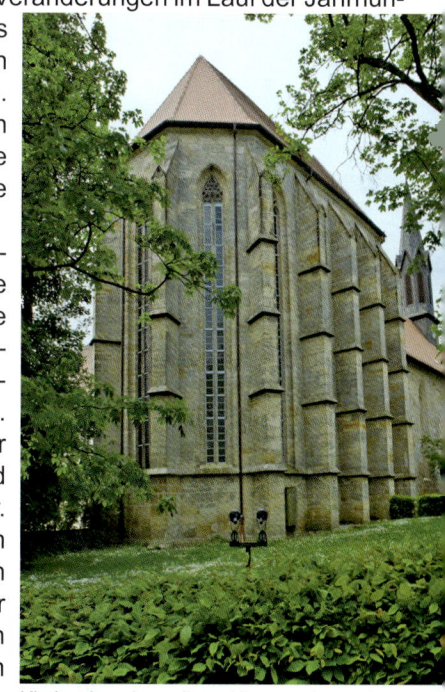

Kirche des ehemaligen Klosters Sonnefeld.

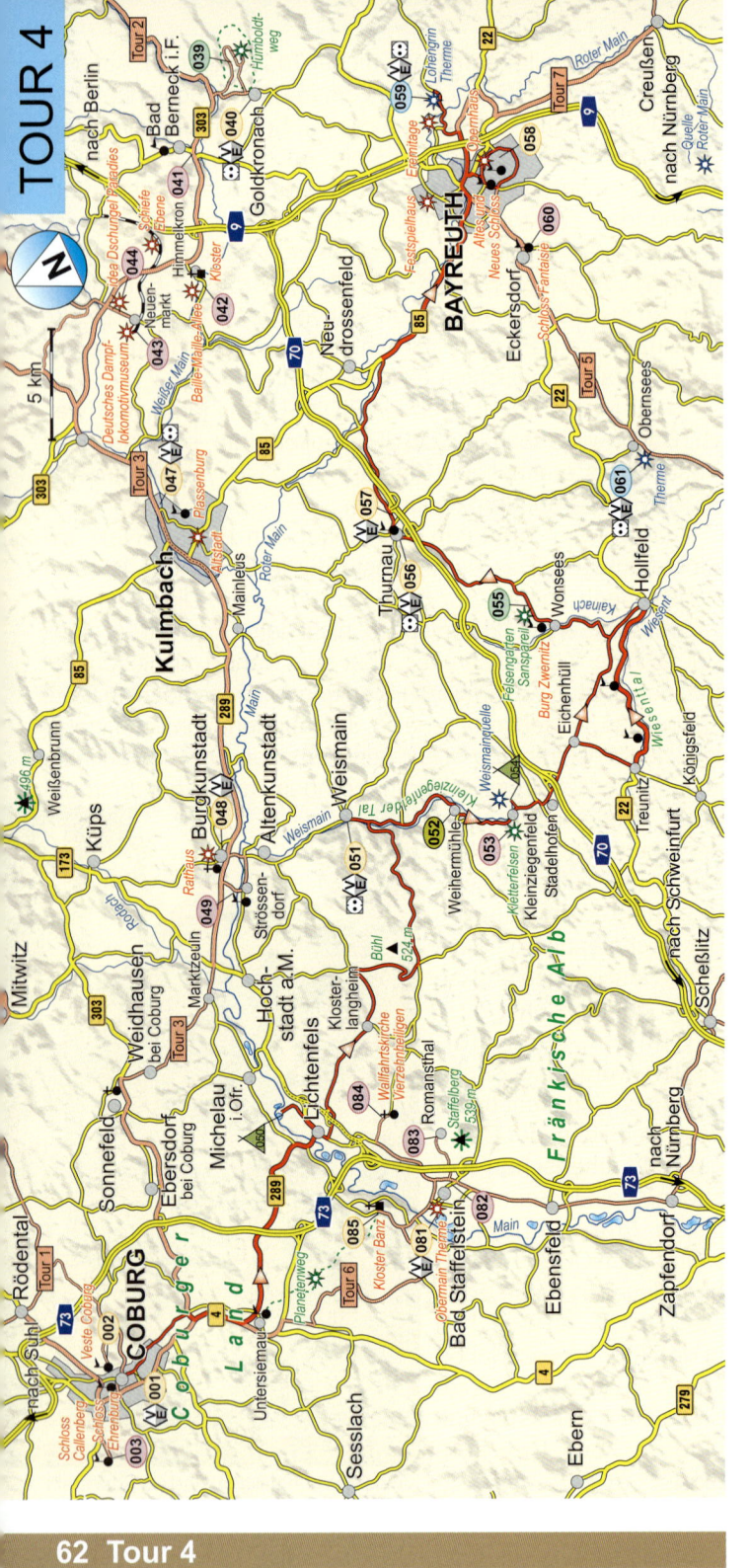

TOUR 4 (ca. 120 km)

Coburg – Lichtenfels – Weismain – Kleinziegenfelder Tal – Oberes Wiesenttal – Sanspareil – Thurnau Bayreuth

Freie Übernachtung:	Kleinziegenfelder Tal, Sanspareil, Thurnau
Stellplätze:	Coburg, Weismain, Bayreuth
Campingplätze:	Lichtenfels, Kleinziegenfelder Tal
Ver-/Entsorgung:	Coburg, Lichtenfels, Weismain, Kleinziegenfelder Tal, Thurnau, Bayreuth
Besichtigungen:	Coburg (Altstadt und Veste), Lichtenfels (Altstadt), Sanspareil (Felsengarten), Thurnau (Töpfereien), Bayreuth (Altstadt, Opernhaus, Eremitage)
Wandern:	Kleinziegenfelder Tal, Sanspareil
Wellness:	Bayreuth (Lohengrin Therme)

Für die Beschreibung von COBURG verweisen wir auf die Seiten 9-12 der Tour 1. Wir beginnen also gleich mit der Stadt LICHTENFELS, die über die B289 von COBURG bequem zu erreichen ist. Der größte und der kleinste Korb der Welt sollen in dieser Korbmacherstadt am Main zu finden sein. Den größten haben wir entdeckt, er steht vor dem Rathaus, nach dem kleinsten haben wir nicht gesucht. Wenn auch die Blütezeit der Korbindustrie vorbei ist, so bieten doch noch zahlreiche Firmen und Geschäfte ihre Dienste und Produkte rund um dieses Flechtwerk an. Für Urlauber organisiert die Tourist-Information auch Flechtkurse. Wer sich näher mit der Geschichte dieses Handwerks befassen möchte, dem sei das **Deutsche Korbmuseum** in der Bismarckstraße empfohlen, das sich in der 3 km entfernten Nachbargemeinde MICHELAU i.Ofr. befindet. Hier

Der größte Korb der Welt steht in Lichtenfels.

Tipp: Alljährlich findet am dritten Wochenende im September der **Lichtenfelser Korbmarkt** statt. Eine Mischung aus Altstadtfest und Spezialmarkt für Produkte aus diesem „Flechtwerk". Von einfachsten Körben bis zu ausgefallenen Designermöbeln ist dabei alles vertreten.

Lichtenfels, Rathaus und Marktplatz.

sind etwa 2000 Exponate aus aller Welt ausgestellt.

Die Altstadt besteht aus einem kleinen malerischen Kern rund um das historische Rathaus. Mittelalterliche Tore

(050) WOMO-Campingplatz-Tipp: Lichtenfels
GPS: N50° 09' 22.1" E11° 05' 10.6" **max. WOMOs:** 18.
Ausstattung/Lage: Ruhiger und schöner Platz direkt am Main im OT Oberwallenstedt, Brötchenservice, Restaurant, WLAN, Bademöglichkeit im See, 2,5 km bis zum Zentrum.
Zufahrt: Vom Zentrum über die Kronacher Straße kurz vor der Auffahrt auf die B173 links abbiegen, die nächste Möglichkeit wieder links und die Bahnlinie überqueren, dann geradeaus der Krößwehrstraße noch 500 Meter folgen.

(051) WOMO-Stellplatz: Weismain
GPS: N50° 05' 11.4" E11° 14' 19.1" **max. WOMOs:** 4.
Ausstattung/Lage: gebührenfreier, ganzjährig nutzbarer Platz neben dem städtischen Bauhof mit Stromanschluß, 200 m vom Zentrum entfernt. Die Plätze sind teilweise sehr kurz, die größeren u.U. durch LKW belegt.
Zufahrt: Über die Burgkunstädter Straße
Ver- und Entsorgung: Über eine Servicestation, gebührenpflichtig.

Rathaus in Weismain.

und Türme begrenzen den Altstadtkern. Markant ist der Turm der Pfarrkirche aus dem 14./15. Jahrhundert. Innerhalb der Stadt zu parken ist kein Problem. Einen Stellplatz gibt es nicht, wer sich länger aufhalten möchte, der sollte den schönen Campingplatz am Main nutzen.

Über KLOSTERLANGHEIM fahren wir über schmale und recht kurvige Straßen in den nördlichen Teil des **Naturparks Fränkische Schweiz**. Nächstes Ziel ist WEISMAIN, ein charmantes mittelalterliches Städtchen am Eingang des **Kleinziegenfelder Tales**.

Neben einigen Fachwerkhäusern und dem Rathaus fallen die Stadtpfarrkirche und die Reste der Stadtmauer mit dem Oberen Tor in WEISMAIN besonders auf. Straßencafés und Restaurants säumen den Markt und wie so oft für Oberfranken üblich, werden hier die Bierspezialitäten der lokalen Brauerei angeboten. Als Standort für die Erkundung des **Kleinziegenfelder Tales** eignet sich der Ort sehr gut. Dieses vor uns liegende Tal ist ein Paradies für Wanderer, Kletterer und Radfahrer. Dass man einen guten Standort benötigt, um das Womo abzustellen, merken wir sehr bald, nachdem wir durch das schmale Obere Tor den Ort verlassen haben. Je weiter wir gen Süden das Tal hinauf fahren, umso enger wird es, die Felsvorsprünge mehren sich, die Parkmöglichkeiten werden immer geringer. An der Weihermühle gibt es einen kleinen Parkplatz

Weihermühle im Kleinziegenfelder Tal.

Radfahrerstatue oberhalb von Kleinziegenfeld.

Bei Kletterern sind die Felsformationen im Kleinziegenfelder Tal sehr beliebt.

[052: N50° 02' 32.0" E11° 13' 02.9"] neben dem Restaurant, der auch nach einer Einkehr für eine Übernachtung genutzt werden kann, danach wird es schwierig mit der Platzsuche. Am oberen Ende des Tales befindet sich noch ein Parkplatz hinter der Kapelle an der Straße nach GROSSZIEGENFELD [053: N50° 01' 30.9" E11° 11' 45.1"] direkt an einem großen Kletterfelsen, den wir als Ausgangspunkt für eine Wanderung nutzen. Es geht vorbei an beeindruckenden Felsformationen, es geht durch Erlen- und Eschenauwälder entlang des Weismains und es geht an offenen Wachholderhängen vorbei, die sich besonders schön in KLEINZIEGENFELD oberhalb der Weismainquelle (nicht zu verwechseln mit der Quelle des Weißen Mains im Fichtelgebirge) präsentieren. Auf diesem Weg grüßt uns auch die **Radfahrerstatue Claudius** von einem Felsvorsprung oberhalb der besagten Quelle.

Für einen längeren Aufenthalt bietet der Campingplatz in KLEINZIEGEN-

Viele Wanderwege locken rund um Wonsees.

(054) WOMO-Campingplatz-Tipp: Kleinziegenfeld
GPS: N50° 01' 08.5" E11° 12' 15.2"   **max. WOMOs:** 10.
Ausstattung/Lage: Gut ausgebauter Platz am Ortsrand oberhalb des Kleinziegenfelder Tals mit Restaurant, ganzjährig geöffnet.
Zufahrt: Vom Ortszentrum der Beschilderung folgen (ca. 250 m).

FELD seine Dienste an, die wir allerdings nicht in Anspruch genommen haben. Wir fahren weiter, unterqueren die A70 Richtung HOLLFELD. Der **Felsengarten Sanspareil** ist unser nächstes Ziel. Ohne nach Hollfeld zu fahren, nutzen wir die erste Gelegenheit, um nach WONSEES und damit zu unserem Ziel gelangen. Eine Alternative zur direkten Route ist ein kleiner Umweg durch das obere **Wiesenttal**. Dazu ist es notwendig in EICHENHÜLL abzubiegen und nach TREUNITZ zu fahren (ca. 3 km). Von dort geht es entlang der Wiesent nach HOLLFELD und dann über WONSEES zum Felsengarten. Dieser kleine Umweg wird den erfreuen, der gern durch kurvenreiche und wildromantische Täler mit steilen Felsvorsprüngen und Burgen fährt. Die Burgen in diesem Teil des Tales sind alle in Privatbesitz und können nicht besichtigt werden.

Aber nicht nur die Fahrt durch diese Tallandschaften ist interessant. Rund um HOLLFELD und WONSEES gibt es einige

Das Ruinentheater im Felsengarten Sanspareil.

Gelegenheiten das Womo zu parken und einen Spaziergang oder eine kleine Wanderung zu unternehmen. Die blühenden Wiesen in den Flussauen von Kainach und Wiesent oder das Wacholdertal bei WONSEES sind überaus reizvoll und lassen sich mit einem Besuch des Felsengartens auf angenehme Weise verbinden.

Sanspareil ist ein barocker Landschaftsgarten, den Markgräfin Wilhelmine von Bayreuth, die Schwester Friederichs des Großen, im 18. Jh. errichten ließ. Parken und auch übernachten lässt es sich auf dem Parkplatz [**055**: N49° 58' 56.4" E11° 19' 09.2"] neben der Anlage. Der Landschaftspark ist ganzjährig geöffnet und frei zugänglich. Die vorhandenen bizarren Felsformationen in dem dicht zugewachsenen Buchenwald dienten als Kulisse für allerlei Statuen und Gebäude, die jedoch im Laufe der

Eine der vielen Felsformationen in Sanspareil.

Burg Zwernitz in Sanspareil.

Zeit verfielen oder verkauft wurden. Das **Ruinentheater** (es ist nicht verfallen, sondern wurde wie in der **Eremitage** in BAYREUTH als künstliche Ruine gebaut), der **Morgenländische Bau** und der **Küchenbau** sind jedoch erhalten geblieben. Im Küchenbau ist jetzt praktischerweise ein Café untergebracht. Neben diesem Landschaftsgarten ohnegleichen (frz. sans pareil wie er von einer Hofdame genannt worden sein soll) liegt die über 850 Jahre alte **Burg Zwernitz**. Spätmittelalterliche Waffen sowie Mobiliar des 16. bis 18. Jahrhunderts sind hier ausgestellt und können besichtigt werden.

THURNAU fahren wir als nächsten Ort an. Acht Kilometer legen wir zurück und stellen unser Womo nahe der Ortsmitte auf dem Stellplatz an der Jägerstraße ab. Der historische Ortskern bietet mit dem Marktplatz, dem Schloss und der Kirche **St. Laurentius** ein augenfällig schönes Ensemble. Kirche und Schloss sind mit einer überdachten hölzernen Brücke verbunden, die

(056) WOMO-Stellplatz: Thurnau-Jägerstraße

GPS: N50° 01' 39.7" E11° 23' 49.2"   **max. WOMOs:** 8.
Ausstattung/Lage: gebührenpflichtiger, ganzjährig nutzbarer ruhiger Platz mit Tischen und Bänken und einer Infotafel an der Jägerstraße.
Zufahrt: Vom Marktplatz der Jägerstraße folgen, nach 300 Metern auf der rechten Seite.
Ver- und Entsorgung: Über eine Servicestation, großer Bodeneinlass für Grauwasser, 8 Stromanschlüsse am Münzautomaten.

(057) WOMO-Stellplatz: Thurnau-Autohof

GPS: N50° 01' 17.4" E11° 24' 26.3"   **max. WOMOs:** 4.
Ausstattung/Lage: gebührenpflichtiger, ganzjährig nutzbarer Platz am Autohof in der Nähe der A70, gutes Restaurant, Biergarten.
Zufahrt: Im Industriegebiet, Industriestraße 8, Abfahrt Thurnau-Ost.
Ver- und Entsorgung: Über eine Servicestation, gebührenpflichtig.

Thurnau, Schloss mit dem Turm der Laurentiuskirche im Hintergrund.

der adligen Herrschaft einen direkten Zugang zur Patronatsloge in der Kirche gewährte. Die mächtige und weitläufige Schlossanlage, die zu den größten Schlossanlagen Frankens gehört, wird heute von der Universität Bayreuth genutzt und dient gleichzeitig als Veranstaltungsort und auch als Hotel. Neben dem Schloss befindet sich ein Teich, der von einem Spazierweg umschlossen ist. Immer wieder eröffnet dieser Weg einen Blick auf den mittelalterlichen Ortskern.

Das Töpferhandwerk hat in THURNAU eine lange Tradition. Sieben Töpfereien bieten ihre Produkte in höchster handwerklicher Kunst an. Die Vielfalt der Produkte ist groß. Von klassisch geformten

Patronatsloge in der Kirche St. Laurentius.

Tipp: Frühjahrskirchweih (14 Tage nach Ostern), Sommerkirchweih (Ende Juli oder Anfang August) und Herbstkirchweih (Zweites oder drittes Wochenende im Oktober) sind feststehende Termine für Töpfermärkte in Thurnau. Alle ortsansässigen Firmen bieten zu diesen Terminen ihre Produkte in historischem Ambiente rund um Schloss und Marktplatz an.

Vasen, Kannen und Geschirr bis hin zu Brunnenanlagen für den Garten, individuell gestalteten Fliesen für das heimische Bad oder Grabsteine für Tiere ist alles zu haben. Wenn Sie eine ganz individuelle Keramik hergestellt haben wollen, werden Sie, da sind wir sicher, hier eine Töpferei finden, die Ihnen genau Ihre Vorstellungen umsetzt, soweit dies technisch machbar ist.

Einen ersten Überblick zur Töpferkunst in Thurnau bietet das **Töpfereimuseum** in der Nähe der **Laurentiuskirche**. Hier erfährt man auch, wie und worauf sich die Töpfereien des Ortes im Einzelnen spezialisiert haben.

Ausstellung im Töpfereimuseum Thurnau.

Wir beenden unseren Besuch in diesem Kleinod am Rande der Fränkischen Schweiz und fahren nunmehr über die St2189 nach NEUDROSSENFELD. Hier treffen wir auf die Bundesstraße 85, die uns direkt nach BAYREUTH führt.

Das erste was gewöhnlich mit BAYREUTH verbunden wird, sind die **Bayreuther Festspiele,** die alljährlich auf dem grünen Hügel im **Festspielhaus** stattfinden. Mit dem Womo zur Oper? Warum nicht, BAYREUTH hat allerdings sehr viel

(058) WOMO-Stellplatz: Bayreuth-Innenstadt

GPS: N49° 56' 25.3" E11° 34' 37.3"
max. WOMOs: 8.
Ausstattung/Lage: Ruhiger Platz in der Innenstadt neben dem Hofgarten, gebührenpflichtig.
Zufahrt: Über die Friedrichstraße den Parkplatz Am Geißmarkt anfahren, direkt neben der Stadthalle.
Ver- und Entsorgung: Keine.

(059) WOMO-Badeplatz: Bayreuth-Lohengrin Therme

GPS: N49° 56' 31.9" E11° 38' 05.0"
max. WOMOs: 20.
Ausstattung/Lage: Ruhiger Platz neben der Therme, gebührenpflichtig - an der Kasse der Therme zu zahlen.
Zufahrt: Über die Seulbitzer Straße den Hinweisen zur Lohengrin Therme folgen, sehr gut ausgeschildert.
Ver- und Entsorgung: Über eine Servicestation, gebührenpflichtig.

Bayreuth, Festspielhaus

mehr zu bieten als nur die Festspiele und dem wollen wir uns – wenn auch nur sehr begrenzt – widmen.

Da wäre zunächst die Frage zu klären: Wo parken wir? Zwei Stellplätze stehen zur Wahl, einer befindet sich in der Stadt (erfreulich zentrumsnah) und einer an der **Lohengrin Therme** vor der Toren der Stadt, ganz in der Nähe der **Eremitage**.

Wir parken zunächst in der Innenstadt und machen einen Abendspaziergang. Wir kommen an zahlreichen historischen Gebäuden, Denkmälern und Brunnen vorbei. Vor der Stadthalle steht das Jean-Paul-Denkmal, in der

Blick aus der Kanzleistraße auf einen Teil des Neuen Schlosses und dem Kirchturm der Schlosskirche.

Ludwigstraße das **Neue Schloss**, das wir am Abend natürlich nicht von innen besichtigen können. Wir gehen geradeaus weiter in die Opernstraße und kommen am **Markgräflichen Opernhaus** vorbei, einem der schönsten Barocktheater Europas. Ihm gegenüber steht der Wittelsbacher Brunnen. Über Treppen am Luitpoldplatz nähern wir uns dem **Alten Schloss**, heute Sitz des Finanzamtes. Wir kommen an der **Schlosskirche** vorbei, deren Turm wir nicht als Kirchturm erkannt hätten. Weiter geht es über den Marktplatz, vorbei an der Spitalkirche, dann noch kreuz und quer durch einige Gassen. In einem der zahlreichen Restaurants lassen wir uns nieder. Zur fränkischen Küche zählen viele Fleischgerichte, so darf es dann eine gebackene Schweineschulter sein, die hier „**Schäufela**" genannt wird. Als Beilage werden Klöße serviert und man trinkt dazu gern ein Bier, in diesem Fall ein Dampfbier. Das Essen ist schlicht, sehr gut und sehr preiswert. Das gilt übrigens für den ganzen fränkischen Raum, wie wir immer wieder feststellen.

Auf dem Rückweg zum Womo machen wir noch einen kleinen Schlenker, gehen am **Haus Wahnfried**, dem ehemaligen Wohnhaus Richard Wagners vorbei und dann durch den Hofgarten zum Parkplatz. Auf den folgenden Seiten werden wir uns ein wenig mit der Bau- und Gartenkunst in Bayreuth beschäftigen, die in der Barockzeit ihre höchste Stufe fand.

Der reich verzierte Zuschauerraum des Markgräflichen Opernhauses.

Bayreuther Barock

Auf Veranlassung von Markgraf Christian wurde 1603 die Residenz von der Plassenburg oberhalb von Kulmbach nach Bayreuth verlegt. Die Infrastruktur der Stadt wurde verbessert, Wasserleitungen gebaut und Schulen errichtet. Der Ausbau der Residenzstadt schritt zunächst nicht so recht voran. Der Dreißigjährige Krieg (1618-1648) wütete auch in Bayreuth. Nur langsam erholte sich die Stadt nach dem Ende des Krieges von den Verwüstungen und es sollte noch bis zur Regentschaft des Markgrafenpaares Friedrich und Wilhelmine dauern, bis die Stadt mit ihren repräsentativen Anlagen und Gebäuden zu einer glanzvollen Residenzstadt ausgebaut wurde.

Friederike Sophie Wilhelmine von Preußen war die älteste Tochter des „Soldatenkönigs" Friedrich Wilhelm I. und damit die Schwester Friedrichs des Großen. Sie war eine kunstliebende und musisch feinsinnige Frau, die die Oper liebte, sogar selbst eine schrieb.

Sie heiratete 1731 den Markgrafen Friedrich von Brandenburg-Bayreuth, dem Erbprinzen des Fürstentums Bayreuth. Es war eine arrangierte Hochzeit, das war zu dieser Zeit in den Königs- und Fürstenhäusern bekanntermaßen üblich. Heiratspolitik war Machtpolitik. Wilhelmine hätte auch den Prince of Wales heiraten müssen, wenn es ihr Vater denn so gewollt hätte, auch das wurde wohl in Erwägung gezogen. Wäre es so gekommen, in Bayreuth wäre dieses Opernhaus sicher nicht gebaut worden. Aber so kam es nicht. Friedrich von Brandenburg-Bayreuth sollte es sein, ein Mann, der als aufgeklärter und gebildeter Markgraf galt und hohes Verständ-

Das Markgräfliche Opernhaus am Abend.

Orangerie mit Sonnentempel in der Eremitage Bayreuth.

nis für Kunst und Wissenschaft mitbrachte. Mag die Ehe auch nicht immer glücklich gewesen sein, aber in ihren Sinnen für Kunst und Architektur scheinen sie sich prächtig verstanden zu haben. Innerhalb weniger Jahre wurden unter anderem das **Opernhaus** gebaut und die **Eremitage** vollkommen umgestaltet. Für den Innenausbau des Opernhauses wurde der italienische Baumeister Giuseppe Galli Bibiena engagiert, der ein außerordentlich prächtiges Barocktheater geschaffen hat. Es zählt heute immer noch zu den schönsten seiner Art in Europa und seit 2012 zum Welterbe der UNESCO. Dieses Gebäude muss man einfach einmal betreten haben, wenn man schon in Bayreuth ist. Zurzeit (bis 2016) ist die Besuchsmöglichkeit zwar durch Restaurierungsarbeiten eingeschränkt, es lohnt sich aber trotzdem.

Ein Besuch der **Eremitage** ist ein weiteres highlight. Die große Anlage ist weit davon entfernt der ursprünglichen Bedeutung eine „Einsiedelei" darzustellen. Die Orte der Kontemplation und der inneren Einkehr wurden im 16. und 17. Jahrhundert für die höfische Gartenkunst entdeckt und in eine ganz neue Form gebracht. Neben Schlossanlagen entstanden Grotten, künstliche Wasserfälle und Ruinen, Laubengänge, Seerosenteiche und Brunnenanlagen. All das finden Sie hier in einer sehr gelungenen Form wieder. Das neue Schloss mit seinem großen Brunnen und dem Sonnentempel sind die prägenden Elemente der Eremitage. Den Parkplatz der Eremitage finden Sie an der Königsallee mit diesen Koordinaten: [N49° 56' 45.4" E11° 37' 10.3"].

Der Sonnentempel in der Eremitage.

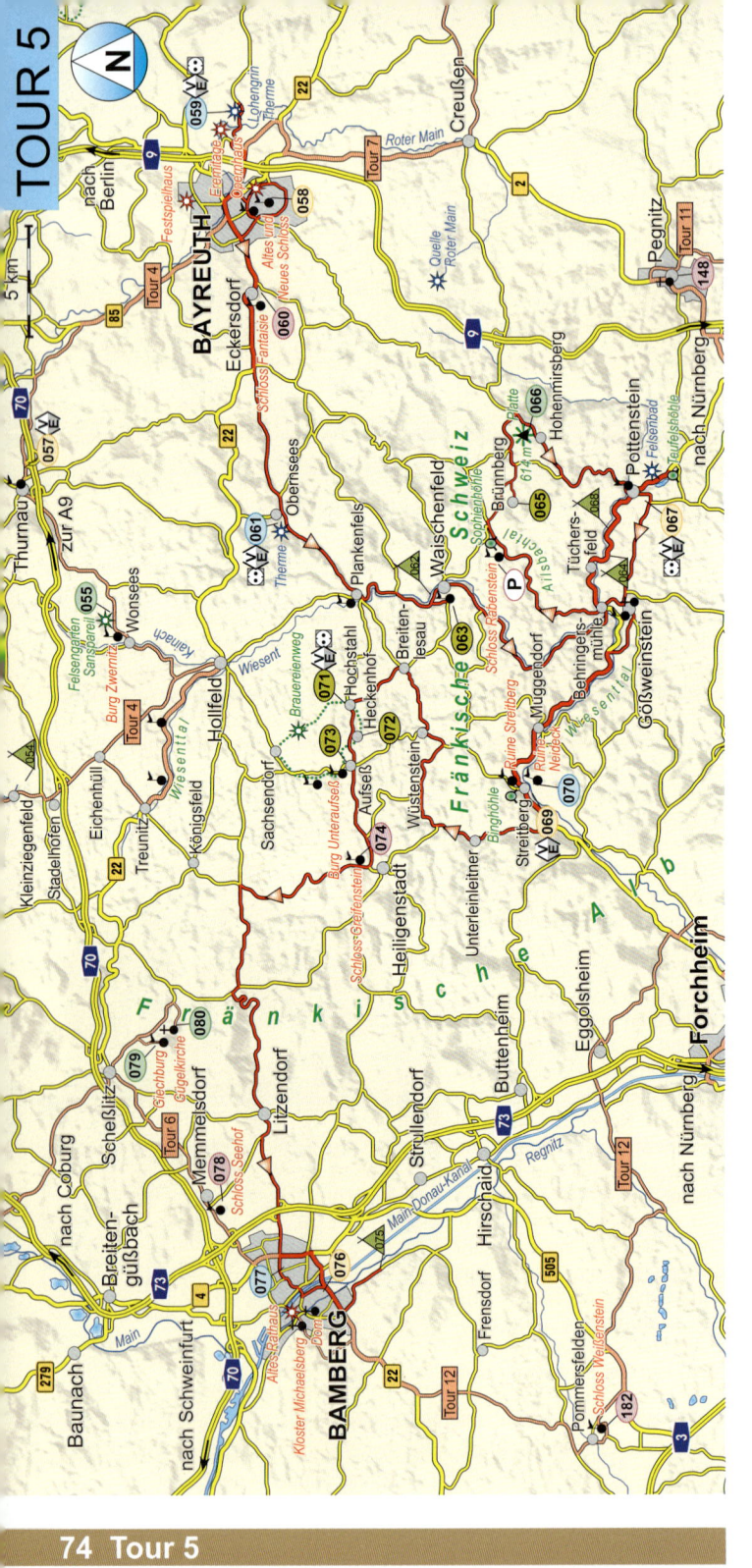

74 Tour 5

TOUR 5 (ca. 170 km)

Bayreuth – Eckersdorf – Obernsees – Waischenfeld – Tüchersfeld – Rabenstein – Hohenmirsberg Pottenstein – Gößweinstein – Wiesenttal – Aufseß Heiligenstadt – Bamberg

Freie Übernachtung:	Eckersdorf, Waischenfeld, Brünnberg, Hohenmirsberg, Heiligenstadt
Stellplätze:	Bayreuth, Obernsees, Pottenstein, Streitberg, Hochstahl, Bamberg
Campingplätze:	Tüchersfeld, Pottenstein, Bamberg
Ver-/Entsorgung:	Bayreuth, Obernsees, Tüchersfeld, Pottenstein, Streitberg, Hochstahl, Bamberg
Besichtigungen:	Eckersdorf (Schloss Fantaisie), Rabenstein (Burg und Greifvogelpark), Pottenstein (Teufelshöhle und Burg), Gößweinstein (Wallfahrtskirche und Burg), Streitberg (Binghöhle), Heiligenstadt (Burg Greifenstein)
Wandern:	Tüchersfeld, Hohenmirsberg, Wiesenttal, Aufseß (Bierwanderweg)
Baden/Wellness:	Bayreuth (Lohengrin Therme), Obernsees (Therme), Waischenfeld (Freibad), Pottenstein (Felsenbad), Streitberg (Freibad)

Wir verlassen BAYREUTH (siehe S. 70-73) über die B22 in Richtung BAMBERG. Nach etwa sieben Kilometern sind wir in Eckersdorf-Donndorf, hier schauen wir uns das **Schloss Fantaisie** mit seiner großen Parkanlage an. Der Parkplatz **[060: N49° 55' 59.6" E11° 31' 00.3"]** liegt ein wenig versteckt am Rande der großen bewaldeten Anlage. Als freier Übernachtungsort ein idealer Platz. Aber nun zum Park: Markgraf Friedrich von Bayreuth legte Ende des 18. Jahrhunderts den Grundstein für den Bau des Schlosses. Seine Tochter und die Nachfahren der Herzogsfamilie ließen Rokoko- sowie Landschaftsgärten anlegen und ergänzten später im Stile des Historismus die Gartenanlagen mit Weinbergterrassen, Skulptu-

Schloss Fantaisie in Eckersdorf-Donndorf.

Labyrinth im Schlosspark Fantaisie.

Neptunbrunnen im Schlosspark Fantaisie.

ren und exotischen Bäumen. Nach einer langen Phase des Niedergangs und drohenden Verfalls glänzt die große und frei zugängliche Parkanlage nun nach mühevollen Instandsetzungsarbeiten als **Gartenkunst-Museum Schloss Fantaisie**.

Die Anlage gliedert sich in einen oberen Teil, der Schloss, Labyrinth, Nutzgarten und etliche Skulpturen umfasst und einen unteren Teil, der einen Weiher mit Fischerhäuschen und mehrere Felsen aufweist. Verbunden ist die Anlage über ein verzweigtes Wegenetz, das am Hang hinunterführt und nahtlos in den angrenzenden Wald übergeht.

Nachdem wir den Park ausgiebig erkundet haben, fahren wir auf der B22 weiter, verlassen die Bundesstraße aber kurz hinter ECKERSDORF und steuern über die St2186 OBERNSEES an. Hier gibt es eine große, familiengerecht eingerichtete Therme mit einigen Innen- und Außenbecken, einer Rutsche, einer „Kinderspieloase", und einem „Saunaparadies". Direkt neben der Therme befindet sich der neu gestaltete und recht exklusiv gestaltete Stellplatz. Mit der Entrichtung der Stellplatzgebühren gibt es die „Wohnmobilbonus-Card", die u.a. Ermäßigungen auf die Badewelt und das Saunaparadies gewährt.

Außenbecken der Therme Obernsees.

Auf unserem weiteren Weg passieren wir die Gemeinde PLANKENFELS, treffen hier auf die Wiesent und fahren nunmehr dem Fluss entlang nach WAISCHENFELD.

(061) WOMO-Badeplatz: Therme Obernsees

GPS: N49° 54' 59.9" E11° 22' 40.8"
max. WOMOs: 40.
Ausstattung/Lage: Bestens ausgebauter Platz neben der Therme, gebührenpflichtig, 15% Ermäßigung beim Eintritt in die Badewelt und das Saunaparadies der Therme, W-lan-Hotspot.
Ver- und Entsorgung: Über eine Servicestation, Strom über Münzautomaten.
Zufahrt: Auf der St2186 aus Richtung Bayreuth hinter Obernsees.

(062) WOMO-Campingplatz-Tipp: Waischenfeld

GPS: N49° 51' 02.2" E11° 20' 29.3"
max. WOMOs: 20.
Ausstattung/Lage: Befestigter, ebener Platz an der Wiesent. Zugang zum Freibad über Fußgängerbrücke ca. 200 Meter.
Zufahrt: An der St2191 am nördlichen Ortsrand von Waischenfeld

Am Ortseingang befindet sich der gut ausgestattete Campingplatz direkt am Fluss. Eine Fußgängerbrücke führt über die Wiesent zum städtischen Freibad.

Wahrzeichen der Stadt ist der „**Steinerne Beutel**", ein nicht begehbarer Turm, der einst Bestandteil der Burg war. Vom Burgberg hat man einen schönen Blick auf WAISCHENFELD und hinunter in das Tal der Wiesent. In der Burg befin-

Parkplatz der Burg Waischenfeld.

Blick vom Aussichtspunkt auf den Steinernen Beutel und ins Wiesenttal.

Tüchersfeld mit dem Fränkische-Schweiz-Museum unterhalb der Kalkfelsen.

det sich ein Restaurant, im Burghof ein schöner Biergarten. Der Parkplatz **[063: N49° 50' 40.7" E11° 20' 29.5"]** darf für Übernachtungen genutzt werden. Nachts ist es absolut ruhig hier. Ein Hinweis noch: Fahren Sie nicht von der Ortsmitte zur Burg, die Straße ist eng, kurvig und weniger als 3 Meter breit. Nehmen Sie den Weg der nördlich vom Campingplatz zur Burg führt, dann erreichen Sie die Burg ohne Komplikationen und Schrammen.

Weiter geht es das enger werdende **Wiesenttal** hinunter, vorbei an **Burg Rabeneck** nach BEHRINGERSMÜHLE. Hier treffen wir auf die B470, biegen links ab und sind nunmehr im Tal der Püttlach. Noch 2 Kilometer, dann sind wir in TÜCHERSFELD.

Die hoch aufragenden Kalkfelsen mit den Fachwerkhäusern sind ein beliebtes Fotomotiv dieses kleinen Felsendorfes im Püttlachtal. Der Ort ist schnell durchschritten und erkundet, für das Museum muss man sich etwas mehr Zeit nehmen. Die Ausstellungen zur Erdgeschichte, zur Archäologie und zur Landwirtschaft sind sehr umfangreich.

Wir befinden uns hier im Herzen der **Fränkischen Schweiz**. Felsen, Felsvorsprünge und tief eingeschnittene Täler prägen das Relief. Poetisch betrachtet eine malerische Landschaft, die

(064) WOMO-Campingplatz-Tipp: Fränkische Schweiz

GPS: N49° 47' 01.6" E11° 21' 56.9"
max. WOMOs: 10
Ausstattung/Lage: Campingplatz direkt an der Püttlach, nahe dem Felsendorf Tüchersfeld.
Zufahrt: Von der B470 zwischen Tüchersfeld und Pottenstein. Für Fahrzeuge über 3,5 t ist die Zufahrt nicht möglich.

jeden in den Bann zieht. Verständlich, dass diese Landschaft touristisch sehr stark erschlossen ist. Betrachtet man das Relief von oben, sehen wir eine plateauähnliche Landschaft, die von Flussläufen durchzogen ist. Sehr gut erkennbar ist dies von der **Burg Gößweinstein**. Wie mag dieses markante Relief mit den vielen Höhlen wohl entstanden sein?

Drehen wir die Zeit kurz rund 200 Mio. Jahre zurück. Stellen wir uns ein flaches tropisches Meer vor. Flüsse transportieren Tone, Sande und Mergel in dieses Meer hinein, füllen es auf und lagern damit unzählige Sedimentschichten ab, die wie ein Stapel Blätter übereinander liegen. Dieser Prozess dauerte etwa 70 Mio. Jahre und wurde vor ca. 135 Mio. Jahren beendet. Der Geologe nennt diese Periode der Erdgeschichte Jura. In der nun folgenden Epoche zieht sich das Meer zurück, unser großer flacher Stapel wird Festland. Niederschläge sammeln sich auf der Fläche in Abflussrinnen, so wie wir es von den Prielen im Wattenmeer her kennen. Das Wasser folgt den einfachsten Wegen, aus den „Prielen" werden Täler, Höhlen werden gebildet und ausgeschwemmt, die Flüsse Pegnitz, Wiesent und viele andere entstehen und graben sich immer tiefer in die Sedimentschichten ein. Ein Kegelkarstrelief entsteht. Das Ganze dauert so um die 40 Mio. Jahre und entspricht der Unterkreidezeit. Was passiert nun? Ist das heutige Relief damit schon fertig? Nein, ein großes Ereignis steht an, die Alpen werden geboren. Unvorstellbare Kräfte falten diesen riesigen Gebirgsstock empor, was zur Folge hat, dass die Fränkische Schweiz absinkt und unser schön ausgeformtes Relief mit Flusstälern und Höhlen kurzerhand mit Sand zugeschippt wird. Das dauerte natürlich einige Mio. Jahre und erst seit dem Jungtertiär, seit etwa 10 Mio. Jahren, als die Frankenalb wieder angehoben wurde, wurden die Sande wieder abgetragen. Die Felsen wurden wieder freigelegt, die Höhlen freigespült und die Flüsse folgten ihren ursprünglichen Verläufen und schmirgelten die Täler mit dem abzutransportierenden Sand ein wenig breiter und gestalteten das Relief, so wie wir es heute kennen.

Und weiter geht es. Wir fahren die Strecke über TÜCHERSFELD zurück nach BEHRINGERSMÜHLE und nehmen die St2185 entlang des Ailsbaches Richtung Ahorntal. Nach wenigen

Burg Rabenstein hoch über dem Tal des Ailsbaches.

Von Bayreuth nach Bamberg

Der Eingangsbereich der Burg Rabenstein.

Kilometern sehen wir auf einem Felssporn die **Burg Rabenstein** über dem engen Tal thronen. Wir fahren bis zum Weiler SCHWEINSMÜHLE, hier geht es links ab zur Burg. Rund 400 Meter weiter lohnt ein Stopp auf dem Parkplatz an der linken Seite für diesen schönen Blick in das Tal und auf die Burg. Wenige Meter weiter geht es wiederum links ab. Nicht nur die Burg will besichtigt werden, nein, auch die **Sophienhöhle**, die nur wenige Meter von der Burg entfernt ist und die **Falknerei auf Burg Rabenstein** natürlich auch noch. Genug Programm für einen ganzen Tag. Auf dem großen Parkplatz vor der Burg [N49° 49' 29.6" E11° 22' 08.0"] stellen wir unser Womo ab. Wer auf diesem Platz übernachten möchte, dem sei gesagt, dass dies von dem Betreiber der Burg nicht toleriert wird. Bis 22.00 Uhr darf man hier mit dem Wohnmobil stehen, dann hat man den Platz zu verlassen. Es ist nicht weiter tragisch, es gibt genug Alternativen im nahen Umfeld wie aus der Karte auf der Seite 74 ersichtlich ist.

Burg Rabenstein kann nur im Rahmen einer Führung besichtigt werden. Ein Teil der Burg wird als Hotel genutzt, ein Teil als Restaurant, das ein sehr angenehmes Ambiente zeigt. Hier kann man zu moderaten Preisen gepflegt und ausgezeichnet speisen. Noch preiswerter und einfacher geht es im Biergarten zwischen dem Parkplatz und der Burg.

Rittersaal der Burg Rabenstein.

Bei der Besichtigung der Burg wird die 800-jährige Burggeschichte eingehend erläutert. Sie wurde im 13. Jahrhundert erbaut, im Laufe der Jahrhunderte mehrfach zerstört, wieder aufgebaut, verändert und ergänzt bis dann die in den 70er Jahren des letzten Jahrhunderts eingeleiteten Renovierungs- und Instandsetzungsarbeiten ihr Ende fanden. Heute wird die Burg in vielfältiger Weise genutzt.

Die **Falknerei** neben der Burg hat in ihrem **Eulen- und Greifvogelpark** über 80 Vögel. Bis zu 12 werden täglich (außer Montags) um 15.00 Uhr bei Flugvorführungen präsentiert.

Enge Gänge verbinden die drei großen Räume der **Sophienhöhle**, die als eine der schönsten Schauhöhlen Deutschlands gilt. Sie ist tagsüber nur mit einer Führung zu besichtigen, die etwa eine dreiviertel Stunde dauert. Frei bewegen kann man sich in der Höhle während der Multimedia-Aufführung **„Sophie at night"**, einer Lichtinszenierung mit vielen Effekten die mit Musik untermalt wird. Dann kommen „Elefantenohr", „Bienenkorb" und „Millionär" wie drei der größten Stalaktiten bzw. Stalagmiten getauft wurden besonders gut zur Geltung. Diese Veranstaltung findet von April bis Oktober an Samstagen zwischen 18.00 und 20.00 Uhr statt.

Der Millionär in der Sophienhöhle bei „Sophie at night".

Burg, Falknerei und Höhle sind von hoher Attraktivität und deshalb natürlich auch stark frequentiert, damit sollte man vor allen Dingen an den Wochenenden rechnen.

Wenige Kilometer weiter geht es dagegen sehr viel ruhiger zu. Wir fahren zu dem Weiler SCHWEINSMÜHLE zurück und nehmen die St2185 Richtung BAYREUTH. Wir folgen den Hinweisen nach Trockau und der Autobahn. Nach einer

Weile geht es in einer Serpentine auf die Hochfläche. Oben angekommen, treffen wir auf die St2163 und biegen rechts ab Richtung POTTENSTEIN. Nach etwas mehr als zwei Kilometern erreichen wir die **Hohenmirsberger Platte**.

Der Parkplatz [**066**: N49° 48' 51.4" E11° 26' 44.8"] vor dem Aussichtsturm, der eine schöne Aussicht über die **Fränkische Schweiz** bietet, ist ein schöner, hinter Büschen versteckter Ort. Von hier aus starten wir eine kleine Wande-

Wanderweg Hohenmirsberger Platte - Brünnberg.

Pottenstein, Teufelshöhle.

rung nach BRÜNNBERG, einem Dorf, das eine Zufahrt, aber keine Durchgangsstraße hat. Der Weg geht mit einem leichten Gefälle durch die Felder auf der Hochebene, ist überhaupt nicht anstrengend und nur 2,5 Kilometer lang. Es ist sehr ruhig hier oben, eine kleine Reitergruppe überholt uns, sonst begleitet nur das Gezwitscher der Vögel unseren Weg. In BRÜNNBERG angekommen, einer Ansammlung von vielleicht 10 Häusern, kehren wir in dem einzigen Gasthaus des Ortes ein. Wer gut und preiswert essen will, der sollte dieses Lokal mit dem kleinen Biergarten einmal ausprobieren. Man kann auch mit dem Womo hinfahren, der Wirt stellt auch gern einen Platz zur Übernachtung zur Verfügung [**065**: N49° 49' 07.7" E11° 23' 59.7"].

Nach diesem ruhigen Spaziergang fahren wir nach POTTENSTEIN weiter, dem sicher bekanntesten Ort der **Fränkischen Schweiz**. Die Mischung aus Naturerlebnis mit den Felsformationen, der **Teufelshöhle**, den Kletterfelsen und Wanderwegen, der Burg, der Sommerrodelbahn und dem **Felsenbad** lockt viele Besucher an. Doch nicht nur Individualtouristen suchen diesen Ort auf, auch viele Reisebusse bringen ihre Fahrgäste hierher. Viele Restaurants und Cafés haben sich auf Massenbetrieb eingestellt. Hört sich ein wenig nach Trubel an und ja, so ist es auch. Der große Parkplatz vor der **Teufelshöhle** ist nahezu vollständig belegt als wir dort eintreffen. Wer es ruhiger mag, sollte nicht am Wochenende herfahren.

Mit einer großen Gruppe folgen wir der Führung durch die Höhle, die mit dem Teufelsloch beginnt. Die Erläuterungen erfolgen teilweise vom Band. Nacheinander betreten wir die Räume, steigen über Treppen auf und ab und bewundern die Stalagmiten und Stalaktiten in ihren unterschiedlichen Formen, die teilweise Namen bekamen wie Barbarossabart oder Papstkrone. Die Führung wird mit Musik untermalt und nicht jeder Tropfstein wird in allen Einzelheiten erklärt.

Nachdem wir wieder ans Tageslicht gekommen sind, geht es am Schöngrundsee und an der 1000 Meter langen Sommerrodelbahn vorbei Richtung Ortszentrum.

Der Rodelbahn gegenüber liegt das **Felsenbad**, das aus den 20er Jahren des letzten Jahrhunderts stammt. Das Naturbad mit Uferbepflanzung und Felskulisse wurde nach einer Phase des Zerfalls vollständig saniert und im Jahr 2001 wiedereröffnet. Ein außergewöhnliches Freibad!

Burg Pottenstein liegt auf einem markanten Felsen.

(067) WOMO-Stellplatz: Pottenstein
GPS: N49° 45' 47.0" E11° 24' 31.2"   **max. WOMOs:** 22

Ausstattung/Lage: Befestigter Platz neben einem Gewerbegiet, gebührenpflichtig, ganzjährig nutzbar. Auch für große Mobile geeignet. Einkaufsmöglichkeit (Aldi) in unmittelbarer Nähe.
Zufahrt: Über die St2685 Richtung Gößweinstein, ausgeschildert
Ver- und Entsorgung: Über eine Servicestation, gebührenpflichtig.

Dort, wo der Weiherbach in die Püttlach fließt und in Urzeiten der markante Felssporn entstand, wurde schon vor rund 1000 Jahren ein Vorläufer der heutigen Burg errichtet. Wie bei den meisten Burgen in der Fränkischen Schweiz wechselten sich Aufbau und Zerstörung im Laufe der Jahrhunderte stetig ab. Über 700 Jahre gehörte die Burg dem Bistum Bamberg, dann eine relativ kurze Zeit dem Königreich Bayern. Seit 1878 ist die Burg in Privatbesitz, wurde in den folgenden Jahrzehnten renoviert und ist auch heute noch bewohnt. Das Museum der Burg zeigt vor- und frühgeschichtliche Objekte sowie eine Ausstellung zur Geschichte der Heiligen Elisabeth von Thüringen.

Gößweinstein, Wallfahrtsbasilika.

Der Stellplatz in POTTENSTEIN neben dem Gewerbegebiet gewinnt sicher keinen Schönheitspreis, aber er ist praktisch und auch relativ ruhig. Wer es landschaftlich schöner mag, hat mit dem Campingplatz Bärenschlucht an der B470 Richtung Tüchersfeld noch eine ganzjährige Alternative [**068:** N49° 46' 42.5" E11° 23' 09.4"].

Vom Stellplatz in POTTENSTEIN sind es nur rund 6 Kilometer bis nach GÖSSWEINSTEIN, unserem nächsten Ziel.

Im Ort angekommen haben wir erst einmal ein Parkproblem, viel Auswahl gibt es hier nicht. Eng geht es zu in den Straßen. Ein Parkplatz [N49° 46' 06.2" E11° 19' 59.0"] steht gegen

Die Burg Gößweinstein liegt hoch über dem gleichnamigen Ort.

Gebühr an der Pezoldstraße zur Verfügung, darf aber nicht zur Übernachtung genutzt werden. Wir wollen die **Wallfahrtsbasilika** anschauen und die nahe **Burg** besichtigen. Die von Balthasar Neumann in der ersten Hälfte des 18. Jahrhunderts gestaltete **Basilika** ist beeindruckend. Sie ist wie die **Klosterkirche Marienweiher** eine „basilica minor". Die kühle Stille dieser mit schönen Stuckverzierungen gestalteten hellen Barockkirche ist schon faszinierend.

Gegenüber der Basilika liegt die kleine, im neugotischen Stil umgewandelte **Burg Gößweinstein**. Von ihr hat man einen wunderbaren Blick über die Fränkische Schweiz. Die Räumlichkeiten der Burg sind schnell angeschaut. Hinweistafeln an den Wänden erzählen ein wenig über die Geschichte dieser Burg, die urkundlich erstmals 1076 erwähnt wurde. Wer mag, kann sich von einem Nachtwächter in fränkischer Mundart durch Gößweinstein führen lassen. Die Termine finden Sie auf der website der Gemeinde.

Wir fahren hinunter an die Wiesent, treffen dort auf die B470 und fahren in Richtung Ebermannstadt weiter. Das zunächst noch enge Tal wird schnell breiter je weiter wir flussabwärts gelangen. Es ist eine sehr schöne Auenlandschaft, die auch wunderbar mit dem Rad zu durchfahren ist.

Wir kommen nach STREITBERG. Zwei Burgruinen flankieren den Ort. Die **Ruine Neideck** im Süden und auf der anderen Seite der Wiesent die **Ruine Streitberg**.

In unmittelbarer Nähe dieser Burgruine befindet sich die **Binghöhle,** die aus geschichtetem Kalkstein besteht und phantastische Tropfsteingebilde aufzuweisen hat. Die Höhle ist nur 500 Meter vom Stellplatz am Alten Bahnhof entfernt. Wanderwege erschließen darüber hinaus diesen Luftkurort, darunter ein Geologischer Erlebnispfad und der „Promilleweg", der

Tropfstein in der Binghöhle.

Das Haifischmaul in der Binghöhle.

auf drei Kilometern Länge „hochprozentige" Stationen miteinander verbindet. Der offizielle Stellplatz befindet sich am alten Bahnhof, der mehr oder minder zu einem Bauhof umfunktioniert wurde. Reizvoll ist der Stellplatz nicht. Für eine Übernachtung empfiehlt sich eher der Parkplatz am Freibad. Es ist übrigens ein sehr idyllisches Bad, das den Charme aus seiner Entstehungszeit in den 30er Jahren des letzten Jahrhunderts beibehalten hat und von der Gemeinde und einem Förderverein erhalten wird. Es ist durchaus besuchenswert. Neben dem Bad gibt es einen Kanuverleih für Ausflüge auf der Wiesent und einen reizvollen Biergarten. Und wenn wir damit schon beim Thema „Bier" sind geht es damit auch gleich bei unserer nächsten Station weiter.

(069) WOMO-Stellplatz: Streitberg - Bahnhof

GPS: N49° 48' 26.9" E11° 13' 01.9" **max. WOMOs:** 6
Ausstattung/Lage: Befestigter Platz neben dem Alten Bahnhof
Zufahrt: Von der B470 gegenüber der Einfahrt zur Ortsmitte die Schienen überqueren, relativ laut, gebührenpflichtig
Ver- und Entsorgung: Über eine einfache Servicestation am Bauhof.

(070) WOMO-Badeplatz: Streitberg - Freibad

GPS: N49° 48'29.65" E11° 13'30.27"
max. WOMOs: 5.
Ausstattung/Lage: Ruhiger Parkplatz neben dem Freibad mit Biergarten und Ruderbootverleih an der Wiesent.
Ver- und Entsorgung: Gibt es hier keine.
Zufahrt: Von der B470 über die Dorfstraße zur Straße „Am Freibad" fahren.

Die Burgruine Neideck im Wiesenttal.

AUFSESS rühmt sich **„Die Rekordgemeinde mit der größten Brauereidichte weltweit"** zu sein, pro Einwohner versteht sich. Eine clevere Marketingidee ist der 14 Kilometer lange **Brauereienweg,** der die vier Brauereien Reichold, Kathi-Bräu, Rothenbach und Stadter miteinander verbindet. Wer den Parcours erfolgreich absolviert, d.h. an allen Stationen ein Bier trinkt, der erhält zur Erinnerung eine Urkunde, die ihn als **„Fränkischen Ehrenbiertrinker der Weltmeisterbrauereien"** ausweist.

Franken, das Land der Brauereien

Kein anderer Landstrich auf der Welt hat eine so hohe Brauereidichte wie Franken. Während andernorts schon lange das „Brauereisterben" eingesetzt hat und Großkonzerne den Markt bestimmen, kämpfen die kleinen und mittelständischen Brauereien dieser Region bislang erfolgreich um ihre Marktanteile. Oberfranken ist ein Paradies für Biertrinker, Bier brauen hat hier eine lange Tradition. Schon im 10. Jahrhundert brauten hier Mönche in Klöstern den Gerstensaft als flüssige Fastenspeise. Heute stehen die Ordensmänner nicht mehr am Sudkessel, heute besorgen das mittelständische und kleine Unternehmen, die ihr Vertriebsgebiet fast ausnahmslos nur in dieser Region haben. Die kleinsten Brauereien produzieren sogar nur für den Ausschank in der eigenen Gaststätte. Diese Gasthausbrauereien sind in der Fränkischen Schweiz besonders stark verbreitet. Jedes Bier hat seine eigene Note, sein eigenes Aroma, seinen eigenen Geschmack, jeder Braumeister setzt seinen eigenen Akzent. In der Summe kommt dabei eine enorme Geschmacksvielfalt heraus. Deshalb schmeckt das **„Seidla"** die fränkische Bezeichnung für einen Krug oder ein Glas mit einem halben Liter Bier von Gasthaus zu Gasthaus auch immer ein wenig anders.

(071) WOMO-Stellplatz: Hochstahl

GPS: N49° 53'3.43" E11° 15'59.71"
max. WOMOs: >40
Ausstattung/Lage: Stellplatz hinter dem Gasthof Reichold, gebührenpflichtig, Brötchenservice, Frühstücksbuffet im Hotel, Sanitärgebäude mit zwei Duschen und zwei Toiletten, ganzjährig geöffnet.
Ver- und Entsorgung: Über eine Servicestation, 38 Stromanschlüsse.
Zufahrt: In Hochstahl von der Staatsstraße 2188 in Richtung Tiefenlesau/Hollfeld fahren, dann links der Beschilderung zum Stellplatz folgen.

(072) WOMO-Stellplatz: Heckenhof

GPS: N49° 52' 49.5" E11° 14' 35.1"
max. WOMOs: 3
Ausstattung/Lage: Parkplatz vor dem Brauereigasthof Kathi-Bräu
Ver- und Entsorgung: Keine
Zufahrt: Von der Staatsstraße 2188 in Richtung Heiligenstadt ca. 800 Meter vor Aufseß links abbiegen.

(073) WOMO-Stellplatz: Aufseß

GPS: N49° 53' 02.8" E11° 13' 34.8"
max. WOMOs: 3
Ausstattung/Lage: Neben dem Brauereigasthof Rothenbach.
Ver- und Entsorgung: Entsorgung keine, Strom und Wasser bei Bedarf möglich.
Zufahrt: In der Ortsmitte von Aufseß von der St 2188 in Richtung Heiligenstadt nach rechts in Richtung Sachsendorf/Hollfeld abbiegen, dann noch 500 Meter bis zum Parkplatz auf der linken Seite.

Biergarten der Kathi-Bräu in Heckenhof.

Schloss Unteraufseß, eines der beiden Schlösser in Aufseß

Ehrenbiertrinker sind wir nicht geworden, aber einige Proben haben wir natürlich mitgenommen. Wer nicht den ganzen Brauereienweg laufen mag, der kann von HOCHSTAHL die ca. 2 Kilometer bis nach HECKENHOF oder die ca. 3,5 Kilometer bis nach AUFSESS gehen.

Zu Fuß, mit dem Rad oder mit dem Womo. Hier findet jeder seinen Weg.

Ein besonderes Flair hat der Biergarten der Kathi-Bräu in HECKENHOF. Er ist offensichtlich ein beliebter Bikertreff. Auch als wir unsere Kostproben in dieser Brauerei einkaufen, stehen viele chromblitzende Maschinen auf dem Parkplatz.

Neben all den Brauereien müssen wir noch erwähnen, dass es zwei Schlösser in AUFSESS gibt. Das **Schloss Unteraufseß** kann besichtigt werden, das **Schloss Oberaufseß**, das ca. zwei Kilometer weiter nördlich an der Straße nach Hollfeld liegt allerdings nicht. Stellplätze mit Versorgungseinrichtungen gibt es bei der Brauerei Reichold in HOCHSTAHL. In HECKENHOF und AUFSESS sind Plätze für die Übernachtung ohne Versorgungseinrichtungen vorhanden.

Nun aber genug des Bieres. Wir fahren weiter nach HEILIGENSTADT, dort wollen wir uns **Schloss Greifenstein** anschauen.

Von AUFSESS sind es auf der St2188 nur drei Kilometer bis wir an die Abzweigung nach **Schloss Greifenstein** gelangen.

Schloss Greifenstein, Brücke über den Burggraben und Eingangsportal.

Nach einer kurzen Strecke durch einen Wald umrunden wir einen kleinen Tempel und treffen auf eine alte Lindenallee, die vor dem Burgtor endet. Der Parkplatz ist klein und schattig, als Einkehrmöglichkeit bietet sich die Burgklause direkt neben dem Parkplatz an. Das Schloss und die angrenzenden Stallgebäude

Geweihsammlung im Schloss Greifenstein.

(074) WOMO-Picknickplatz: Schloss Greifenstein

GPS: N49° 52' 27.3" E11° 10' 23.3"
max. WOMOs: 1-2.
Ausstattung/Lage: Im Wald, neben der Burgklause.
Ver- und Entsorgung: Keine
Zufahrt: Am Ende der Straße, die zum Schloss führt.

dienten als Filmkulisse für den Film **„Die Erntehelferin"** mit Christine Neubauer, August Schmölzer, Götz Otto und anderen bekannten Schauspielern. „Ein seichtes Heimatdrama in Postkartenästhetik, das vor Schmalz trieft" schreibt die TV Spielfilm dazu. Wer den Film gesehen hat, wird während der Schlossbesichtigung sehr vieles wiedererkennen. Nach dem Besuch des Schlosses fahren wir nach BAMBERG, der alten fränkischen Kaiser- und Bischofsstadt und starten dort eine neue Tour.

Schloss Greifenstein

Das Schloss befindet sich seit 1691 im Besitz der Stauffenbergs, der Familie des Hitlerattentäters und wird auch heute noch von einem Neffen des bekannten Widerstandskämpfers bewohnt.

Die Ursprünge des Schlosses gehen auf das Jahr 1172 zurück. Zunächst als Burg erbaut, wird sie 1525 im Bauernkrieg zerstört. 1691 kaufte Sebastian Schenk von Stauffenberg Fürstbischof von Bamberg die Ruine und lässt sie zu einem Jagdschloss umbauen. Während der Naziherrschaft wurden nach dem misslungenen Hitlerattentat durch Claus Schenk von Stauffenberg alle Familienmitglieder in Sippenhaft genommen, das Schloss beschlagnahmt. Auf Anweisung Himmlers sollte das Schloss gesprengt werden, was jedoch durch den Widerstand des lokalen Polizeichefs verhindert werden konnte.

Ausführlich bekommen Sie während einer Führung die Geschichte des Schlosses erklärt, die Waffenkammern gezeigt und die Waffen aus den unterschiedlichen Epochen in ihren Funktionsweisen erläutert. Die Innenräume mit ihren wertvollen Intarsienschränken, Wappen, Geschirr und Büchern sind sehr beeindruckend. Die Geweihsammlung im langen Flur dokumentiert die Jagdleidenschaft der Stauffenbergs. Eine Besonderheit ist der Brunnen im Innenhof, der eine Bauzeit von 14 Jahren benötigte. 93 Meter senkrecht in die Tiefe musste durch hartes Kalkgestein gebuddelt werden und dies im 17. Jahrhundert ohne moderne technische Hilfsmittel, eine echte Knochenarbeit. Eine hörbare Vorstellung der Tiefe bekommen Sie, wenn ein wenig Wasser in den Brunnen geschüttet wird. Sie werden verblüfft sein, wie lange es dauert, bis Sie es unten plätschern hören.

Von Mai bis Oktober kann das Schloss täglich besichtigt werden.

Die Führungen finden vormittags von 9:00 Uhr bis 11:15 Uhr und nachmittags von 13:30 Uhr bis 16:45 Uhr statt.

oder nach Vereinbarung:
Telefon: 09198-423

Der Innenhof von Schloss Greifenstein.

Von Bayreuth nach Bamberg

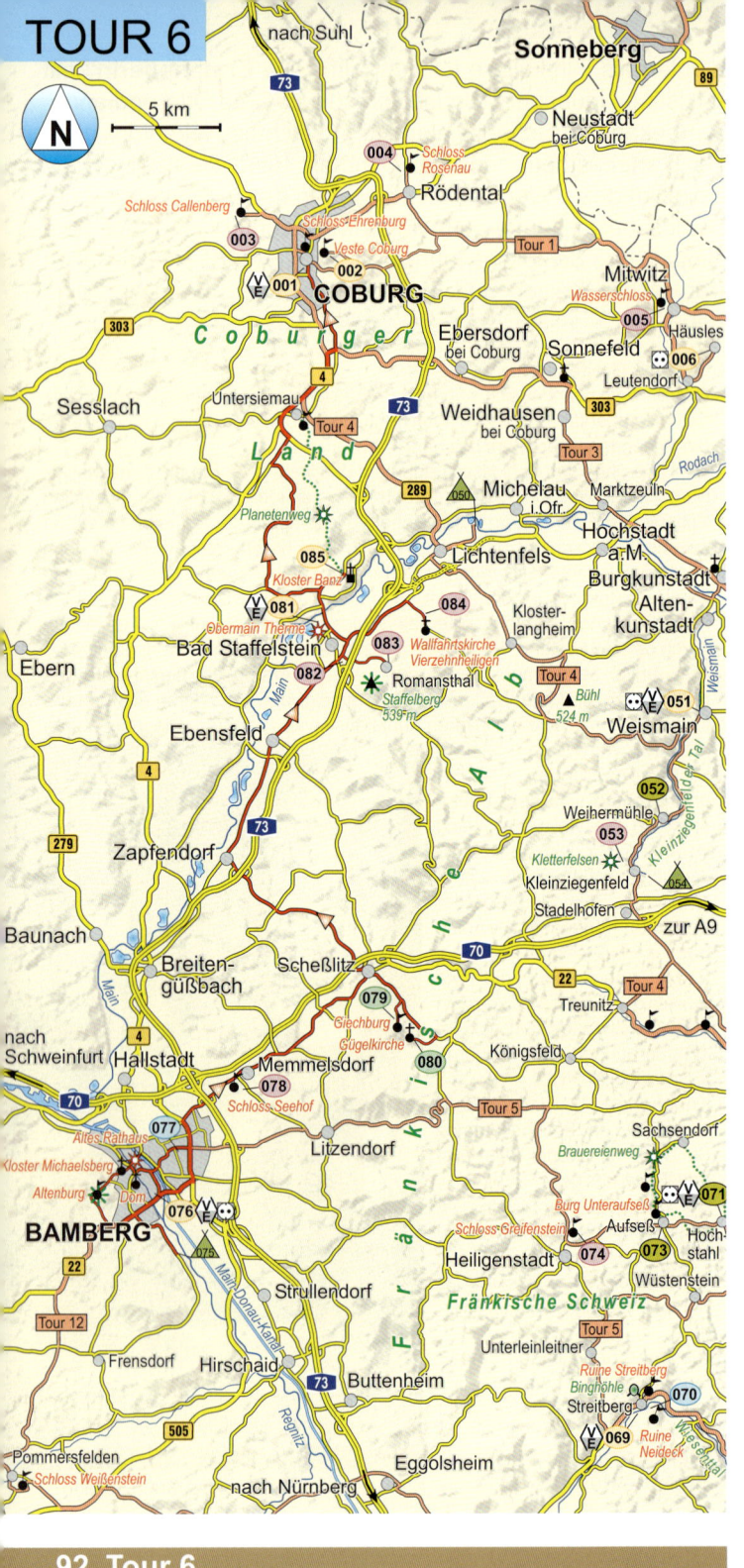

TOUR 6 (ca. 100 km)

Bamberg – Memmelsdorf – Scheßlitz – Bad Staffelstein – Untersiemau – Coburg

Freie Übernachtung:	Memmelsdorf, Scheßlitz, Wallfahrtskirche Vierzehnheiligen
Stellplätze:	Bamberg, Kloster Banz, Bad Staffelstein, Coburg
Campingplätze:	Bamberg-Bug
Ver-/Entsorgung:	Bamberg, Bad Staffelstein, Coburg
Besichtigungen:	Bamberg (Altstadt, Michaelsberg, Dom), Memmelsdorf (Schloss), Scheßlitz (Altstadt, Giechburg), Bad Staffelstein (Staffelberg, Kloster Banz, Wallfahrtskirche Vierzehnheiligen), Untersiemau (Planetenweg)
Wandern:	Wald- und Wiesenlehrpfad Scheßlitz, Staffelberg, Planetenweg (Untersiemau - Kloster Banz)
Baden/Wellness:	Bamberg (Bambados), Bad Staffelstein (Therme)

Diese Tour ist zwar sehr kurz, hat aber zwischen den beiden sehr bemerkenswerten Städten BAMBERG und COBURG eine ganze Reihe besonderer Sehenswürdigkeiten aufzuweisen.

Aber nun der Reihe nach: Wer BAMBERG zum Einstieg einmal aus der Ferne betrachten möchte, kann dies von der **Altenburg** im Westen der Stadt tun [N49° 52' 49.2" E10° 52' 04.8"]. Von hier aus hat man einen wunderbaren Blick über die außergewöhnliche Stadt mit den vielen Sehenswürdigkeiten, die seit 1993 zum Welterbe der UNESCO zählt.

Wo parken, wo übernachten? Wir raten davon ab, die Innenstadt mit dem Womo anzufahren, es ist eng, teilweise auch verboten. Sie tun sich und anderen keinen Gefallen, wenn Sie probieren, in der Altstadt einen Parkplatz zu finden.

Es gibt zwei offizielle Stellplätze und einen Campingplatz im Ortsteil Bug (siehe Kasten auf der nächsten Seite). Für einen Besuch der Stadt empfehlen wir den Stellplatz am Heinrichsdamm. Vom diesem P&R-Platz fahren Stadtbusse zum ZOB an den Rand der Innenstadt. Von dort sind es dann noch ca. 600 Meter, um z.B. zu dem schönen alten Rathaus zu gelangen. Oder Sie gehen den gesamten Weg zu Fuß. Dann sind es rund 1,5 Kilometer bis zum Rathaus. Wir empfehlen dazu folgenden Weg: Überqueren Sie den Heinrichsdamm und gehen Sie die Sodenstraße der Länge nach durch, bis Sie das Parkgelände am Hainbad erreicht haben, das sind rund 600 Meter. Dann gelangen Sie entlang des linken Rednitzarms

(075) WOMO-Campingplatz-Tipp: Bug (Campinginsel)
GPS: N49° 51' 40.3" E10° 55' 00.5" **max. WOMOs:** 10.
Ausstattung/Lage: Parkähnlicher Platz direkt an der Regnitz. Busverbindung, Rad- und Wanderweg zur Innenstadt (ca. 4 km), ganzjährig geöffnet.
Zufahrt: Im Stadtteil Bug, über die Buger Hauptstraße hinter dem Ortsausgang auf der linken Seite.

(076) WOMO-Stellplatz: Bamberg - Heinrichsdamm
GPS: N49° 53' 10.4" E10° 54' 10.1" **max. WOMOs:** 25.
Ausstattung/Lage: Gebührenpflichtiger asphaltierter Platz im Nebenbereich des P&R-Platzes Heinrichsdamm, Innenstadtlage, nicht leise.
Zufahrt: Auf der A73 die Ausfahrt Bamberg-Ost nehmen, Richtung Innenstadt fahren, nach der Heinrichsbrücke (über den Main-Donau-Kanal) rechts abbiegen, dann sind es noch 300 Meter.
Ver- und Entsorgung: V/E mit Bodeneinlass am Rande des Platzes, Stromversorgung über Münzautomaten.

(077) WOMO-Badeplatz: Bamberg - Bambados
GPS: N49° 54'3.27" E10° 55'31.26" **max. WOMOs:** >20.
Ausstattung/Lage: Gebührenpflichtiger asphaltierter Platz am Hallen- und Freizeitbad Bambados an der Pödeldorfer Str. 176.
Zufahrt: Auf der A73 die Ausfahrt Bamberg-Ost nehmen, Richtung Innenstadt fahren. Dieser Autobahnzubringer geht in die Pödeldorfer Straße über. Bis zum Bambados sind es von der AB-Abfahrt ca. 1,5 Kilometer.
Ver- und Entsorgung: Keine.

Ambräusianum, eine kleine Gasthofbrauerei in der Dominikanerstraße.

durch Grünanlagen, gehen an der alten Schleuse des König-Ludwig-Kanals vorbei und kommen über den Mühlwörth zur Mühlbrücke. Wenn Sie die Mühlbrücke überquert haben, kommen Sie an der ältesten Gaststätte Bambergs vorbei. In der Brauerei-Gaststätte Klosterbräu können Sie gleich ein „Schwärzla", ein „Braunbier" oder eines der vielen anderen Biere, die hier angeboten werden probieren, bei gutem Wetter auch im Biergarten an der Regnitz.

Da sind wir schon wieder beim Thema Bier! Es liegt uns fern, jemanden zum Alkohol zu verführen, aber BAMBERG ist nun mal auch eine berühmte

„**Bierstadt**", deshalb heben wir hier das Thema etwas heraus. Bier gilt hier unter den Einheimischen als das fünfte Element neben Feuer, Wasser, Luft und Erde. Neun Brauereien versorgen die Stadt mit dem Gerstensaft, drei davon befinden sich in der Innenstadt, die Klosterbräu ist eine davon. In den historischen, restaurierten Gewölben der ehemaligen Benediktinerabtei auf dem Michaelsberg ist das **Fränkische Brauereimuseum** untergebracht, das mit über 1300 Exponaten aus dem gesamten Bereich der Brauerei die Geschichte des Bieres dieser Region zeigt. In einem mehrstündigen Seminar an der **„Fränkischen Bierakademie"** kann man sich sogar zum **BIERCONNAISSEUR** ausbilden lassen. Das gibt es wohl sonst nirgendwo auf der Welt. Termine finden Sie auf der website der Akademie.

Ein Zitat von der website der Bierakademie:
„Ihr Ziel ist es, das Wissen rund um das Kulturgut Bier zu verbessern, seine Wertigkeit herauszustellen und den richtigen Umgang mit Bier zu zeigen. Der Genuss und höchste Ausbildungsqualität stehen dabei immer im Vordergrund. (...) Dabei steht der Spaß im Mund im Mittelpunkt. Die Dozenten kommen aus der Praxis und sind erfahrene Braumeister und Biersommeliers."

Wer nur das Bier genießen möchte, dem seien die Bierkeller auf dem Stephansberg empfohlen (siehe Stadtplan). Hier sitzen Sie in Biergärten über den Kellern und haben dabei gleichzeitig einen sehr schönen Blick über Bamberg.

Bedeutender als das Bier ist aber sicher das architektonische Ensemble der unversehrt erhaltenen Altstadt mit seinen vielen Baudenkmälern. Die zahlreichen Monumentalbauten aus dem 11. bis 18. Jh. sind eine Synthese aus mittelalterlichen Kirchen, barocken Bürgerhäusern und Palästen und führten dazu, das BAMBERG 1993 in das Welterbe der UNESCO aufgenommen wurde. Neben der Altstadt gehört auch die Gärtnerstadt jenseits des rechten Regnitzarms zum Welterbe.

Die Altstadt und das UNESCO-Weltkulturerbe Bambergs
Wie Rom so ist auch Bamberg auf sieben Hügeln erbaut. Die ursprüngliche Dreigliederung der Stadt ist auch heute noch sehr gut erkennbar. In der **Oberstadt** rund um den Dom befindet sich das geistliche Zentrum, unten an der Regnitz die bürgerliche **Inselstadt**, die heute mit ihren malerischen Gassen und zahlreichen Lokalen ein Touristenmagnet darstellt und zuletzt die **Gärtnerstadt** am rechten Ufer der Regnitz. Um sich einiges davon anzuschauen ist Fußarbeit nötig.

Ehemaliges Benediktinerkloster Michaelsberg

Das Alte Rathaus, beliebtes Fotomotiv und Wahrzeichen Bambergs.

Wir machen einen kleinen Stadtbummel, dessen Verlauf Sie anhand der grün gepunkteten Linie auf dem Stadtplan verfolgen können. Das sind rund 5 Kilometer. Wenn Sie den Hin- und Rückweg zum Stellplatz Heinrichsdamm dazurechnen, dann sind es etwas mehr als 8 Kilometer.

Wir beginnen am **Alten Rathaus**, das auf einer künstlich geschaffenen Insel in der Regnitz steht. Es wurde zwischen 1461 und 1467 erbaut und im 18. Jahrhundert mit Fassadenmalereien verziert. Der wie

Die Neue Residenz am Domplatz.

Bamberg, Innenstadt

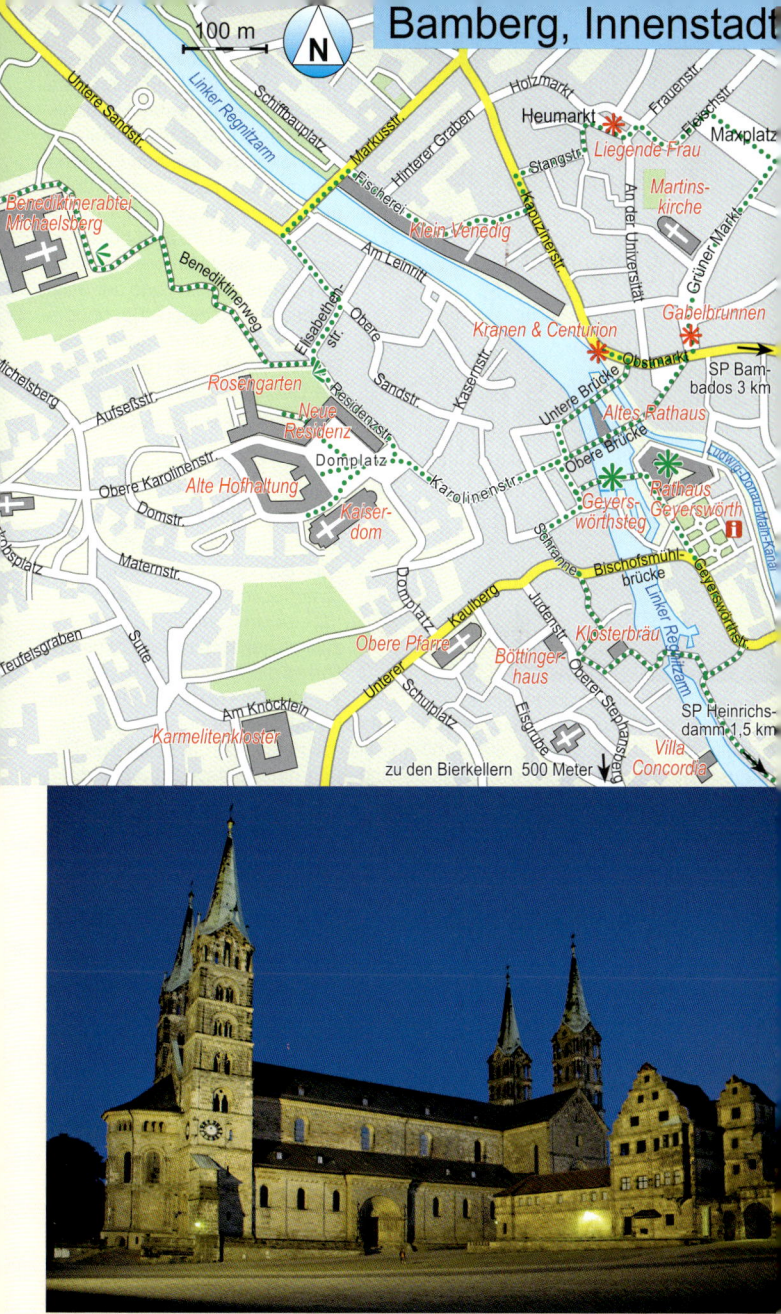

Der Kaiserdom in Bamberg, rechts daneben die Alte Hofhaltung.

angeklebt wirkende Fachwerkvorbau nennt sich **Rottmeisterhäuschen** und diente den Anführern der Wachmannschaften als Unterkunft. Im Erdgeschoß befindet sich eine Dauerausstellung mit Porzellan und Fayencen. Das Alte Rathaus ist ein beliebtes Fotomotiv und das Wahrzeichen Bambergs.
Vom Alten Rathaus geht es über die Karolinenstraße bergan auf den Domplatz. Der Platz ist umgeben vom **Kaiserdom**, der **Neuen Residenz** und der **Alten**

Von Bamberg nach Coburg 97

Bamberger Reiter im Kaiserdom.

Hofhaltung. Der **Kaiserdom** ist baugeschichtlich betrachtet eine Mischung aus später Romanik und früher Gotik. Am sinnvollsten lässt er sich mit einer Führung besichtigen, diese werden unter der Woche (Mo.-Fr.) um 14.00 Uhr und 15.00 Uhr angeboten. An den Wochenenden soll der Dom den Gottesdiensten und der Stille vorbehalten bleiben. Besonders sehenswert sind im Inneren des Domes der **Bamberger Reiter**, die Chöre, das **Kaisergrab**, die Altäre und das einzige Papstgrab nördlich der Alpen.

Die Alte Hofhaltung ist eine ehemalige geschlossene und vollständig erhaltene Burganlage und wird vielfach auch als die Keimzelle Bambergs bezeichnet. Das Historische Museum Bambergs hat hier einen würdigen Platz. Mit zahlreichen Exponaten dokumentiert es die Geschichte Bambergs von der Vor- und Frühgeschichte bis in die Neuzeit. Verlässt man die **Alte Hofhaltung** wieder, fällt der Blick auf die **Neue Residenz**, eine große, vierflügelige Anlage, die lange Zeit Sitz der Bamberger Bischöfe war. Heute sind in ihr die Staatsbibliothek und die Staatsgalerie der Stadt untergebracht. Die über 40 Prunkräume können nur im Rahmen einer Führung besichtigt werden. Um zum Rosengarten zu gelangen, muss man durch die Hofeinfahrt der Neuen Residenz gehen. Eine prächtige Anlage mit mehr als 4500 duftenden Rosen wartet darauf betrachtet zu werden. Von hier aus hat man zudem einen schönen Blick auf die Altstadt, die einem hier zu Füßen liegt. Wir gehen nun die Residenzstraße hinunter und anschließend den Benediktinerweg hinauf zur ehemaligen **Benediktinerabtei**

Klein-Venedig, historische Fischerhäuser entlang der Regnitz.

auf dem **Michaelsberg**. Das ehemalige Kloster fungiert heute als Seniorenheim. In den Räumen der ehemaligen Brauerei Michaelsberg direkt neben dem Kloster befindet sich das Fränkische Brauereimuseum. Alles was man über die Braukunst wissen will oder muss, findet man hier.

Auf dem Michaelsberg befindet sich auch ein hübsches Café Restaurant mit einer großen Gartenterrasse. Leckere Kuchen, diverse Biersorten und fränkische Spezialitäten stehen hier auf der Karte. Den Blick auf die Altstadt und den Dom gibt es gratis dazu. Frisch gestärkt führt uns nun der Weg wieder hinunter. Über die Elisabethenstraße und die Untere Sandstraße gelangen wir

Ob bei Tag oder bei Nacht, die Gartenlokale, Straßencafés und Restaurants sind in Bamberg stets gut besucht.

zur Regnitz, genauer zum linken Regnitzarm. Von der Brücke der Markusstraße haben wir einen malerischen Blick auf die historischen **Fischerhäuser** aus dem 17. Jahrhundert entlang des Flusses. Die vielen großen Holzbalkone dienten den Fischern zum Aufhängen und Trocknen ihrer Netze. Heute bildet diese Häuserzeile ein prächtige Kulisse für das alljährlich im August stattfindende Fischerstechen während der „**Sandkerwa**", einem Volksfest, das zu den größten Bayerns zählt.

Auf dem **Heumarkt** betrachten wir die „Liegende Frau mit Frucht" eine sehr korpulent ausgefallene Bronzefigur einer Dame des kolumbianischen Künstlers Fernando Botero. Es ist die erste Plastik des **Bamberger Skulpturenweges**. Weiter geht es über den Max-

Centurion an der Unteren Brücke.

platz mit seinem täglichen Obst- und Gemüsemarkt, vorbei an den Statuen der Stadtheiligen Heinrich II. und Kunigunde sowie den im hochbarocken Palaisstil errichteten neuen Rathaus zum **Grünen Markt**. Hier kommen wir an der Martinskirche mit ihrem wuchtigen Barockstil vorbei, passieren den **Gabelbrunnen** und haben mit dem Kranen an der Unteren Brücke unseren Ausgangspunkt wieder erreicht. Wir wollen es an dieser Stelle mit der Beschreibung Bambergs bewenden lassen, wohl wissend, das es unvollständig ist und wir auch ein ganzes Buch hätten füllen können. Sie werden in dieser Stadt noch sehr viel mehr entdecken und es wird Ihnen sicher gefallen.

Schloss Seehof in Memmelsdorf.

Wir verlassen BAMBERG in nordöstliche Richtung und erreichen nach 6 Kilometern MEMMELSDORF. **Schloss Seehof,** die Hauptsehenswürdigkeit des Ortes, sehen wir rechter Hand am Ortseingang. Der relativ große Parkplatz [**078:** N49° 55' 43.0" E10° 57' 04.7"] liegt abseits der Hauptstraße, von hier aus sind es nur wenige Meter bis zum Schlossgelände, das man durch das Haupttor der Orangerie betritt. Die prächtige Orangerie diente einst als Gewächshaus und als Überwinterungsort für die Kübelpflanzen des barocken Lustgartens. Die Außenanlagen und der Innenhof des Schlosses sind frei zugänglich. Das Gebäude wird heute zum größten Teil vom Bayerischen Landesamt für Denkmalpflege genutzt. Die ehemaligen fürstbischöflichen Appartements sowie der **Weiße Saal** sind im Rahmen einer Führung zu besichtigen. Das Deckengemälde im Weißen Saal gilt als Meisterwerk des Rokoko in Franken. Wo immer man sich

Die Orangerie des Schlosses in Memmelsdorf.

in dem Raum aufhält, man sieht Amors Pfeil stets auf sich gerichtet. Aber das ist nur ein Detail des in der Tat außergewöhnlichen Deckengemäldes.

Wieder draußen durchstreifen wir den ehemaligen barocken Lustgarten und betrachten einige der monumentalen Skulpturen von **Adam Ferdinand Tietz**. Um die 200 sollen einmal in diesem Garten gestanden haben. Leider sind nur wenige erhalten. Vor Wind und Wetter geschützt stehen weitere in der Orangerie am Eingang des Schlosses.

Folgt man dem leicht abschüssigen Gelände, so gelangt man zu den Kaskaden mit den Wasserspielen. Sie sind nur in den Sommermonaten zur vollen Stunde in Betrieb. Der Garten selbst ist ein wenig verwildert.

Weiter geht es nach SCHESSLITZ am Fuße der **Fränkischen Alb**. Drei

Die Giechburg oberhalb von Scheßlitz.

Holzschnitzkunst am Dillighaus in Scheßlitz..

Kilometer von diesem Ort entfernt und 230 Meter höher liegt auf einem Felskegel die **Giechburg [079: N49° 57' 33.7" E11° 03' 06.0"]**. In dieser mittelalterlichen Anlage sind heute nach umfangreichen Sanierungen und Rekonstruktionsmaßnahmen ein kleines Hotel und ein Restaurant untergebracht. Der Bergfried wird für Kunstausstellungen genutzt.

Ein wenig weiter östlich steht, auf steilem Fels gebaut, die Wallfahrtskirche St. Pankratius oder **„Gügelkirche" [080: N49° 57' 07.7" E11° 03' 42.2"]**, wie sie im Volksmund genannt wird, auf 515 Meter Höhe. Mit dem Wald- und Wiesenlehrpfad, der auch gleichzeitig ein Kunst und Waldlehrpfad ist, sind diese beiden Ausflugsziele miteinander verbunden. Der Wanderparkplatz unterhalb der Giechburg lässt sich bequemer erreichen als der an der Gügelkirche. Beide sind jedoch für freie Übernachtungen bestens geeignet.

Über 200 Meter tiefer schauen wir uns das historischmarkante Ortsbild der Stadt an. Alte Bürgerhäuser prägen das Bild. Besonders hervorzuheben ist das **Dillighaus.** Dieses ehemalige Zunfthaus der Mälzer und Brauer fällt mit einem reich geschnitzten Holzbilderfries und einem kleinen, in der Mitte des Hauses angeordneten Erker auf.

Über die kleinen Orte Zapfendorf und Ebensfeld fahren wir weiter nach BAD STAFFELSTEIN, der Stadt Adam Rieses am Fuße des **Staffelberges**. Wer nicht über die Dörfer fahren mag, der nimmt die Autobahn A73, das geht auch.

Blick vom Staffelstein in das breite Maintal. Auf der linken Seite liegt Bad Staffelstein

Der Staffelberg, der heilige Berg der Franken und Hausberg Bad Staffelsteins.

(081) WOMO-Stellplatz: Bad Staffelstein, Obermain Therme
GPS: N50° 06' 50.4" E10° 59' 16.1" **max. WOMOs:** 30.

Ausstattung/Lage: Befestigter Platz zwischen See und Kuranlage, Ortsrandlage, ganzjährig geöffnet. Bäckerservice, Angelsee, Therme, Segelsee, Badesee, Kureinrichtungen
Zufahrt: Von der St2204 Richtung Kloster Banz, der Beschilderung „AquaRiese Freizeitbad" folgen.
Ver- und Entsorgung: Wasserver- und Entsorgungsanlage ist vorhanden, WC-Entleerung möglich, eine Stromversorgung gibt es nicht.

uf der rechten Seite sieht man im hügeligen Waldgelände das Kloster Banz.

Die markanten Felsen des **Staffelberges** sind schon aus großer Entfernung erkennbar. Schon vor Jahrtausenden war das Plateau dieses Zeugenberges der **Fränkischen Alb** bewohnt, darauf weisen Spuren hin, die bis in die Steinzeit zurückreichen. Die Kelten hatten hier ein Oppidum errichtet, die Rekonstruktion einer keltischen Schutzmauer am Rande des Plateaus erinnert daran. Für das 4. und 5. Jahrhundert wird vermutet, dass hier eine germanische Burganlage gestanden hat, sichtbar ist davon aber nichts.

Erreichen kann man den **Staffelberg** über einen Wanderweg der in BAD STAFFELSTEIN am Friedhof **[082: N50° 06' 00.5" E11° 00' 15.0"]** beginnt (Distanz etwa 2 Kilometer und 265 Meter Höhenunterschied) oder vom Parkplatz am Rande des Dorfes ROMANSTHAL **[083: N50° 05' 54.2" E11° 01' 55.1"]**. Von hier aus hat man nur einen Kilometer und 110 Meter Höhenunterschied zurückzulegen. Welchen Weg Sie auch wählen, es lohnt sich in jedem Fall. Oben angekommen sehen Sie zunächst ein Kirchlein und daneben die Staffelbergklause mit einem Biergarten. Wenn Sie an den Felsrand des Plateaus gehen, haben Sie einen wunderbaren Blick über das Maintal. Ihnen zu Füßen liegt BAD STAFFELSTEIN, in der Ferne ist das **Kloster Banz** zu sehen und ein wenig abseits die **Wallfahrtskirche Vierzehnheiligen**.

Der Ortskern von BAD STAFFELSTEIN zeigt viele Fachwerkhäuser. Besonders markant ist das Rathaus aus dem 17. Jahrhundert mit einem großen Stuckrelief über dem Haupteingang und einer Sonnenuhr am 2. Obergeschoss. Vor dem

Das Rathaus von Bad Staffelstein.

Rathaus befindet sich der Stadtbrunnen mit einer Statue des Hl. Nepomuk. Das älteste Gebäude der Stadt ist die Stadtpfarrkirche St. Kilian. Es ist ein schlichtes Bauwerk mit einer barocken Innenausstattung. Der Stadtturm zeigt eine gotische Form und ist das noch deutlich sichtbare Zeichen der ehemaligen Stadtbefestigung.

Mit einem Badesee, einem Freibad, dem Sport & Spaßbad **AquaRiese** und der **Obermain Therme** offeriert BAD STAFFELSTEIN ein breites Spektrum an Bade- und Wellnesseinrichtungen.

Die **Obermain Therme** rühmt sich Bayerns stärkste und wärmste Thermalsole zu haben. In 1600 Metern Tiefe wird die Heilquelle angezapft und in 16 Innen- und Außenbecken geleitet. Dazu kommen mehrere Saunen und einige andere Wellnessangebote. Vom Stellplatz bis zum Eingang der Therme sind es zu Fuß durch den Kurpark nur 600 Meter.

Wallfahrtskirche Vierzehnheiligen.

Um zur Wallfahrtskirche **Vierzehnheiligen** zu gelangen, überqueren wir die Autobahn auf der St2197 und fahren zunächst Richtung Lindenfels. Am Ortsausgang von Grundfeld fahren wir rechts ab und sehen nach etwa einem Kilometer auf der linken Seite einen großen Parkplatz am Waldrand [084: N50° 07' 12.1" E11° 02' 58.4"]. Von hier aus gehen wir zu Fuß weiter. Nach 500 Metern sehen wir die barocke Prachtfassade der Wallfahrtskirche im Abendlicht. Die nach den Plänen von **Balthasar Neumann** errichtete Basilika ist schon seit dem Ende des 19. Jahrhunderts eine „**Basilica minor**". Der

Der Innenraum der Kirche mit dem Gnadenaltar in der Mitte.

Gnadenaltar mit den Vierzehn Nothelfern, denen diese Kirche geweiht ist, steht frei im Raum des Kirchenschiffes. Etwas ungewöhnlich, aber die Beschaffenheit des Baugeländes ließ eine Position in der Vierung der Basilika nicht zu. Barock und Rokoko sind in dieser Kirche stilvoll vereint. Viele namhafte Künstler des 18. Jahrhunderts gestalteten den Innenraum mit Skulpturen, Gemälden und Verzierungen unter Verwendung von Gold und Marmor prachtvoll aus.

Der Parkplatz an der Wallfahrtskirche eignet sich für eine Übernachtung sehr gut. Am Abend wird es hier am Waldrand still und einsam. Noch besser gefiel uns aber der Platz am **Kloster Banz**, unserer nächsten Station.

Wir fahren also zurück Richtung BAD STAFFELSTEIN, nehmen, nachdem wir die Autobahn überquert haben, im darauf folgenden Kreisverkehr die erste Ausfahrt und erreichen nach ca. 3 Kilometern die Abzweigung zum Kloster Banz. Es geht bergauf und nach weiteren 1,5 Kilometern stellen wir unser Womo in der hintersten Ecke des großen Parkplatzes zwischen einigen Obstbäumen ab [**085:** N50° 08' 05.9" E10° 59' 59.9"].

Wohnmobilidylle pur: Übernachtung im Mondschein am Kloster Banz.

Der Platz ist unter der Woche gebührenfrei, an Samstagen und Sonntagen sind 3,50 € pro Tag zu zahlen. Ver- und Entsorgungsmöglichkeiten, sowie eine Stromversorgung gibt es nicht. Wir fanden den Platz für eine Übernachtung nach dem Besuch der Klosterschänke einfach ideal.

Kloster Banz von Westen betrachtet.

Wer den Innenhof des Klosters betritt, gewinnt den Eindruck eine Schlossanlage vor sich zu haben. Eine breite Auf- und Abfahrt führt um eine Brunnenanlage zum Haupteingang. Dahinter verbergen sich rund 15000 Quadratmeter Seminarräume mit feinster Tagungstechnik sowie eine Übernachtungskapazität mit 190 Betten. Das ehemalige Benediktinerkloster ist im Besitz der CSU-nahen Hans-Seidel-Stiftung und dient als Seminar- und Bildungszentrum.

Die Klosterkirche befindet sich hinter dem großen Innenhof am Hang des Banzberges. Die Fassade der **Klosterkirche Banz** ist der Fassade der Basilika **Vierzehnheiligen** in Größe und Form auf den ersten Blick sehr ähnlich. Bei genauerer Betrachtung lassen sich jedoch viele Unterschiede erkennen. Sie ist älter und damit stärker im Barock verhaftet als **Vierzehnheiligen**. Auch der Innenraum der Kirche weist mit unterschiedlichen Gewölbebildungen und Kurven ganz andere Gestaltungsmerkmale als ihre Schwesterkirche auf der anderen Mainseite auf.

Nach dem Kirchenbesuch machen wir mal etwas ganz anderes. Wir begeben uns auf eine Reise durch unser Sonnensystem ohne dabei die Erde zu verlassen. Das geht auf dem **Planetenweg**, der sich zwischen dem Kloster und dem Ort UNTERSIEMAU befindet.

Wir nehmen dazu die Fahrräder, zu Fuß ist uns die Strecke von ca. 10 km zu lang. Wir folgen dem blauen Hinweisschild **»Planetenweg«**. Als ersten Planeten sehen wir den Neptun, walnußgroß erscheint er im Maßstab 1:850 Millionen. Es geht weiter durch einen schönen Buchenwald. Die Wege lassen sich in dem hügeligen Gelände gut und leicht befahren. Eine etwas schlechtere, vom Regen ausgewaschene Gefällstrecke ist nur kurz. Es ist schon ganz schön weit bis zum Uranus, den wir ziemlich genau nach der Hälfte der Strecke zur Sonne erreicht haben. Nun geht es über Feldwege weiter. Als nächsten Planeten erreichen wir den Saturn und sehen bereits UNTERSIEMAU und am Horizont die **Veste Coburg**. Auf dem weiteren Weg verweilen wir ein wenig an dem Schloss, das sich romantisch verwachsen am Dorfteich wie ein Dornröschenschloss präsentiert, aber nicht besichtigt werden kann. Im Ort geht es weiter, wir überqueren die B289 bei der Brauerei Murmann und kommen in den Alten Coburger Weg. Nun geht es Schlag auf Schlag in kurzen Abständen sehen wir Mars, Erde, Venus und Merkur und kommen dann zur Sonne, die am Rande eines Neubaugebietes steht.

Nachdem wir die ganze Strecke wieder zurückgefahren sind und die Räder auf dem Träger transportfähig festgezurrt haben, fahren wir nach COBURG weiter und beenden dort diese Tour.

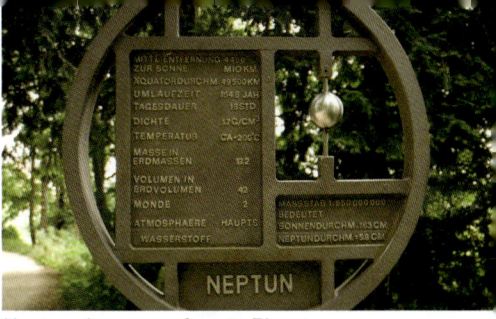
Neptun, der sonnenfernste Planet.

Der Planetenweg als Rad- und Wanderweg.

Untersiemau: Wildromantisches Schlösschen.

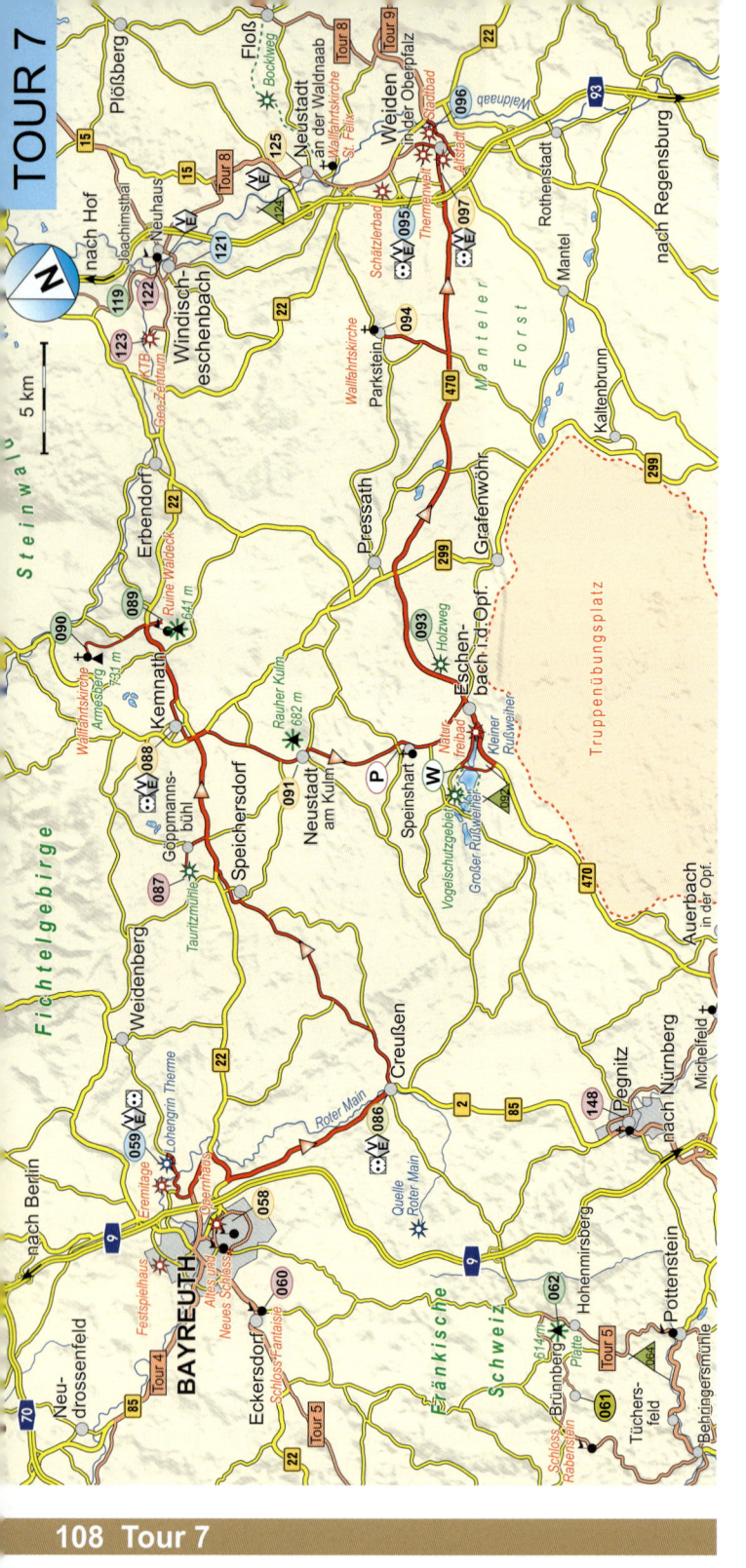

TOUR 7 (ca. 130 km)

Bayreuth – Creußen – Speichersdorf – Kemnath Neustadt am Kulm – Speinshart – Eschenbach in der Oberpfalz – Pressath – Parkstein – Weiden

Freie Übernachtung:	Tauritzmühle, Waldeck, Armesberg, Eschenbach in der Oberpfalz, Weiden
Stellplätze:	Bayreuth, Creußen, Kemnath, Neustadt am Kulm, Parkstein, Weiden
Campingplätze:	Eschenbach in der Oberpfalz
Ver-/Entsorgung:	Kemnath, Eschenbach i.d.Opf., Weiden
Besichtigungen:	Creußen (Ortskern), Kemnath (Altstadt), Waldeck (Burgruine), Armesberg (Wallfahrtskirche), Speinshart (Klosterdorf), Eschenbach i.d.Opf. (Altstadt), Parkstein (Basaltkegel), Weiden (Altstadt)
Wandern:	Tauritzmühle, Geologischer Lehrpfad Kemnather Land, Neustadt am Kulm (Rauher Kulm), Eschenbach i.d.Opf. (Naturschutzgebiet Großer Russweiher, Holzweg)
Baden/Wellness:	Eschenbach i.d.Opf. (Naturfreibad), Weiden (Stadtbad, Thermenwelt, Schätzlerbad)

Für die Beschreibung von BAYREUTH verweisen wir auf die Seiten 70-73 in der Tour 4.

Von der **Lohengrin Therme** in BAYREUTH fahren wir über die B2 nach CREUSSEN. Schon nach 14 Kilometern haben wir

Creußen, der Marktplatz mit der Pfarrkirche in mittäglicher Ruhe.

Von Bayreuth nach Weiden in der Opf.

Creußen, Hinteres Tor und Malefizturm.

das Städtchen mit dem mittelalterlichen Kern erreicht. Die kleine Altstadt liegt auf steil aufragenden Sandsteinfelsen und ist von den Resten einer mittelalterlichen Stadtbefestigung mit Toren, Türmen und Mauern eingefasst. Die Pfarrkirche im Zentrum der Altstadt steht auf den Grundmauern einer zerstörten Burg.

(086) WOMO-Stellplatz: Creußen - Im Gärtlein

GPS: N49° 50' 49.99" E11° 37'7.44" **max. WOMOs:** 10.
Ausstattung/Lage: Befestigter Platz zwischen Sportplatz und Gaststätte im Gärtlein 1-3 am Ortsrand, ruhige Lage. Bei Einkehr ins Restaurant gebührenfrei.
Zufahrt: Von der B2/B85 aus Richtung Bayreuth nach dem Ortseingang Richtung Gottsfeld fahren, dann sofort wieder rechts in die Straße „Am Hohen Weg" einbiegen, dann sind es noch 250 Meter.
Ver- und Entsorgung: Wasser Ver- und Entsorgung sowie Toilettenentleerung an einer Servicestation, Stromanschluss ist für 10 Fahrzeuge vorhanden.

CREUSSEN ist für Steinzeug, insbesondere für seine Krüge bekannt, auch wenn sie hier nicht mehr hergestellt werden. Ein Museum, das stilvoll in der Torwächterstube des Hinteren Tores und dem ehemaligen **Scharfrichterhaus** untergebracht ist, erinnert daran. Zusammen mit dem **Malefizturm**, der einst als Gefängnis diente, geht von diesem Ensemble eine starke mittelalterliche Wirkung aus. Für die Freunde des Töpferhandwerks sei noch notiert, dass jährlich am 2. Sonntag im Juli ein großer Töpfermarkt auf dem Marktplatz stattfindet.

Wir fahren auf der St2184 weiter nach SPEICHERSDORF. Es ist einer dieser Orte, die man nicht gesehen haben muss und die man auch schnell wieder vergisst, wenn man sie durchfahren hat. Doch ein besonderes Kleinod befindet sich in unmittelbarer Nähe des Ortes. Wer gern in einer schönen Auenlandschaft wandert oder Rad fährt, dabei noch etwas über Biber erfahren will, die sich hier in freier Natur in den Morgen- und Abendstunden über begehbare Stege beobachten lassen, dem sei ein Besuch der **Tauritzmühle [087: N49° 53' 19.6" E11° 48' 01.7"]** empfohlen. Um dort hinzukommen, fahren wir in SPEICHERSDORF auf die B22 in Richtung KEMNATH, bie-

Tauritzmühle, Gasthof und Biergarten.

gen nach 3 Kilometern nach GÖPPMANNSBÜHL ab und folgen dann der Beschilderung zur **Tauritzmühle**. Unter der Woche ist die Mühle nur abends bewirtschaftet, an den Wochenenden ganztägig.

Zurück auf der B22 geht es weiter nach KEMNATH. Wir stellen das Womo auf den zentrumsnahen Stellplatz ab und erkunden zunächst einmal den Ort. Im Grundriss zeigt die Stadt eine ovale Form, die ihre mittelalterliche Entstehung mit Befestigungsanlagen widerspiegelt. Ein breit angelegter Stadtplatz geht in gerader Linie durch dieses Oval, schmale Gassen erschließen den alten Kern links und rechts des großen Platzes. Die Pfarrkirche Mariä Himmelfahrt bildet mit der Tor-

(088) WOMO-Stellplatz: Kemnath - Am Eisweiher

GPS: N49° 52' 19.41" E11° 53' 14.98" **max. WOMOs:** 5.
Ausstattung/Lage: Nördlich des Zentrums, befestigter Platz am Eisweiher, gebührenfrei.
Zufahrt: Die Straße „Am Eisweiher" ist eine Nebenstraße der Schulstraße, die vom Zentrum in einem Bogen nach Norden führt.
Ver- und Entsorgung: Über eine zentrale Sanitärsäule und Frischwasser/Elektrosäule mit Münzautomaten.

Kemnath, Stadtplatz mit Pfarrkirche und Tordurchfahrt im Kirchturm.

Blick von der Ruine Waldeck ins Kemnather Land. Links ist in der Ferne der Rauh

durchfahrt im Kirchturm den östlichen Abschluss des Platzes. In seiner Architektur auffallend ist das im Stil des Historismus erbaute Amtsgericht.

Auf dem Stadtplatz: Statue des Hl. Sebastian, errichtet 1714 als Dank für die Verschonung von der Pest.

Karpfenzucht hat in KEMNATH eine besondere Bedeutung, zahlreiche Teiche im Umland zeugen von der Fischwirtschaft, die Speisekarten der Restaurants übrigens auch. Der **Geologische Lehrpfad Kemnather Land** führt an vielen dieser Teiche vorbei. Zwei Etappen rund um die **Burgruine Waldeck** und die Wallfahrtskirche auf dem **Armesberg** betrachten wir etwas näher.

Wir stellen das Womo auf dem kleinen Parkplatz unterhalb der **Ruine Waldeck** ab **[089: N49° 51' 34.3" E11° 57' 02.8"]** und marschieren von hier aus los. Zunächst geht es zur Ruine, die sich auf dem 641 Meter hohen Basaltkegel befindet. Sie ist eine

...Ilm zu sehen. In der Ferne rechts das Fichtelgebirge.

der ältesten Burgen der Oberpfalz. Von der Burg hat man einen guten Blick hinunter ins Kemnather Land, das rund 200 Meter tiefer liegt. Man kann erkennen, wo die unterschiedlichen Gesteinsschichten liegen müssen. Im Buntsandsteinbereich sehen wir keine Teiche, das Gestein ist zu wasserdurchlässig. Dort, wo aber die Keuperschichten mit ihren hohen, bodenabdichtenden Tonanteilen zutage treten, ist ein Band mit Teichen erkennbar. Noch höher liegt der Basaltkegel **Armesberg**, der eine denkmalgeschützte Wallfahrtskirche trägt. Nach einer kleinen Fahrstrecke durch den Marktflecken WALDECK Richtung GODAS und ERDENWEIS, stellen wir das Womo auf den Parkplatz unterhalb der Wallfahrtskirche neben dem Gasthaus, das nur sonntags geöffnet hat, ab **[090: N49° 53' 27.1" E11° 56' 52.8"]**. Wir gehen zur Wallfahrtskirche hoch und stellen fest, dass die Aussicht durch die Bewaldung doch sehr eingeschränkt ist. Wir gehen den Lehrpfad durch den Wald hinunter bis nach NEUSTEINREUTH. Oberhalb des Ortes hört der Wald auf, vor uns liegt wieder das offene Kemnather Land mit seinen Teichen.

Wer übrigens mehr über die Geologie und die Erdgeschichte dieses Raumes erfahren

Wallfahrtskirche auf dem Armesberg.

Der Basaltkegel des Rauhen Kulm.

will, dem sei schon an dieser Stelle ein Besuch das **Geo-Zentrums** an der **KTB** (siehe Seite 138) empfohlen.

Wir kehren nunmehr zum Womo zurück und fahren dann an KEMNATH vorbei Richtung ESCHENBACH.

Schon von weitem sehen wir den Basaltkegel des **Rauhen Kulm** mit seinem 25 Meter hohen Aussichtsturm. Natürlich müssen wir diesem 682 Meter hohen Berg einen kurzen Besuch abstatten. Wir fahren den Stellplatz in NEUSTADT AM KULM am Ortseingang neben dem Sportplatz an [**091: N49° 49' 46.7" E11° 50' 15.5"**]. Es ist ein simpler Parkplatz an dem auch ein Wohnmobilschild steht. Man kann von hier aus das Wandergebiet des Rauhen Kulm gut erreichen, der Platz ist gebührenfrei. Der Turm gewährt einen fantastischen Blick ins Umland, ähnlich dem Blick von der Ruine Waldeck.

„Als Baudenkmal von europäischem Rang zählt das **Klosterdorf Speinshart** zu den schönsten Dörfern Süddeutschlands" heißt es in der offiziellen Webpräsenz des Klosters. Ist das übertrieben? Wir parken auf dem Parkplatz vor dem Nordtor [N49° 47' 18.7" E11° 49' 15.8"]. In das Klosterdorf hineinfahren können Fahrzeuge über 2,5 Meter Höhe nur aus südlicher Richtung, da gibt es kein Tor mehr. Doch wir raten davon ab dies zu tun. Die Zahl der Parkplätze innerhalb des Klosterdorfes ist sehr begrenzt und für Wohnmobile nicht geeignet. Es wäre so, als würden Sie direkt in ein Museumsdorf fahren. Eine geschlossene Bebauung umgibt eine kleine parkähnliche Gartenanlage.

Da braut sich was zusammen: Gewitterwolken über Kloster Speinshart.

Teichlandschaft am Großen Rußweiher in Eschenbach i.d.Opf..

Die ehemaligen Wirtschaftsgebäude des Klosterhofes sind in eine private Nutzung überführt und zu Wohnungen umgebaut worden. Die Klosterkirche erstrahlt nach den aufwändigen Renovierungsarbeiten der letzten Jahre wieder in neuem Glanz. Ein Besuch des Klosterdorfes lohnt sich in jedem Fall wie wir meinen.

Gut, dass den Mönchen in Speinshart der Verzehr von Fleisch untersagt war, sonst wären sie vermutlich nicht auf die Idee gekommen Fischteiche anzulegen. Dies taten sie Anfang des 15. Jahrhunderts ca. 3 Kilometer südwestlich des Klosters bei ESCHENBACH IN DER OBERPFALZ. Was zu Anfang nur dazu gedacht war die Speisekarte der Mönche zu füllen, füllt heute den Speiseplan diverser

Naturfreibad im Kleinen Rußweiher.

Brutvögel, die in dem Naturschutzgebiet rund um den **Großen Rußweiher** ihre Nistplätze haben. Vor allem Lachmöwen sind auf dem rund 5 Kilometer langen Wanderweg in großen Kolonien zu sehen und zu hören. Bis zu 4000 Brutpaare halten sich hier jährlich zwischen März und Juli auf. Vier Aussichts-

---

(092) WOMO-Campingplatz-Tipp: Eschenbach i.d.Opf.
GPS: N49° 45' 28.3" E11° 47' 57.9"   **max. WOMOs:** 8.
Ausstattung/Lage: Am Südufer des Kl. Rußweiher, ganzjährig geöffnet.
Zufahrt: Direkt an der B470 von Eschenbach in Richtung Auerbach.

Eschenbach i.d.Opf., Blick auf den Marienplatz mit dem Rathausbrunnen.

plattformen sind eingerichtet, um die Vogelwelt aus der Nähe betrachten zu können. Parken kann man übrigens auf dem Damm, der den **Großen** vom **Kleinen Rußweiher** trennt [N49° 45' 55.8" E11° 47' 31.3"].

Unterhalb des Naturschutzgebietes liegt der langgestreckte Kleine Rußweiher. Hier gibt es Ferienhäuser, ein Naturfreibad und auch den ganzjährig geöffneten Campingplatz.

Die Stadt ESCHENBACH ist ein sehr gepflegtes Städtchen. Entlang des Karls- und Marienplatzes gibt es einige Straßencafés, Eisdielen und Restaurants, die zum Verweilen einladen. Wochentags kann es hier allerdings auch ungemütlich laut werden, wenn auf dem angrenzenden Truppenübungsplatz für den Ernstfall geübt wird.

Wer noch nie auf dem „Holzweg" war, der kann es am Ortsrand Richtung PRESSATH einmal versuchen. Kurz hinter der Brücke über die Creussen geht es rechts ab zum Holzweg [**093**: N49° 45' 59.3" E11° 51' 57.9"]. Der Parkplatz liegt etwas abseits der Straße, der Lärm der Bundesstraße ist hier kaum zu hören. Der Holzweg ist nicht sehr lang. Nach einem Infopavillon kommt man zu einem begehbaren Vogelnisthaus. Einige Meter weiter kann man seine musikalischen Fähigkeiten an einem großen Dendrophon ausprobieren und im weiteren Verlauf des Weges noch so einiges mehr über

Auf dem Holzweg, hören wie Holz klingt.

Holz und die Ökologie des Waldes erfahren.

Auf unserem weiteren Weg mit dem Womo fahren wir an PRESSATH vorbei. Über die sehr gut ausgebaute B470 fahren wir Richtung WEIDEN und folgen mitten im Manteler Forst der Wegweisung nach PARKSTEIN. Wenige Kilometer später sehen wir vor uns den Basaltkegel des **Parksteins**. Aufgrund seiner gleichmäßigen Form und seiner steilen 38 Meter hohen Basaltwand ist es ein sehr außergewöhnliches **Geotop**. Die hohe Wand zeigt dicht gepackte, gebogene und auskristallisierte Basaltsäulen mit dem für den Basalt so typischen fünf- oder sechseckigen Querschnitt. Schwer vorstellbar, welche Kräfte gewirkt haben müssen, um diese Gesteinsmasse so emporzuheben und zu formen. Hier zeigen sich die Auswirkungen der durch Plattentektonik hervorgerufenen Formungsvorgänge. Das ist sozusagen Erdgeschichte zum Anfassen.

Parkstein, Detail der Basaltwand.

Parkstein, Stellplatz unter der Basaltwand.

Der offizielle Stellplatz der Gemeinde liegt am Neuweg, direkt an der Basaltwand [**094:** N49° 43' 51.8" E12° 04' 11.9"]. Der relativ kleine Platz ist gleichzeitig allgemeiner Parkplatz für das angrenzende Restaurant und für die Besucher der Wallfahrtskirche hoch oben auf dem Basaltkegel. Deshalb ist davon auszugehen, dass nicht immer soviel Platz zur Verfügung steht wie das Foto vielleicht vermuten lässt. Versorgungseinrichtungen gibt es übrigens keine.

Rund um den **Parkstein** lässt es sich hervorragend wandern. Sieben leicht begehbare Wanderrouten hat die Gemeinde markiert. Alle beginnen und enden an dem beschriebenen Parkplatz.

Von PARKSTEIN ist es nicht mehr weit nach WEIDEN IN DER OBERPFALZ. Rund 12 Kilometer haben wir dafür noch zurückzulegen. Es empfiehlt sich, den Parkplatz am **Stadtbad**, der sich auch hervorragend für eine Übernachtung

Weiden, Unterer Markt, Renaissancefassaden und Mauermannbrunnen.

eignet (siehe Kasten Seite 119), zu nehmen. Parkt man dort, so sind es zirka 500 Meter Fußweg bis zum **Unteren Tor.** Durchschreitet man dieses, so gelangt man auf den **Unteren Markt** mit einer Ansammlung von Straßencafés und Restaurants. Renaissancefassaden schmücken die ehemaligen Ackerbürgerhäuser, in denen einst Handwerker wohnten und nebenbei noch Landwirtschaft betrieben. Zwischen den beiden Baumreihen, die den Platz schön auflockern und im Sommer Schatten spenden, verlief früher einmal der Rehmühlbach. Das schöne **Alte Rathaus** aus dem 16. Jahrhundert hat schon längst seine Funktion für die Verwaltung der Stadt eingebüßt. Heute dient es als Restaurant und Einkaufspassage. Es trennt den **Unteren** vom **Oberen Markt**.

Weiden, Unterer Markt mit dem Alten Rathaus im Hintergrund..

In unmittelbarer Nähe des **Alten Rathauses** steht die evangelische **Barockkirche St. Michael**, unweit davon das **Obere Tor**, das den Abschluss des Alten Marktes und damit auch der Altstadt bildet. Um die Stadtmauer zu betrachten, müssen wir die Altstadt verlassen und uns in die Grünanlagen am Südrand vorarbeiten. Hier ist sie am besten zu sehen.

Zurück in die Altstadt: Am Nordrand ist die Kirche **Sankt Josef** sehr sehenswert. Der Baukörper im neuromanischen Stil wurde zu Beginn des 20. Jahrhunderts in nur wenigen Jahren erstellt. Die prächtige Bemalung des Innenraumes im Jugendstil dauerte dagegen länger als ein Jahrzehnt.

Weiden, Unteres Stadttor.

Für „Wasserratten" hat Weiden mit seinen Bädern viel zu bieten. In der **Thermenwelt** gibt es neben dem Wellness- und Saunabereich u.a. ein Erlebnisbad mit langer Rutsche, im Schätzlerbad u.a. ein großes Wellenfreibad und einen Naturbadeweiher.

(095) WOMO-Badeplatz: Weiden-Stadtbad

GPS: N49° 40' 39.0" E12° 10' 29.2" **max. WOMOs:** 2-3.
Ausstattung/Lage: Hinterer Bereich des Parkplatzes am Kepplergymnasium in der Nähe der Innenstadt, gebührenfrei.
Zufahrt: Über die Friedrich-Ebert-Straße.
Ver- und Entsorgung: Keine.

(096) WOMO-Badeplatz: Weidener Thermenwelt

GPS: N49° 41' 12.4" E12° 09' 37.9" **max. WOMOs:** 6.
Ausstattung/Lage: Hinterer Bereich des Parkplatzes an der Thermenwelt, 15 Euro / Tag an der Kasse der Thermenwelt zu bezahlen. Die Gebühr enthält den Thermeneintritt für eine Person für 3 Std. / Tag und die Nutzung der Stromsäulen sowie der Wasserver- und -entsorgung.
Zufahrt: Auf der Straße Richtung Neustadt a.d.W. den Hinweisschildern folgen.

(097) WOMO-Stellplatz: Camping Service Langer

GPS: N49° 40' 55.4" E12° 08' 11.4" **max. WOMOs:** 4.
Ausstattung/Lage: Befestigter und eingezäunter Platz am Stadtrand, kostenpflichtig
Zufahrt: Weidingweg 14, Straße verläuft parallel zum AB-Zubringer Christian-Seltmann-Straße.
Ver- und Entsorgung: Strom- und Wasserversorgung am Platz, Entsorgung über die Kläranlage.

TOUR 8 (ca. 278 km)

Weiden – Flossenbürg – Bärnau – Neualbenreuth Waldsassen – Münchenreuth – Arzberg – Marktredwitz – Mitterteich – Friedenfels – Falkenberg Tirschenreuth – Windischeschenbach – Neustadt an der Waldnaab – Weiden

Freie Übernachtung:	Weiden, Flossenbürg-Hildweinsreuth, Bärnau, Arzberg-Feisnitz Stausee, Mitterteich, Steinwald, Falkenberg, Windischeschenbach
Stellplätze:	Weiden, Neualbenreuth, Waldsassen, Marktredwitz, Friedenfels, Tirschenreuth, Windischeschenbach, Neustadt an der Waldnaab
Campingplätze:	Flossenbürg, Neualbenreuth, Neustadt an der Waldnaab
Ver-/Entsorgung:	Weiden, Flossenbürg, Neualbenreuth, Marktredwitz, Windischeschenbach, Tirschenreuth, Neustadt an der Waldnaab
Besichtigungen:	Flossenbürg (ehem. Konzentrationslager), Waldsassen (Kloster), Münchenreuth (Wallfahrtskirche), Marktredwitz (Altstadt), Mitterteich (Porzellan-Museum), Tirschenreuth (Altstadt), Windischeschenbach (Geo-Zentrum)
Wandern:	Neualbenreuth (Dyleň), Arzberg (Feisnitz-Stausee), Friedenfels (Steinwald), Falkenberg (Waldnaabtal), Tirschenreuth (Teichlandschaft)
Baden/Wellness:	Flossenbürg (Gaisweiher), Neualbenreuth (Sibyllenbad), Windischeschenbach (Freibad)

Wir starten unsere Tour durch das **Stiftland** und den **Steinwald** in WEIDEN IN DER OBERPFALZ. Für die Beschreibung der Stadt WEIDEN verweisen wir auf die vorangegangenen Seiten 117-119.

Der Name **Stiftland** rührt noch aus der Zeit, als die Zisterzienser des **Klosterstifts Waldsassen** im 12. Jahrhundert das Land in Besitz nahmen, Wald rodeten, Wirtschaftshöfe anlegten, Landbau betrieben und die wirtschaftliche und kulturelle Entwicklung dieses Landstriches vorantrieben. Auch wenn die Bedeutung der Zisterzienser im Laufe der folgenden Jahrhunderte stark zurückging, so bleibt doch ihr kulturelles Erbe, das sich vor allem in außergewöhnlichen Sakral-Bauwerken zeigt, erhalten. Auf dieser Tour geht es aber nicht nur um Kirchen und Klöster, es geht auch um wunderbare Naturlandschaften und um die jüngere deutsche Geschichte. Mit letzterem wollen wir beginnen.

Burgruine Flossenbürg.

Dass die Vergangenheit unserer Gesellschaft nicht nur schöne Seiten hat, ist sicher eine Plattitüde. Einem hässlichen Abschnitt der deutschen Geschichte begegnen wir in FLOSSENBÜRG. Auf dem Weg dorthin kommen wir zunächst durch FLOSS. Am Ortsausgang sehen wir einen kleinen jüdischen Friedhof, eine Erinnerung daran, dass es hier einmal eine große jüdische Gemeinde gegeben hat. Nach einem kurzen Stopp fahren wir nach FLOSSENBÜRG weiter.

Die Burgruine oberhalb des Ortes ist ein sichtbares Zeichen dafür, dass diese Region im Mittelalter ein umkämpftes Gebiet war. 625 Burgen soll es einmal in der Oberpfalz gegeben haben, die meisten davon sind verschwunden. Die kleinen Befestigungsanlagen wie die in FLOSSENBÜRG, die der fortschreitenden Entwicklung der Kriegstechnik nicht mehr gewachsen waren, wurden zerstört, gebrandschatzt oder dem Verfall preisgegeben. Erst in jüngerer Zeit wurden die Burgen für touristische Zwecke gesichert, teilweise wieder aufgebaut oder zumindest so hergerichtet, dass sie gefahrlos besichtigt werden können, so auch diese.

Die Burgruine steht auf einem sogenannten Schalendom aus Granit. Die Qualität des Felsens führte im ausgehenden 19. Jahrhundert zu einer Blüte der Granitindustrie, die ihre Produkte aus diesem Gestein in alle Welt verkaufte. Granit wird auch heute noch abgebaut, nur wird der Burgberg jetzt verschont, denn er steht mittlerweile unter Naturschutz und zählt zu Bayerns schönsten Geotopen. Der **„Weg des Granits"** zeigt auf einem ca. 2 Kilometer langen Weg mit Schautafeln und Ausstellungsstücken rund um den Burgberg alles zum Thema Granitabbau und Verarbeitung. Parken lässt es sich übrigens am Besten auf dem Platz vor der Gedenkstätte des KZ Flossenbürg [**098: N49° 44' 11.0" E12° 21' 15.9"**].

"Tal des Todes" Gedenkanlage im ehemaligen KZ Flossenbürg.

KZ Flossenbürg

Flossenbürg wurde 1938 wegen der Granitvorkommen von der SS als Standort für ein Konzentrationslager ausgewählt. Hauptsächlich für das SS-eigene Unternehmen Deutsche Erd- und Steinwerke, mussten die KZ-Häftlinge Baumaterialien herstellen, die für den Ausbau der Infrastruktur und den Ausbau der „Führerstädte", wie z.B.

Ehemalige Kommandantur des KZ Flossenbürg.

Berlin oder Nürnberg benötigt wurden. Unter den menschenunwürdigsten Bedingungen schufteten hier Strafgefangene, politisch Verfolgte und Widerstandskämpfer. Sie wurden ausgebeutet, gequält und geschunden bis zum Tod. Mehr als 30.000 Menschen ließen hier ihr Leben. Darunter auch die „Verschwörer" **Dietrich Bonhoeffer** und **Wilhelm Canaris**, die als Widerstandskämpfer in diesem KZ erhängt wurden.

Von den Gebäuden des Lagers sind nur noch wenige erhalten. In der ehemaligen Wäscherei sind eine Ausstellung und ein Filmraum untergebracht. Auf dem Gelände informieren Ausstellungstafeln über die ehemaligen Einrichtungen des Lagers. Im Tal des Todes erinnern Gedenktafeln an die Herkunftsländer und die Zahl der Toten. Die Pyramide in der Mitte des Tales enthält Asche und Gebeine der Toten.

Wenige Monate vor seinem Tod in Flossenbürg schrieb Dietrich Bonhoeffer das mittlerweile vielfach vertonte Gedicht „Von guten Mächten treu und still umgeben". Es ist gut, sich dies wieder einmal anzuhören oder zu lesen. Damit wollen wir den Gang durch das ehemalige Konzentrationslager beenden und uns wieder erfreulicheren Themen zuwenden.

FLOSSENBÜRG hat zweifellos auch schöne Seiten. Eine davon ist z.B. die Freizeitanlage nördlich des Ortes am **Gaisweiher**. Der ca. 9 Hektar große Naturbadeweiher lädt zum Schwimmen und allerlei anderen Freizeitaktivitäten ein.

Einmal im Mittelpunkt stehen? Warum nicht! Wir folgen vom Campingplatz den Hinweisschildern zum **Mittelpunkt**

(099) WOMO-Campingplatz-Tipp: Gaisweiher
GPS: N49° 44' 40.5" E12° 20' 38.9"
max. WOMOs: 5.
Ausstattung/Lage: Offener Platz am Seeufer, kostenpflichtig.
Zufahrt: Von der Ortsmitte in Flossenbürg den Hinweisschildern zum Campingplatz folgen.

Europas, genauer Mitteleuropas. Es ist nicht weit, nach zwei Kilometern über schmale Sträßchen haben wird den Weiler HILDWEINSREUTH erreicht und gewinnen eher den Eindruck „in the middle of nowhere" zu sein, als am Mittelpunkt Mitteleuropas. Aber es ist kein Scherz. Im Auftrag des Bayerischen Rundfunks wurde vom geografischen Institut in München die Bestimmung des Mittelpunktes Mitteleuropas vorgenommen und auf diesen Punkt festgelegt. 1985 wurde er mit einer Scheibe aus Flossenbürger Granit markiert und feierlich eingeweiht. Auf Hinweistafeln am Rande dieser Anlage wird darauf hingewiesen, dass die angewandte Methode zur Berechnung des Mittelpunktes nicht allgemein verbindlich sei und es auch durchaus noch andere Methoden gibt, die zu anderen Ergebnissen

Der Mittelpunkt Mitteleuropas.

führen und auch ihre Berechtigung haben. Das ist ganz sicher so. So hat z.B. das militärgeografische Institut in Wien Ende des 18. Jahrhunderts den Tillenberg (Tschechisch: Dyleň) bei NEUALBENREUTH als Mittelpunkt Europas definiert.

Wie auch immer, es ist ein einsamer, sehr ruhiger und ebener Platz auf 718 Metern Höhe, der sich für eine Übernachtung durchaus eignet [**100**: N49° 45' 25.6" E12° 21' 43.0"].

Wir fahren mit dem Gefühl einmal auf dem Mittelpunkt Mitteleuropas gestanden zu haben, über FLOSSENBÜRG bis nach BÄRNAU weiter, der ältesten Stadt des Stiftlandes. Die mittelalterliche Struktur des auf einem Hügel liegenden

Städtchens ist noch gut erkennbar. Der breite Marktplatz ist von traufständigen Häusern umgeben. Sonntägliche Ruhe liegt über der Knopf-Metropole als wir dort ankommen.

Bärnau, Marktplatz.

Noch immer werden in diesem Ort Knöpfe der unterschiedlichsten Art produziert und in die ganze Welt exportiert. Auskunft über Geschichte, Tradition und Herstellung der Knöpfe gibt das **Knopfmuseum** in der Tachauer Straße.

Weiter geht die Fahrt durch eine hügelige, feld-, wald-, und wiesenreiche Landschaft. Es ist ein dünn besiedeltes Land. Als wir an MÄHRING vorbeikommen sehen wir, dass es nur noch 20 Kilometer bis zu dem altehrwürdigen Kurbad MARIÁNSKÉ LÁZNĚ (MARIENBAD) in Tschechien sind. Wir überlegen kurz, verkneifen uns aber einen Abstecher dorthin. Wir fahren doch lieber auf unserer Route weiter und erreichen bald NEUALBENREUTH.

(101) WOMO-Campingplatz-Tipp: Platzermühle

GPS: N49° 58' 14.0" E12° 26' 40.7"
max. WOMOs: 8.
Ausstattung/Lage: Terrassiertes Gelände am Hang, außerorts, ruhige Lage
Zufahrt: An der St2175 vor Neualbenreuth auf der rechten Seite.

Kurz vor unserem Zielort kommen wir an einem Campingplatz vorbei, die Daten nehmen wir doch gleich auf. Wer nur auf der Suche nach einer Ver- und Entsorgungsmöglichkeit ist, kann dies hier gegen eine geringe Gebühr erledigen.

Über schmale Straßen und an Gehöften vorbei geht es weiter zum **Grenzlandturm [102: N49° 58' 52.2" E12° 27' 47.2"]**. Wir steigen dort die 82 Stufen auf die Aussichtsplattform hinauf. Oben angekommen haben wir auf der einen Seite einen schönen Blick über das **Stiftland**, auf der anderen Seite einen Blick hinüber nach Tschechien ins **Egerland**. Vor mehr als 2 Jahrzehnten, als der Eiserne Vorhang noch bestand, war der Turm eine Attraktion nur um einmal über die Grenze zu schauen. Heute ist das erfreulicherweise ganz anders, heute ist NEUALBENREUTH von einem weit verzweigten Netz aus gut markierten Wanderwegen umgeben. Grenzüberschreitende Wanderungen sind gar kein Problem und die ausgehängten Übersichtskarten mit den Wanderwegen sind sowohl deutsch wie tschechisch beschriftet. Zum Grenze Gucken kommt heute keiner mehr, aber zum Wandern. Zum Beispiel zur Mitte Europas, die Napoleon schon versucht haben soll hier zu definieren. Das ist nicht sicher belegt, hört sich aber fremdenverkehrswirksam an. Vom Wanderparkplatz unterhalb des **Tillenberges** (Tschechisch: Dyleň) **[103**: N49° 58' 41.2" E12° 28' 55.6"], lässt sie sich gut erreichen, nur nicht so bequem wie in HILDWEINSREUTH, denn hier geht es den Hang steil hinauf. Von den österreichischen Landvermessern wurde dieser Punkt als Mitte Europas übrigens nur deshalb definiert, weil es sich bei dem 940 Meter hohen Berg einfach um den höchsten Punkt in der Umgebung handelt, von dem aus man trigonometrische Messungen durchführen konnte.

Nach soviel Anstrengung tut Entspannung gut. Nur wenige Kilometer weiter liegt das **Sibyllenbad** mit einer modernen Wellness- und Badelandschaft. Es ist ein junges Kurbad, das erst 1989 seinen Betrieb aufgenommen hat und sich offensichtlich einer stetig wachsenden Beliebtheit erfreut. Für Wohnmobilisten eine angenehme Anlage. Sie ist nicht überfüllt,

(104) WOMO-Badeplatz: Sibyllenbad

GPS: N49° 58' 56.6" E12° 25' 27.2"
max. WOMOs: 24.
Ausstattung/Lage: In einer Grünanlage mit Stromversorgung, ganzjährig geöffnet, gebührenpflichtig, Brötchen-, Getränke- und Gasservice.
Zufahrt: An der St2175 Richtung Waldsassen gut ausgeschildert.
Ver- und Entsorgung: Vorhanden.

Sibyllenbad, in der Badelandschaft.

die Stellplätze haben einen ausreichenden Abstand zueinander und sind zusätzlich durch Baumreihen voneinander getrennt. Die Kuranlagen sind nur 300 Meter vom Stellplatz entfernt und sind bequem zu Fuß durch den Kurpark zu erreichen.

Wir verlassen das charmante NEUALBENREUTH und fahren nach WALDSASSEN weiter. Es sind nur 10 Kilometer, die wir zurückzulegen haben. Zu unserem eigenen Erstaunen finden wir einen freien Stellplatz in der Nähe der Basilika auf

(105) WOMO-Stellplatz: Waldsassen P2

GPS: N50° 00' 19.5" E12° 18' 25.0"
max. WOMOs: 4.
Ausstattung/Lage: Parkplatz P2 in der Nähe der Basilika, mit Stromsäulen
Zufahrt: Von der Ortsmitte der Beschilderung zur Basilika und dem Womo-Zeichen folgen.

(106) WOMO-Stellplatz: Waldsassen P1

GPS: N50° 00' 09.2" E12° 18' 10.9"   **max. WOMOs:** 2.
Ausstattung/Lage: Parkplatz P1 in der Josef-Wiesnet-Str., kein Strom
Zufahrt: Von der Ortsmitte der Beschilderung Parkplatz P1 folgen.
Für beide gilt: Wasserversorgung über öffentliche Toiletten, Entsorgung an der Kläranlage in der Klärwerkstraße, **GPS:** N50° 00' 25.1" E12° 18' 51.2"

dem sonst stark von PKWs frequentierten Parkplatz.

Nun sind wir also im kulturellen Zentrum des Stiftlandes angekommen. Wir machen uns sogleich auf den Weg zur Basilika. Dass der Ort ein Touristenmagnet ist, merken wir schnell. Die Cafés in den Straßen sind voll, der Platz vor der Basilika ist stark belebt und große Gruppen formieren sich um ihre Reiseleiter für die nächsten Führungen.

Wir besorgen uns zunächst im Klosterladen die Eintrittskarten für die berühmte Klosterbibliothek. Die Wartezeit bis zur nächsten Führung nutzen wir, um die Basilika in Augenschein zu nehmen.

Die Fassade der Basilika in Waldsassen.

Sie gehört sicher zu den großartigsten Barockkirchen des süddeutschen Raumes. Die kunstvollen Stuckarbeiten schufen Meister des Hochbarocks aus Italien und Böhmen, fast 25 Jahre (1681-1704) benötigten sie dafür. Beeindruckend in der hellen Basilika ist der Chor mit seinem prachtvollen und reich verzierten Chorgestühl. Die schmucke Orgel mit 103 Registern, die eine der größten in Europa ist, fällt besonders auf. Dann ist da noch die ehemalige Gruft für die Zisterziensermönche unter der Basilika, sie zählt zu den größten Klostergruften Deutschlands. Beide, Orgel und Gruft, können nur im Rahmen von Führungen besichtigt werden. Die außergewöhnliche **Abtei Waldsassen** bietet also viele Superlative, das absolute Highlight ist jedoch die **Klosterbibliothek**.

Die Stiftsbibliothek der Abtei Waldsassen
Nicht die Bücher stehen im Mittelpunkt des Interesses, sondern der kunstvoll gestaltete Raum mit den fantastischen Holzschnitzarbeiten. Insbesondere die 10 lebensgroßen Tragefiguren, die die Empore stützen, geben zu allerlei phantasievollen Spekulationen und Interpretationen Anlass. Vermutlich sollen sie verschiedene Facetten des Hochmutes darstellen, wie Dummheit, Zorn, Eigenbrötelei, Spottlust, Prahlerei, Ignoranz, Arroganz, Eitelkeit, Neugierde und Heuchelei. Je länger man die Figuren betrachtet, umso mehr Details werden sichtbar. Hinzu kommen acht Porträtbüsten an der Decke, die bekannte Persönlichkeiten aus der Antike wie Sophokles, Cicero u.a. darstellen, vier große Deckenfresken, die die mystischen Erscheinungen des Zisterzienserheiligen Bernhard von Clairvaux zum Thema haben sowie einige andere Reliefs und Holzschnitzereien. Insgesamt ein äußerst faszinierender und sehr beeindruckender Raum.

Die Geschichte dieser Abtei, die 1133 als erste der fünf bayerischen Zisterzienserabteien gegründet wurde, verlief sehr wechselhaft. Nach einer Blütezeit zu Beginn folgten bald Plünderungen und Zerstörungen, nach der Reformation sogar

Chor, Chorgestühl und Altar der Basilika.

eine Aufhebung des Klosters. Die Rekatholisierung begann im 17. Jahrhundert. Im 18. Jahrhundert war das Kloster das geistig-kulturelle Zentrum des Stiftlandes, bevor es zu Beginn des 19. Jahrhunderts säkularisiert wurde. Teile des Klosters wurden in dieser Zeit zu einem Fabrikgebäude umfunktioniert. Erst im ausgehenden 19. Jh. wurde das Kloster wiederbelebt, diesmal durch Zisterzienserinnen. Seit 1969 ist auch diese Kirche durch Ernennung des Papstes eine „**basilica minor**".

Bevor wir nun zum nächsten Sakralgebäude weiterfahren etwas ganz anderes zwischendurch: Glaubt man dem Gourmet Wolfram Siebeck und der Fürstin Gloria von Thurn und Taxis, dann kommen die besten Lebkuchen nicht aus NÜRNBERG sondern aus WALDSASSEN. In „**Rosner's Gläserner Lebkuchenmanufaktur**" in der Egerer Straße 9 können Sie zuschauen wie sie hergestellt werden und natürlich auch verkosten und kaufen.

Nun zum nächsten Ziel, die **Kappl**, eine Wallfahrtskirche in MÜNCHENREUTH. Wir fahren auf der B299 Richtung CHEB (EGER) und biegen sogleich kurz hinter dem Ortsende in die St2178 nach MÜNCHENREUTH ab. In dem kleinen Ort geht es nach den ersten Häusern erneut links ab. Auf dieser Straße bleiben wir bis zum Ziel (1,5 km).

Der Parkplatz [**107:** N50° 01' 43.7" E12° 16' 35.3"] ist fast leer, hier ist es um ein vielfaches ruhiger als in WALDSASSEN. Obwohl hier derselbe Baumeister (G. Dientzenhofer) zur nahezu gleichen Zeit wie in Waldsassen tätig war, ist die Architektur dieses Kirchengebäudes vollkommen anders. Die Zahl drei dominiert, es gibt drei Türme, drei Altäre und drei Deckengemälde. Alles auf einem Grundriss, der einem dreiblättrigem Kleeblatt gleichkommt. Eine für diese Zeit sehr originelle architektonische Umsetzung der Dreifaltigkeit.

Die Kappl, Wallfahrtskirche der Heiligsten Dreifaltigkeit.

Die Geschichte dieses Wallfahrtsortes hängt mit der Entstehung des Klosters in WALDSASSEN zusammen. Laienbrüder des Klosters, die hier Vieh hüteten, brachten zum Gebet und zur Andacht ein Bild der Heiligsten Dreifaltigkeit an einem Baumstamm an, von dem dann – so die Überlieferung – sehr bald eine Wundertätigkeit ausging. Mehrere Kapellen wurden an diesem Ort in den Folgejahren gebaut, aber auch wieder zerstört bis man sich entschloss, diese heute noch bestehende Kirche zu errichten.

Nach den anstrengenden Besichtigungen, die unsere ganze Aufmerksamkeit gefordert haben, ist jetzt Entspannung angesagt. Ein Spaziergang um einen See wäre nicht schlecht, schön wäre es auch, wenn man dies gleich mit einem Restaurantbesuch verknüpfen könnte. Warum nicht?

Innenraum der Kappl, Kuppelbild Gott Vater.

Nur 10 Kilometer sind es bis zum **Feisnitz-Stausee**. Der ursprünglich als Kühlwasserspeicher für das mittlerweile stillgelegte Braunkohlekraftwerk in ARZBERG angelegte See, ist heute ein Naherholungsgebiet mit einem Naturbadestrand. Der Weg um den See ist etwa 2 Kilometer lang, leicht zu gehen und damit sehr angenehm für einen Abendspaziergang. Das Restaurant mit einer Terrasse liegt nur wenige Meter vom Ufer entfernt. Wer einkehrt (gut und preiswert!), kann auf dem sehr ruhigen Parkplatz auch übernachten.

Feisnitz-Stausee bei Arzberg, ein sehr ruhiges Naherholungsgebiet.

(108) WOMO-Stellplatz: Arzberg, Feisnitz-Stausee

GPS: N50° 02' 01.9" E12° 11' 01.0"
max. WOMOs: 2
Ausstattung/Lage: Befestigter Platz am Restaurant, außerorts.
Zufahrt: Zwischen Konnersreuth und Arzberg der Straße nach Seußen/Marktredwitz folgen.
Ver- und Entsorgung: Keine.

Weiter geht die Fahrt nach MARKTREDWITZ. Die Kleinstadt hat einen historischen Ortskern mit einigen sehenswerten Gebäuden, die von der Tourist Information (nur samstags um 10 Uhr) auch gern in einem Rundgang präsentiert werden. Neben dem Auenpark, der mit der Landesgartenschau 2006 hinter einem alten Industriekomplex angelegt wurde, befindet sich der offizielle Stellplatz.

Außergewöhnlich ist der **Marktredwitzer Krippenweg**, der seit einigen Jahren auf der Basis einer alten Tradition wieder gepflegt wird. Zimmergroße Krippen mit unzähligen Figuren

Historisches Rathaus Marktredwitz.

bilden ganze Landschaften ab. Das Besondere dabei: Die Mehrzahl dieser Krippen befindet sich in Privathäusern, die im Advent fremden Besuchern die Türe öffnen, um die Krippen zu präsentieren.

Von MARKTREDWITZ fahren wir parallel zur Autobahn nach MITTERTEICH. Neben einigen historischen Gebäuden wie dem Rathaus, der Stadtpfarrkirche oder den Brunnen wie dem Schmied Brunnen und Glasbläser Brunnen, die alle sehenswert sind, wollen wir uns in dieser Stadt dem Porzellan und dem Glas widmen.

(109) WOMO-Stellplatz: Marktredwitz

GPS: N49° 59' 47.7" E12° 05' 08.9"
max. WOMOs: 20
Ausstattung/Lage: Befestigter Platz am Auenpark, Stadtrand, nur 4 Stromanschlüsse
Zufahrt: Richtung Steinwald, hinter dem Shoppingcenter links abbiegen, dann nach einer Brücke nochmal links.
Ver- und Entsorgung: Über eine Servicestation am Rande des Platzes.

Über 100 Jahre wurde in MITTERTEICH Porzellan hergestellt. Mit dem Niedergang und dem herben Strukturwandel in der Herstellung des „weißen Goldes", mussten namhafte Porzellanhersteller in der Oberpfalz aufgeben. So traf es auch die Firmen in Mitterteich. Um diese Ära nicht in Vergessenheit geraten zu lassen, wurde das **Museum Mitterteich** auf dem Gelände der alten Porzellanfabrik an der Tirschenreuther Straße eingerichtet [**110:** N49° 56' 46.7" E12° 14' 58.4"]. Originalgeräte aus der ehemaligen Fabrik sind hier kombiniert mit erklärenden Schautafeln, Vitrinen und

Mitterteich, Museum Porzellan.

vielem mehr. Wer in Mitterteich übernachten will, hat neben dem Parkplatz am Museum zwei weitere Möglichkeiten. Zum einen den **Freizeithugl**, eine Anlage in GROSSBÜCHLBERG [**111:** N49° 58' 19.7" E12° 13' 31.5"] oberhalb von MITTERTEICH mit Rodelbahn, Minigolf, Campingplatz und Komfortstellplätzen incl. W-LAN-Anschluss, zum anderen den Parkplatz vor dem **Freibad** [**112:** N49° 57' 01.5" E12° 13' 30.7"] an der Straße nach MARKTREDWITZ.

Mitterteich, Nepomuk und Stadtkirche.

Weiter geht es in den **Steinwald**. Von MITTERTEICH fahren wir über WIESAU nach FRIEDENFELS. Der Ort eignet sich sehr gut als Ausgangspunkt für Radtouren oder Wanderungen in und um den Steinwald. Der offiziell ausgewiesene Stellplatz am hinteren Ende des Ortsteiles Frauenreuth [**113:** N49° 53' 34.3" E12° 05' 08.7"], ist nichts anderes als ein kleiner, für Wohnmobile allerdings gebührenpflichtiger Wanderparkplatz.

Der Stellplatz an der Steinwaldhalle bietet sich an, um in der Schlossschänke etwas zu essen und das **Zoigl-Bier** (da kommen wir noch drauf zurück) der örtlichen Brauerei zu probieren.

(114) WOMO-Stellplatz: Friedenfels-Steinwaldhalle

GPS: N49° 52' 51.67 E12° 6' 10.22"
max. WOMOs: 10
Ausstattung/Lage: Asphaltierter Platz in der Ortsmitte, mit WC, Wasserversorgung und Stromanschlüssen, ganzjährig nutzbar. Gebühren bei der Tourist-Info zahlbar.
Zufahrt: Über die Gemmingen-Straße
Ver- und Entsorgung: An der Kläranlage in Unterneumühle, Preis ist in den Stellplatzgebühren enthalten.

Einen weiteren gebührenpflichtigen und ganzjährig nutzbaren Stellplatz gibt es beim beheizten Freibad in der Badstraße [**115:** N49° 53' 12.32" E12° 6' 15.43"]. Wer nur wandern will, dem empfehlen wir den Parkplatz in HOHENHARD am Nordhang des Steinwalds an der Straße nach Marktredwitz [**116:** N49° 55' 31.0" E12° 04' 57.5"]. Das Wanderwegenetz

Steinwald, Oberpfalzturm.

im Steinwald hat mehr als 100 Kilometer, da ist für jeden Wanderfreund etwas dabei. Vom Wanderparkplatz in HOHENHARD bis zur Ruine Weißenstein und weiter zum Oberpfalzturm, der auf der Platte, dem höchsten Punkt des Steinwaldes (946m), steht und zurück sind es auf leicht begehbaren Wegen ca. 8 Kilometer. Eine lohnenswerte Wanderung wie wir meinen.

Ebenso lohnenswert ist eine Wanderung oder auch Radtour südlich von FALKENBERG durch das **Naturschutzgebiet Waldnaabtal**. Hier sägt sich die

Steinwald, Ruine Weißenstein. Eine Anlage, die auf das 13. Jh. zurückgeht.

Waldnaab in einem engen Tal durch den Granit. Allerlei Felsformationen, Kaskaden und moosbewachsene Bäume machen die Wanderung in diesem ursprünglichen und naturbelassenen Tal sehr kurzweilig. Im **Gasthaus Blockhütte** etwa in der Mitte des Naturschutzgebietes lässt es sich darüber hinaus gut einkehren. Drei Wanderparkplätze stehen zur Verfügung: An der **Hammermühle** bei FALKENBERG [**117:** N49° 51'

Waldnaab, unberührter Flusslauf mit zahlreichen Felsformationen.

29.9" E12° 12' 45.0"], oberhalb des **Gasthauses Blockhütte** in der Nähe der Autobahn (man kann sie hören!) [**118:** N49° 50' 24.2" E12° 10' 50.3"] und in **Johannisthal**, nördlich von WINDISCHESCHENBACH (gut ausgeschildert, aber sehr klein in unmittelbarer Nähe eines Exerzitienhauses) [**119:** N49° 48' 47.4" E12° 09' 56.7"].

Wir fahren von der Hammermühle weiter und statten dem kleinen Ort FALKENBERG mit seiner Burg noch einen Besuch ab. Als Schutz- und Trutzburg wurde sie erbaut und wie so viele der oberfränkischen Burgen im Laufe der Geschichte mehrfach zerstört und wieder aufgebaut. In der Blütezeit der Zisterzienser von Waldsassen war sie Sommerresidenz der Äbte. Während des Dreißigjährigen Krieges wird die Burg zur Ruine und erst ab 1936 durch Graf Schulenburg in der jetzigen Form wieder hergerichtet.

Burg Falkenberg.

Marktplatz der Kreisstadt Tirschenreuth.

Seit 2009 gehört die Burg der Gemeinde.

Nun geht es auf ins Land der 1000 Teiche. Frisch renoviert ist der lang gezogene Marktplatz im Zentrum der Kreisstadt TIRSCHENREUTH. Die Bäume sind noch jung und werden noch Jahre benötigen, bevor sie Schatten spenden. Rathaus, Kirche, Denkmäler und schmucke Bürgerhäuser säumen den schön hergerichteten Platz. Der Ort gehörte zum **Kloster Waldsassen**, dessen Äbte hier Teiche anlegen ließen und damit die Teichwirtschaft begründeten.

Abendstimmung in der Tirschenreuther Teichlandschaft.

(120) WOMO-Stellplatz: Tirschenreuth

GPS: N49° 52' 34.5" E12° 19' 59.7"
max. WOMOs: 5
Ausstattung/Lage: Asphaltier Platz am ZOB/Großparkplatz, WC, keine Stromversorgung. Nachts ruhig.
Zufahrt: In der Nähe der B15 der Beschilderung zum Busbahnhof folgen.
Ver- und Entsorgung: Über eine Servicestation am Rande des Platzes.

Zoiglbier
Der Zoigl ist ein untergäriges und ungefiltertes Bier, das im Kommunbrauhaus hergestellt wird. Nach dem Reinheitsgebot wird nur Hopfen, Malz, Wasser und Hefe verwendet. Nach Abschluss des Brauvorgangs, der mit einer Holzfeuerung betrieben wird, kommt die sogenannte Würze in ein offenes Kühlschiff, ruht über Nacht und kühlt dabei aus. Am folgenden Tag wird die Würze heimgefahren und in einen Gärbottich umgefüllt. Jetzt setzt der Zoiglwirt die Hefe zu, die den Zucker in Alkohol umwandelt. Nach rund zehn Tagen wird der Zoigl in Tanks umgefüllt und muss noch mehrere Wochen ruhen. Danach wird ausgeschenkt, ungefiltert und direkt vom Lagertank. Dazu wird eine Brotzeit serviert. Jeder Wirt, jedes Gasthaus hat seine eigene Rezeptur und seine eigene Art den Zoigl zu servieren. Wer gerade von den Wirtschaften ausschenken darf, bringt den Zoiglstern außen am Gasthof sichtbar an.
Da sich das Zoiglbier gut verkaufen lässt (es ist halt gut und sehr preiswert), wurde es vielfach kopiert. Echtes Zoiglbier bekommen Sie nur dort, wo auch das Zoigl-Logo mit dem Stern außen deutlich sichtbar angebracht ist.

Sie ließen auch den **Fischhof** mit einer schönen Bogenbrücke errichten, den sie als „Gutshof" für die Bewirtschaftung der Teiche nutzten. Heute ist hier das Amtsgericht untergebracht. Mit einem Abendspaziergang beenden wir unseren Besuch in TIRSCHENREUTH.

Wir fahren nunmehr weiter nach WINDISCHESCHENBACH, einem Ort, der von sich behauptet die Hauptstadt des Zoiglbieres zu sein. Gleich zehn Zoiglstuben wechseln sich hier im Ausschank ab, welche Gaststube gerade ausschenkt, erkennt man am außen angebrachten Zoigl-Stern.

Nun sollte man sicher nicht nur wegen des Bieres nach Windischeschen-

Der Stadtplatz von Windischeschenbach.

(121) WOMO-Badeplatz: Windischeschenbach-Freibad

GPS: N49° 47' 33.2" E12° 09' 08.8"
max. WOMOs: 4.
Ausstattung/Lage: Außerorts am Freibad, gebührenfrei, kein Strom
Zufahrt: Über die St2395 Richtung Neustadt a.d.W. am Ortsausgang auf der linken Seite.
Ver- und Entsorgung: Mo-Fr 9.00-11.00 Uhr an der Kläranlage am Ende der Naabstraße, **GPS:** N49° 47' 31.6" E12° 10' 05.0"

bach fahren. Dass man von hier aus eine sehr schöne Wanderung durch das Tal der Waldnaab machen kann, hatten wir schon auf den Seiten 134 und 135 erwähnt. Wer etwas über die Geschichte des Waldnaabtales erfahren will, der sollte die **Burg Neuhaus** östlich der Waldnaab aufsuchen, hier befindet sich das **Waldnaabtalmuseum [122: N49° 47' 57.8" E12° 09'45.3"]**. Es hat nur sonntags geöffnet, keine der Einrichtungen, die man unbedingt gesehen haben muss. Das ist mit dem **GEO-Zentrum an der KTB** schon ganz anders.

Wissenschaftsdenkmal Bohrturm KTB.

GEO-Zentrum an der KTB
KTB steht für Kontinentale Tiefbohrung. Bis zu einer Tiefe von 9101 Metern ist man in den Jahren zwischen 1990 und 1994 vorgedrungen. Wozu? Nach Öl hat man nicht gesucht, das ist sicher, also wozu dann? Gar nicht so einfach zu erklären. Das wollen wir hier auch besser nicht versuchen. Nur soviel: Da wir uns hier in der Kontaktzone zweier großer Kontinentalplatten befinden, sollte untersucht werden, was sich bei der Kollision an den Plattenrändern abspielt, bzw. abgespielt hat. Womit wir – nebenbei bemerkt – auch schon wieder bei der „**Fränkischen Linie**" aus der Tour 7 (Seite 113) wären. Die Bohrung diente also kurz gesagt der geowissenschaftlichen Grundlagenforschung. Neben dem Bohrturm besteht seit einigen Jahren das **Geo-Zentrum**. Hier erfahren Sie, wie Vulkane entstehen, wie sich Gebirge bilden und warum es immer wieder diese schrecklichen Erdbeben gibt. Sie können im Erdbebensimulator auf einer „Rüttelplatte" auch einmal spüren, wie sich verschiedene Erdbeben „anfühlen". Wer also wissen will, woraus unser „Blauer Planet" besteht, was ihn zusammenhält und welche Dynamik er immer noch hat, der sollte das **Geo-Zentrum** unbedingt in seine Reiseplanung aufnehmen.

Zu erreichen ist das **Geo-Zentrum** von der St2181, die von WINDISCHESCHENBACH nach KEMNATH führt. Der Bohrturm ist als Wegmarke schon von weitem sichtbar, eine Übernachtung auf dem von sehr viel Grün umgebenen Parkplatz [**123: N49° 48' 58.2" E12° 07' 05.9"**], ist problemlos möglich.

Wallfahrtskirche Sankt Felix in Neustadt an der Waldnaab.

Nach diesem kleinen Ausflug in die Geowissenschaften fahren wir nach NEUSTADT AN DER WALDNAAB weiter.

Altes Schloss in Neustadt an der Waldnaab.

Die Kleinstadt liegt oberhalb eines steilen Ufers an der Waldnaab. Das Alte und das Neue Schloss liegen dicht beieinander am Stadtplatz und werden heute als Bürogebäude für das Landratsamt genutzt. Einige schmucke giebelständige Häuser runden das Altstadtbild ab.

Von den vielen Glashütten, die einst die Stadt prägten, ist nur noch eine übrig geblieben. Der Strukturwandel in diesem Industriezweig hat auch diese Stadt nicht verschont. Ein kleines Museum neben der Stadtpfarrkirche erinnert an die Blütezeit der **„Stadt des Bleikristalls"** wie NEUSTADT sich immer noch nennt.

(124) WOMO-Campingplatz-Tipp: Neustadt a.d. Waldnaab
GPS: N49° 44' 14.4" E12° 10' 18.9" **max. WOMOs:** 8
Ausstattung/Lage: Areal im vorderen Bereich des Campingplatzes an der Waldnaab, außerorts.
Zufahrt: Von der B15 den Hinweisen zum Campingplatz folgen.

(125) WOMO-Stellplatz: Neustadt an der Waldnaab
GPS: N49° 43' 50.7" E12° 10' 30.2"
max. WOMOs: 4
Ausstattung/Lage: Platz an der Stadthalle im Ortszentrum, gebührenfrei.
Zufahrt: In der Nähe der B15 hinter dem Neuen Schloss.
Ver- und Entsorgung: Am Campingplatz kostenlos möglich.

Durch das Stiftland und den Steinwald

TOUR 9 (ca. 225 km)

Weiden – Vohenstrauß – Pleystein – Waidhaus Eslarn – Schönsee – Waldmünchen – Rötz – Neunburg vorm Wald – Winklarn – Oberviechtach Tännesberg – Leuchtenberg – Wernberg-Köblitz

Freie Übernachtung:	Eslarn, Silbersee, Waldmünchen (Perlsee), Eixendorfer See, Kulzer Moos, Tännesberg, Leuchtenberg
Stellplätze:	Weiden, Vohenstrauß, Pleystein, Waidhaus, Neunburg vorm Wald, Oberviechtach, Wernberg
Campingplätze:	Waldmünchen, Eixendorfer See, Trausnitz
Ver-/Entsorgung:	Weiden, Vohenstrauss, Pleystein, Waidhaus, Neunburg, Oberviechtach, Wernberg
Besichtigungen:	Eslarn (Wildgehege), Rötz (Handwerkermuseum), Oberviechtach (Eisenbarth-Museum)
Wandern:	Vohenstrauß (Bocklradweg), Kulzer Moos, Tännesberg (Geologischer Lehrpfad), Oberviechtach (Goldlehrpfad)
Baden/Wellness:	Silbersee, Waldmünchen (Perlsee) und aquafit, Freibad Neunburg, Freibad Oberviechtach

Wir nehmen in WEIDEN die St2166 nach VOHENSTRAUSS. Die Straße ist sehr gut ausgebaut, so kommen wir schnell voran. Kurz vor VOHENSTRAUSS sehen wir in WALDAU, einem Ortsteil unseres Etappenziels, eine Burganlage. Die wollen wir uns doch sogleich anschauen. Es ist noch früh und leicht nebelig. Krähen umkreisen den Turm mit lautem Gekrächze, außer uns ist hier niemand unterwegs. Die Burg ist unbewohnt und kann nur von außen besichtigt werden. Die Szenerie wirkt wie der Vorspann eines Hitchcock-Films.

Durch den Oberpfälzer Wald

Nach diesem kleinen Zwischenstopp setzen wir unsere Fahrt nach VOHENSTRAUSS fort.

Die Friedrichsburg in Vohenstrauß.

Der Grundriss von VOHENSTRAUSS lässt eine mittelalterliche Entstehung erkennen. Die Zahl der Sehenswürdigkeiten ist überschaubar. Die **Friedrichsburg**, das Wahrzeichen des Ortes, ist nicht zu besichtigen. Die Außenfassaden des schönen Renaissancegebäudes wurden zwar restauriert, für die Sanierung der Innenräume aber scheint sowohl das Geld wie ein schlüssiges Nutzungskonzept zu fehlen.

Wer die Räder dabei hat, kann von hier aus bequem den **Bocklweg**, den längsten Bahntrassen-Radweg Bayerns, fahren. Von VOHENSTRAUSS geht es in die eine Richtung über PLEYSTEIN, WAIDHAUS und ESLARN bis an die Tschechische Grenze (ca.31 km) oder in die andere Richtung über FLOSS nach NEUSTADT AN DER WALDNAAB (ca.21 km).

(126) WOMO-Stellplatz: Vohenstrauß

GPS: N49° 37' 04.4" E12° 20' 42.0"
max. WOMOs: 15
Ausstattung/Lage: Befestigter Platz an der Stadthalle, gebührenfrei, ziemlich nah an der Autobahnzufahrt, Autobahn (A6) in Hörweite. Dusche/WC und Strom gegen Gebühr möglich
Zufahrt: Über Neuwirtshauser Weg
Ver- und Entsorgung: kostenlos

(127) WOMO-Stellplatz: Pleystein

GPS: N49° 38' 39.4" E12° 24' 19.2"
max. WOMOs: 4
Ausstattung/Lage: Befestigter Platz am Friedhof, Ortsrand, gebührenfrei.
Zufahrt: Vor der Einfahrt zur Ortsmitte rechts.
Ver- und Entsorgung: kostenlos.

Wir fahren nicht mit dem Rad, sondern mit unserem Womo weiter nach PLEYSTEIN. Auf dem Stellplatz am Rande der Ortsmitte stellen wir das Fahrzeug ab. Nur 500 Meter sind es über den Marktplatz bis zu der Treppe, die zum Kloster der Salesianer und der **Kreuzbergkirche** führt. Beide befinden sich auf einem mächtigen Gesteinskoloss aus Rosenquarz. Der 38 Meter hohe und steil abfallende Felsen tritt an seiner Ostseite besonders schön zu Tage. Es ist der harte Kern eines Pegmatitstockes, der am Ende des Erdaltertums entstand. Eine Zeit lang wurde an diesem Hang Bergbau betrieben, sogar nach Gold wurde gesucht und ein Stollen in den Fels getrieben. All das wurde eingestellt, es stellte sich als unergiebig heraus. Der Fels darf nicht erklettert werden, denn er steht als Naturdenkmal unter Schutz und gehört zu Bayerns 100 schönsten Geotopen.

Die Häuser und auch die beiden Kirchen in PLEYSTEIN sind alle jüngeren Datums. Durch den Großbrand im Jahr 1901 erlebte der Ort eine Feuerkatastrophe. Die Kreuzbergkirche wurde im Stile des Neubarocks wieder errichtet, für die Stadtpfarrkirche, die

Kreuzbergkirche in Pleystein.

ebenfalls den Flammen zum Opfer gefallen war, wurde eine neugotische Formensprache gewählt.

Die vielen Ortsnamen und Weiler entlang des Zottbachtales nördlich von PLEYSTEIN die einen »hammer« oder eine »mühle« in ihrem Namen tragen, deuten auf eine handwerkliche Vergangenheit dieser Region hin. Der Wanderführer macht uns den **Glasschleiferweg** der diese Orte verbindet schmackhaft und spricht von „besonderem Reiz" und „kulturgeschichtlichem Erlebnis". Wir verschieben die Wanderung auf einen späteren Zeitpunkt und fahren über WAIDHAUS weiter nach ESLARN.

WAIDHAUS ist die Grenzübergangsstelle nach Tschechien. Nachdem Tschechien dem Schengener Abkommen beigetreten ist, haben die Abfertigungsgebäude an der Bundesstraße ihre Bedeutung verloren. Vielleicht wird noch ein Museum oder ein Dokumentationszentrum eingerichtet, der vorgesehene Abriss ist zunächst einmal gestoppt. Bedenkenlos kann man die Grenze passieren, malerisch sehen die alten Abfertigungsgebäude allerdings nicht aus. Die Fahnen und die Reklame für Zigaretten und Spirituosen helfen da auch nicht und was sonst noch so alles direkt hinter der Grenze angeboten wird, steigert nach unserem Geschmack die Attraktivität auch nicht. Aber preiswert tanken kann man hier.

Zurück nach WAIDHAUS: Neben Wandern (es gibt einige markierte Wander- und Spazierwege) und Radeln (z.B. auf dem **Bocklweg**) bietet der Ort mit der Freizeitanlage „Bäckeröd" ein Freibad mit einem großen naturnahen Badesee. In unmittelbarer Nähe davon liegt der Wohnmobilstellplatz neben einem Gehöft. „Ferien auf dem Bauernhof" sind hier mit dem Wohnmobil möglich, incl. Trecker (mit)fahren für die Kleinen.

(128) WOMO-Stellplatz: Waidhaus

GPS: N49° 38' 50.7" E12° 30' 06.8"
max. WOMOs: 10.
Ausstattung/Lage: Wiesengrundstück neben dem Trägerhof, kostenpflichtig, ganzjährig nutzbar. Brötchenservice auch an Sonn- und Feiertagen, Zeitungsservice, Grillplatz, Liegewiese.
Zufahrt: Zwischen Waidhaus und Frankenreuth an der Frankenreuther Str. rechts.
Ver- und Entsorgung: Sanitäranlagen am Platz. Frischwasserver- sowie Grauwasser- und Toilettenentsorgung vorhanden, Stromanschlüsse vorh.

Wir fahren weiter nach ESLARN. Sehenswürdigkeiten gibt es hier keine aufzuzählen. Es ist ein ruhiger Erholungsort, der Naturliebhabern gefallen wird, die ungestört wandern wollen. Mit dem Atzmannsee verfügt der Ort über ein Naturbad. In unmittelbarer Nähe kann man problemlos und sehr ruhig übernachten [**129:** N49° 34' 43.3" E12° 30' 29.3"]. Zahlreiche Wanderwege führen durch die nähere Umgebung von ESLARN. Der Wallenstein-Tilly-Weg führt zur **Tillyschanz** an der Grenze zu Tschechien. Hier sind die Reste einer Befestigungsanlage zu sehen, die der Feldherr Tilly während des Dreißigjährigen Krieges errichten ließ (ca. 6 km vom Atzmannsee). Ein etwa gleich langer Weg führt zum **Wildpark Stückberg**, der an der

Der Atzmannsee in Eslarn.

Einer der Hirsche im Wildpark Stückberg bei Eslarn.

Hauptstraße nach SCHÖNSEE liegt [N49° 32' 48.4" E12° 32' 22.3"]. Große Populationen mit Rot-, Dam- und Schwarzwild sind in Gehegen untergebracht. Zum Teil recht zutraulich, lassen sie sich gern mit Eicheln und Kastanien füttern. So nah kommt man nur selten an diese Tiere heran.

Auf dem weiteren Weg kommen wir nun nach SCHÖNSEE. Der Name klingt verheißungsvoll, doch lange halten wir uns hier nicht auf, denn der Ort hält bei weitem nicht was sein Name verspricht.

Wir fahren weiter Richtung WALDMÜNCHEN, durchfahren TIEFENBACH und kommen nach TREFFELSTEIN. Der kleine Ort wird überragt vom 15 Meter hohen **Drachenturm**, dem Rest einer Burganlage aus dem 11. Jahrhundert. Aus der Mitte des

Treffelstein mit Pfarrkirche und Drachenturm.

Der Silbersee lässt sich auf einem 5 Kilometer langen Weg umrunden.

Ortes führt die Silberseestraße zum naturbelassenen **Silbersee**. Segeln, Surfen, Baden, der See bietet viele Möglichkeiten an dieser Stelle [**130:** N49° 24' 55.8" E12° 35' 50.3"]. Für eine Übernachtung an dem schönen See scheint uns der Platz in der Nähe des Staudammes noch geeigneter. Diesen Platz erreicht man, wenn man den Ort in südliche Richtung verlässt, das Dorf WITZELSMÜHLE ansteuert und sich dann dem See wieder von Süden nähert. Der See wird von der Bayerischen Schwarzach gespeist, die wenige Kilometer weiter flussaufwärts in Tschechien entspringt und sich weiter südlich bei AST mit ihrer etwas kräftigeren böhmischen Schwester zur **Schwarzach** vereinigt.

Die Böhmische Schwarzach durchfließt den **Perlsee**, unserem nächsten Ziel am nördlichen Stadtrand von Waldmün-

(131) WOMO-Picknickplatz: Silbersee-Südufer

GPS: N49° 24' 30.8" E12° 36' 31.6"
max. WOMOs: 2.
Ausstattung/Lage: Befestigter Parkplatz am Südufer des Sees, gebührenfrei.
Zufahrt: Von der Kreisstraße Richtung Biberbach nach Witzelsmühle abbiegen.

(132) WOMO-Campingplatz-Tipp: Waldmünchen-Perlsee

GPS: N49° 23' 43.8" E12° 41' 54.7"
max. WOMOs: 8.
Ausstattung/Lage: Platz am See, außerorts, ganzjährig geöffnet, Badestrand, Abenteuerspielplatz, Hochseilgarten, Restaurant bürgerlich/italienisch.
Zufahrt: Auf der Hauptstraße von Waldmünchen nach Tiefenbach (St.2154) den Hinweisen zum Campingplatz folgen.

chen. Dazu fahren wir nach TREFFELSTEIN zurück und über die St2154 Richtung WALDMÜNCHEN. Es sind nur etwa 7 Kilometer zurückzulegen bis wir die Abzweigung zum **Perlsee** erreicht haben. Was sofort auffällt: Er ist sehr viel stärker frequentiert, hat sehr viel mehr Besucher, was sicher nicht zuletzt auf den großen Campingplatz am westlichen Seeufer zurückzuführen ist. Wer den Campingplatz nicht nutzen möchte und auch nicht im See baden will, der kann am Südufer sein Fahrzeug abstellen [133: N49° 23' 23.0" E12° 41' 54.0"], um am See zu verweilen. Ein Rundweg um den See herum gibt es nicht.

Parkplatz am Südufer des Perlsees.

Was gibt es in der Stadt WALDMÜNCHEN? Nun, neben dem Spaßbad **Aquafit** [134: N49° 23' 05.3" E12° 42' 09.2"] ist das **Grenzland und Trenck Museum** interessant, das die Themen „**Leben an der Grenze**" sowie „**Trenck der Pandur**" aufgreift. Allerdings ist das Museum nur in den Sommermonaten an Dienstagen, Samstagen, und Sonn- bzw. Feiertagen jeweils zwischen 14:00 - 17:00 Uhr geöffnet. Trenck diente unter Kaiserin Maria Theresia und belagerte WALDMÜNCHEN während des österreichischen Erbfolgekrieges. Auf der Freilichtbühne der alten Burganlage wird alljährlich in den Sommermonaten an mehreren Tagen ein großes historisches Festspiel dazu aufgeführt. Die genauen Daten erfahren Sie auf der website der Stadt.

Neben der alten Burganlage ist auch die Stadtpfarrkirche in der Nähe des Marktplatzes interessant. Der sehr markante Turm der war in früheren Jahren in erster Linie Stadtturm und erst in zweiter Linie ein Kirchturm. Ein Türmer wachte noch bis 1923 über die Stadt und alarmierte die Bevölkerung bei Bränden und anderen Gefahren.

Stadtpfarrkirche St. Stephan.

Wir verlassen WALDMÜNCHEN und fahren entlang der Schwarzach nach RÖTZ. Unser Ziel ist der Ortsteil HILLSTETT am oberen Ende des aufgestauten **Eixendorfer Sees** mit seinem **Handwerksmuseum** [**135:** N49° 20' 34.5" E12° 29' 06.6"]. Dort angekommen sehen wir als erstes eine große alte Dampflok, die auf einem Rest der Schienentrasse steht, die einmal von NEUNBURG VORM WALD nach RÖTZ führte.

Lok am Eingang des Handwerkermuseums.

Früher befanden sich entlang der Schwarzach Handwerksbetriebe, die die Wasserkraft des Flusses für ihre Gewerke nutzten. Bevor der **Eixendorfer See** 1975 geflutet wurde, musste der **Seebarn-hammer**, ein aus dem Mittelalter stammendes Hammerwerk, vor dem Untergang bewahrt werden. Die Demontage am Flusslauf und die Wiedererrichtung am höher gelegenen Ufer auf dem ehemaligen Bahnhofsgelände in HILLSTETT war der Grundstein für dieses Museum, das sich den alten Handwerkstechniken widmet. Zwei Holzsägewerke sind noch

Eixendorfer Stausee im Herbst.

zu besichtigen sowie eine Reihe von zum Teil originalgetreu wiederaufgebauten Werkstätten von alten Handwerksberufen wie Wagner, Seiler, Gerber, Schmied und Sattler, um nur einige zu nennen. Das Museum ist nur in den Sommermonaten nachmittags (außer Montag) geöffnet.

Um den rund 200 ha großen See führt ein Wanderweg von ca. 14 km Länge. Ein ganzjährig geöffneter Campingplatz befindet sich am Westende des Sees in GÜTENLAND [**136:** N49° 20' 12.4" E12° 26' 24.7"]. Ein schönen sonnigen Platz mit einem Badestrand und Liegewiese in der Nähe der Straßenbrücke, die über den See führt gibt es hier [**137:** N49° 20' 44.8" E12° 26' 51.0"].

Bis zu unserem nächsten Ziel NEUNBURG VORM WALD ist es nur noch ein Katzensprung. Wir parken am Freibad, das ist sehr zentrumsnah und trotzdem relativ ruhig und gleichzeitig auch der offizielle Stellplatz der Stadt. Burghof, Altes und Neues Schloss sowie die Pfarrkirche St. Josef bilden ein schönes Ensemble auf

Neunburg vorm Wald, Burgberg mit Turm.

(138) WOMO-Badeplatz: Neunburg vorm Wald
GPS: N49° 21' 04.9" E12° 23' 00.6"   **max. WOMOs:** 7.
Ausstattung/Lage: Asphaltierter Parkplatz am Freibad, Scherrstr. 2, gebührenfrei.
Zufahrt: Von der St2040 Richtung Nabburg gleich hinter der Schwarzachbrücke rechts abbiegen.
Ver- und Entsorgung: Frischwasserver- und Toilettenentsorgung am Rande des Platzes, Bodeneinlass für die Grauwasserentsorgung, 7 Stromanschlüsse, alles gegen Gebühr.

dem Burgberg oberhalb der Schwarzach. Der Rundweg nimmt nicht sehr viel Zeit in Anspruch, die historische Altstadt ist nun mal überschaubar klein.

Tipp: Alljährlich finden im Burghof zwischen Mitte Juli und Mitte August die Festspiele zum Hussenkrieg statt. Thema ist die Schlacht bei Hiltersried im Jahre 1433. Hintergrund ist die reformatorisch-revolutionäre Bewegung, die in dieser Epoche durch den tschechischen Theologen und Reformator Jan Hus gegen die katholische Kirche in Gang gesetzt wurde, zu dessen Tod führte und danach Aufstände seiner Anhänger entfachte. Und es gibt den jährlichen Mittelaltermarkt mit ausgelassenem Markttreiben und „allerley Spectaculum und Kurzweyl". Termine finden Sie auf der website der Stadt.

Durch das reizvolle Tal der Ascha fahren wir weiter, vorbei an Weilern und Dörfern über PRACKENDORF nach KULZ. Kurz hinter dem Ortseingang biegen wir rechts ab in die Moosstraße, fahren dann noch ca. einen Kilometer und sind in der Moorlandschaft des **Kulzer Mooses**.

Der Parkplatz [**139:** N49° 23' 47.1" E12° 27' 23.5"] liegt am Rande, etwas abseits des Moores. Ein gut ausgeschilderter Lehrpfad mit einer Libelle als Zeichen führt durch diese urwüchsige Landschaft. Der Rundweg ist etwa 3 Kilometer lang und führt durch den zentralen Teil des etwa 80 ha großen Naturschutzgebietes. Er geht durch Birken-Moorwald, durch Niedermoor, durch kleine Graslandschaften und durch Erlenbruchwald. Ein schöner und spannender Spazierweg für Naturliebhaber.

Birkenmoorwald im Kulzer Moos.

Nach diesem Naturgenuss geht es zurück nach KULZ und von dort aus über WINKLARN weiter nach OBERVIECHTACH. In dieser Stadt wurde 1663 **Johann Andreas Eisenbarth** geboren, der zu Lebzeiten je nach Sichtweise, entweder als Wunderheiler oder als Kurpfuscher galt. Das Spottlied, das über ihn verfasst wurde, wird nach letztem Kenntnisstand seiner Leistung nicht gerecht. Zwar trat er marktschreierisch auf, war aber in der Wundheilung und in Operationen, seinen Kollegen und seiner Zeit weit voraus. Im Doktor-Eisenbarth- und Stadtmuseum kann man mehr darüber erfahren.

Doktor-Eisenbarth-Spottlied
Ich bin der Doktor Eisenbarth
kurier die Leut' nach meiner Art
Kann machen daß die Blinden gehn
Und daß die Lahmen wieder sehn

Zu Köln kuriert' ich einen Mann,
Daß ihm das Blut in Strömen rann,
Er wollt immun vor Pocken sein,
Ich impft's ihm mit dem Bratspieß ein.

Zu Potsdam trepanierte ich,
Den Koch des Großen Friederich:
Ich schlug ihm mit dem Beil vor'n Kopf,
Gestorben ist der arme Tropf.

Des Pfarres Sohn in Donaulm,
Dem gab ich zehn Pfund Opium,
Drauf schlief er Jahre, Tag und Nacht,
Und ist bis jetzt noch nicht erwacht.

Es hatt' ein Mann in Langensalz
Ein zentnerschweren Kropf am Hals,
Den schnürt ich mit dem Heuseil zu:
was denkst du wohl, der hat jetzt Ruh!

..... und etliche Strophen weiter

Der Parkplatz am Freibad eignet sich gut für eine Besichtigungstour durch Oberviechtach. Bis zum Zentrum sind nur rund 1000 Meter zu gehen. Es ist auch gleichzeitig der offizielle örtliche Wohnmobilstellplatz.

(140) WOMO-Badeplatz: Oberviechtach - Freibad

GPS: N49° 27' 10.7" E12° 25' 29.6"
max. WOMOs: 6.
Ausstattung/Lage: Parkplatz am Freibad, zentrumsnah, kostenlos.
Zufahrt: Über die Straße „Im Wiesengrund", der Beschilderung zum Freibad folgen.
Ver- und Entsorgung: Gratis, an einer Servicestation an der Einfahrt des Platzes.

Wer von den Festspielen in Waldmünchen und Neunburg noch nicht genug hat, der kann sich auch noch das **Doktor-Eisenbarth-Festspiel** anschauen, das ebenfalls in den Sommermonaten an mehreren Abenden aufgeführt wird. Wer der Eisenbarthschen Medizin vertraut, der kann das Eisenbarth-Elixier, ein Oberviechtacher Magenbitter in der Eisenbarth Apotheke in der Teunzer Straße 6 käuflich erwerben. Mittlerweile gibt es dazu sogar einen online-shop.

Was Dr. Eisenbarth zu Wanderungen mitzuteilen hatte, wissen wir nicht. Zu seiner Zeit wanderte man auch noch nicht zum Freizeitvergnügen. In Oberviechtach gibt es für die geschichtsorientierten Wanderer einen **Gold-Lehrpfad** mit drei verschiedenen Wanderrouten. Die Stadt bietet dazu auch geführte Wanderungen an. Näheres gibt es dazu bei der Tourist-Info der Stadt.

Wer den größten Bierkrug der Welt sehen möchte, der ist in Oberviechtach richtig. 4718 Liter fasst das Ungetüm, das mit Motiven aus bayerischen Landen bemalt ist. Es steht vor Witterungseinflüssen geschützt in einem Gebäude, nicht so offen wie auf dem Foto. Besichtigt werden kann der Bierkrug nur im Rahmen einer Führung die über die Tourist-Info buchbar ist (Tel.: 09671 307-16).

Der größte Bierkrug der Welt.

Burgruine in Obermurach.

Im Stadtteil OBERMURACH liegt die gleichnamige Burgruine auf einer Granitkuppe. Vorläufer dieser Anlage wurden bereits im 12. Jh. gebaut. Die jetzt noch sichtbaren Teile der Burg widerstanden den kriegerischen Angriffen über die Jahrhunderte. Zerstörungen verursachten Abbrucharbeiten im 19. Jahrhundert, die allein dem Ziel dienten, Steine für den Hausbau zu gewinnen. Das wurde gestoppt, die Burg gesichert und vor weiterem Verfall bewahrt. Der gut erhaltene Bergfried ist begehbar. Von der Aussichtsplattform kann man sogar die **Burg Leuchtenberg** erkennen, die auf der folgenden Seite abgebildet ist.

Weiter geht es nach TÄNNESBERG. Wir nehmen die B22 und schon nach 12 Kilometern haben wir den Ort erreicht. Wir fahren hoch zum Schlossberg und stellen das Womo auf dem Parkplatz [**141:** N49° 32' 00.0" E12° 19' 59.6"] ab. Zwei Lehrpfade starten hier. Ein 7 km langer Obstlehrpfad, der in Kösing, einem Ortsteil von VOHENSTRAUSS, endet und ein etwa 1,5 Kilometer langer **Geologischer Lehrpfad**. Wir nehmen den didaktisch gut aufgebauten **Geologischen Lehrpfad**. So wie wir auf dem **Planetenweg** (Tour 6, Seite 106 f.) unser Sonnensystem durchschritten haben, so durchlaufen wir nun in einem schönen herbstlichen Wald die Erdgeschichte vom Präkambrium (Erdfrühzeit) bis ins Quartär (Erdneuzeit). Wer mag, kann sich beim Tourismusbüro in TÄNNESBERG Audioguides ausleihen und damit an den 15 Stationen auf dem Lehrpfad die Hintergrundinformationen zu den erdgeschichtlichen Epochen abrufen.

Auf dem Geologischen Lehrpfad Tännesberg.

Parkplatz hinter der Burgruine Leuchtenberg, der „Akropolis der Oberpfalz".

Bevor wir nach LEUCHTENBERG aufbrechen noch ein Hinweis zur **Trausnitztalsperre**, die 6 Kilometer von TÄNNESBERG entfernt liegt. Die Pfreimd ist hier zu einem See aufgestaut und dient der Elektrizitätsgewinnung. Ein Pumpspeicherwerk und Hochspeicher können besichtigt werden. Am See liegt auch ein ganzjährig geöffneter Campingplatz.

(142) WOMO-Campingplatz-Tipp: Trausnitz
GPS: N49° 31' 15.0" E12° 16' 41.6"   **max. WOMOs:** 10.
Ausstattung/Lage: Befestigter Platz am See mit Badestrand.
Zufahrt: Von der St2157 Tännesberg-Pfreimd nach Trausnitz abbiegen und den Hinweisschildern zum Campingplatz folgen.

Ein kleines Schmankerl haben wir noch zum Ende dieser Tour anzubieten. Von TÄNNESBERG fahren wir über die B22 Richtung WEIDEN IN DER OBERPFALZ. Nachdem wir die Autobahn unterquert haben, sind es noch ungefähr 3 Kilometer bis zur Abzweigung nach LEUCHTENBERG. Der beschaulich ruhige Ort ist nun schnell erreicht, die Burgruine von weitem sichtbar. Um zu dem schönen Plätzchen [**143**: N49° 35' 54.9" E12° 15' 20.5"] hinter der Ruine zu gelangen, fahren wir rechts über den kleinen Busparkplatz und wählen das schmale Sträßchen „Hinter der Burg". Nach einigen Metern Buschwerk geht es dann links eine sehr schmale Einfahrt hinauf und voilà: schon öffnet sich ein großer befestigter Platz, den wir in hier in dieser Größe nicht vermutet haben.

Wir haben den Platz für uns allein. Glück gehabt, denn die „Akropolis der Oberpfalz" wie die Burg auch genannt wird, dient in den Sommermonaten als Freilichttheater, dann wird es eng auf dem Platz. Parallel zur Autobahn geht es nach WERNBERG-KÖBLITZ, hier endet diese Tour. Wer dringend entsorgen muss: Der Autohof Wernberg an der A93 [**144:** N49° 31' 58.3" E12° 08' 08.5"] bietet eine entsprechende Einrichtung.

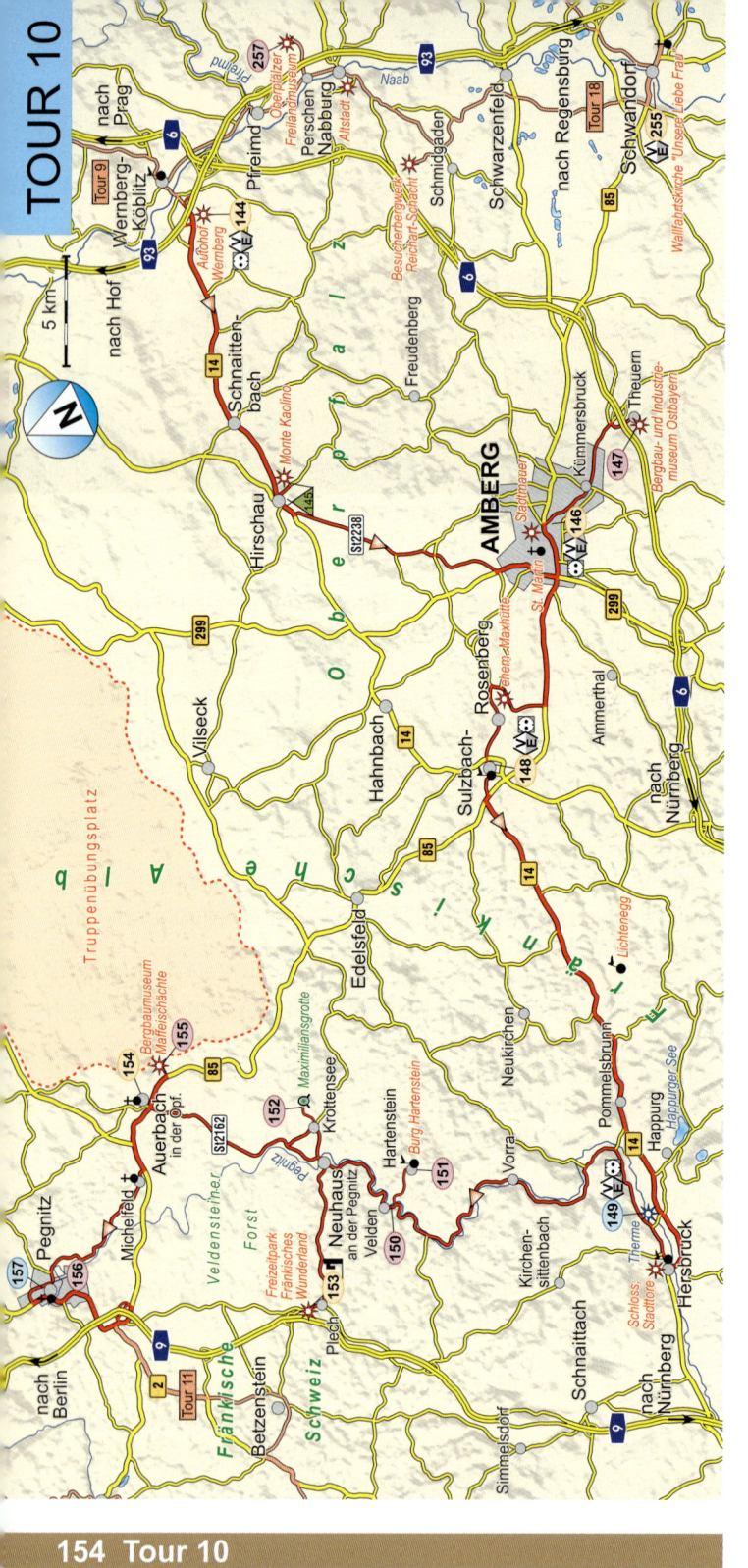

TOUR 10 (ca. 165 km)

Wernberg-Köblitz – Hirschau – Amberg – Theuern Sulzbach-Rosenberg – Hersbruck – Velden – Neuhaus a.d. Pegnitz – Auerbach i.d. Opf. – Pegnitz

Freie Übernachtung:	Hirschau, Theuern, Hellberg, Velden, Neuhaus an der Pegnitz, Auerbach i.d. Opf., Pegnitz
Stellplätze:	Amberg, Sulzbach-Rosenberg, Hersbruck, Auerbach i.d. Opf.
Campingplätze:	Hirschau
Ver-/Entsorgung:	Wernberg-Köblitz, Hirschau, Amberg, Sulzbach-Rosenberg, Hersbruck, Plech
Besichtigungen:	Hirschau (Monte Kaolino), Amberg (Altstadt), Theuern (Bergbau- und Industrie-Museum), Sulzbach (Altstadt), Hersbruck (Altstadt), Velden (Schloss Hartenstein), Neuhaus an der Pegnitz (Burg und Maximilliansgrotte), Auerbach i.d. Opf. (Museum), Pegnitz (Altstadt)
Wandern:	Velden, entlang der Pegnitz
Baden/Wellness:	Hirschau (Freibad), Amberg (Kurfürstenbad), Hersbruck (Therme), Pegnitz (CabrioSol)

WERNBERG-KÖBLITZ ist durch die Lage am Schnittpunkt der A6 und A93 ein guter Standort, um eine Tour zu starten oder zu beenden. Wirkliche sehenswert ist in WERNBERG-KÖBLITZ nur die **Burg Wernberg** oberhalb der Stadt. Nach einer langen Geschichte mit unterschiedlichen Nutzungen wurde sie Ende des letzten Jahrhunderts von Grund auf saniert und in ein Hotel mit Spitzengastronomie umgewandelt.

Unser erstes Ziel auf der Reise nach PEGNITZ ist der **Monte Kaolino**. Hört sich italienisch an, aber nein, es ist kein Berg in Italien, sondern ein ganz besonderer in der Oberpfalz.

Um dorthin zu kommen fahren wir von der A93 (Abfahrt Wernberg-Köblitz) auf die B14 nach HIRSCHAU. Wir kommen zunächst am Autohof [**144:** N49° 31' 58.3" E12° 08' 08.5"] mit einer Ver- und Entsorgungsstation vorbei

Monte Kaolino, 32 Millionen Tonnen Quarzsand.

Von Wernberg-Köblitz nach Pegnitz 155

und fahren dann noch 14 Kilometer bis nach HIRSCHAU, hier folgen wir dem Hinweisschild zum **Monte Kaolino**.

Wir befinden uns jetzt in einer Bergbaulandschaft, in der im Tagebau Kaolin gewonnen wird, der Rohstoff für die Porzellan- und Papierherstellung, der im Hirschauer Kaolinwerk aufbereitet wird. Quarzsand ist der Abfall bei dem Verarbeitungsprozess und da sich nicht genügend Verwendungsmöglichkeiten finden, wird er einfach aufgeschüttet und abgelagert. So ist der **Monte Kaolino** entstanden, und so wächst er auch noch weiter, nicht in die Höhe aber in die Breite.

Equipment wie im Skigebiet, Pistenraupe am Monte Kaolino.

Inzwischen wurde um den Berg eine große Freizeitanlage angelegt. Hauptattraktion ist die 260 Meter lange Abfahrt, die mit Sandskiern und Sandboards befahren werden kann. Eine Sommerrodelbahn ist hinzugekommen, dazu ein Freibad, ein Campingplatz und ein Hochseilgarten. Es ist mächtig was los in dieser Freizeitanlage als wir dort eintreffen. Wer dem Trubel entgehen will, der kann sich im **GeoPark Kaolinrevier** auf einem Lehrpfad über die Geschichte und die Landschaftsentwicklung rund um den Kaolinabbau informieren.

(145) WOMO-Campingplatz-Tipp: Monte Kaolino
GPS: N49° 31' 49.0" E11° 57' 47.2"   **max. WOMOs:** 30.
Ausstattung/Lage: Unterhalb des Monte Kaolino, Ver- und Entsorgung für Wohnmobile gegen Entgelt ohne Platznutzung möglich.
Zufahrt: Wie zum Monte Kaolino beschrieben.

Wir machen uns auf den Weg zu unserem nächsten Etappenziel. AMBERG wollen wir uns anschauen, dazu fahren wir zunächst nach HIRSCHAU zurück, fahren ein kurzes Stück die B14 Richtung SULZBACH-ROSENBERG und nehmen dann mit der St2238 den direkten Weg nach AMBERG. Der Stellplatz ist schnell gefunden, er liegt in der Nähe des Zentrums, ist aber trotzdem ruhig. Bis zum Marktplatz sind nur 600 Meter zu gehen. Um Amberg auch nur halbwegs zu erkunden

(146) WOMO-Stellplatz: Amberg
GPS: N 49° 26' 25.07" E11° 51' 43.93"   **max. WOMOs:** 10.
Ausstattung/Lage: Asphaltierter Parkplatz am Schießstätteweg in der Nähe des Kurfürstenbades, gebührenfrei.
Zufahrt: Der Schießstätteweg ist eine Nebenstraße des Kurfürstenrings.
Ver- und Entsorgung: Frischwasserver- und Toilettenentsorgung an der Esso-Tankstelle. Stromversorgung für 12 Fahrzeuge vorhanden.
Hinweis: Nach Fertigstellung der Rettungsleitstelle zieht der Stellplatz wieder um in die wenige Meter entfernte Gasfabrikstraße.

Amberg Marktplatz mit gotischem Rathaus.

sollte mindestens ein ganzer Tag eingeplant werden. Ohne zu übertreiben darf man sagen, dass AMBERG zu den wunderbarsten mittelalterlichen Städten Europas zählt. Beginnen wir mit der fast vollständig erhaltenen Stadtmauer: An ihr entlang zu laufen ist einfach ein Genuss, auch am Abend, wenn die künstliche Beleuchtung die Architektur durch Licht und Schatten besonders gut zur Geltung kommen lässt. Vier Stadttore gibt es noch, das fünfte ist eine Brückenkonstruktion über die Vils. Die Spiegelung der Brückenbögen im Wasser hat diesem markanten Bauwerk den Namen „**Stadtbrille**" eingetragen. Sie ist das Wahrzeichen der Stadt. Neben der mittelalterlichen Stadtmauer sind eine ganze Reihe bemerkenswerter Gebäuden zu besichtigen. Das **Kurfürstliche Schloss** (heute Sitz des

Amberg „Stadtbrille" Wassertorbau über die Vils im Süden der Altstadt.

Amberg, Brunnen vor dem Rathaus.

Gastronomiebrauerei Schloderer.

Landratsamtes), das schöne Renaissancegebäude der kurfürstlichen **Regierungskanzlei** (heute Landgericht), das schnuckelige nur 2,5 Meter Breite **Eh'häusl** (heute nach Angabe der Betreiberin das kleinste Hotel der Welt) und natürlich das gotische **Rathaus** am Marktplatz sowie die Basilika **St. Martin** mit ihrem 92 Meter hohen Glockenturm und dem barocken Hochaltar.

AMBERG ist auch eine Stadt des Bieres, von den einst mehr als 30 Brauereien dieser Stadt sind allerdings nur noch vier übrig geblieben. Eine weitere spezielle Brauerei ist die **Schloderer Bräu**, ein Gastronomiebetrieb, dessen sauber polierte Braukessel in der Gaststube stehen.

Für den, der sich in der Stadt die Füße müde gelaufen hat noch ein Tipp: Das **Kurfürstenbad**, ganz in der Nähe des Stellplatzes, ein moderner Badetempel mit vielfältigen Einrichtungen, verschafft sicher Linderung. Damit wollen wir die sehr knappe Beschreibung von AMBERG beenden und uns sogleich dem nächsten Ziel zuwenden.

Wir fahren über KÜMMERSBRUCK nach THEUERN und besuchen dort das **Bergbau- und Industriemuseum Ostbayern**, das in einem alten Schloss untergebracht ist [147: N49° 23' 14.2" E11° 54' 34.0"]. Darüber hinaus gibt es in den Außenanlagen regionaltypische Industriedenkmäler wie ein Eisenhammerwerk, ein Glasschleifwerk und anderes mehr. Ein Museumsdorf der Industrie Ostbayerns sozusagen. Wer also wissen will, wie sich Bergbau und Industrie in diesem Raum entwickelt haben, der findet hier eine gute Zusammenstellung und Übersicht. Es ist unter anderem deshalb interessant, weil in unserem Reisegebiet immer wieder einzelne Industriekom-

Sitz des Bergbau- und Industriemuseums.

plexe, Ruinen, Bergbaustollen etc. erscheinen, die man nach einem Besuch dieses Museums besser in einen Zusammenhang stellen kann.

Nun wollen wir nicht oberlehrerhaft werden, aber wenn man nichts aus der Region weiß, dann sieht man auch nichts und erschrickt um so mehr beim Anblick der stillgelegten **Maxhütte** in ROSENBERG, an der wir vorbeifahren. Düster und trostlos (besonders an einem regnerischen Tag) sehen die Anlagen dieser Industrieruine aus.

Die stillgelegte Maxhütte in Rosenberg.

SULZBACH zeigt dagegen ein sehr freundliches Gesicht. Die Altstadt ist klein, die Reste der Stadtmauer sind sorgfältig restauriert und zeigen zusammen mit dem **Rosenberger Tor** wo

---

(148) WOMO-Stellplatz: Sulzbach-Rosenberg

GPS: N49° 30' 19.8" E11° 44' 41.5"   **max. WOMOs:** 4
Ausstattung/Lage: Areal auf dem Großparkplatz an der Bayreuther Straße, zentrumsnah, gebührenfrei.
Zufahrt: Über die B14 in der Nähe des Rosenberger Tores.
Ver- und Entsorgung: Wasserver-, Grauwasser- und Toilettenentsorgung an einer Sanitärstation, Stromversorgung für 4 Mobile über Münzautomaten.

Luitpoldplatz mit Brunnen und Marienkirche.

Rosenberger Tor mit Resten der Stadtmauer.

die Altstadt beginnt ein malerisches Ensemble. Im Zentrum des Ortes liegt der Luitpoldplatz. Um ihn gruppieren sich alle sehenswerten Gebäude der Stadt wie das Schloss, das gotische Rathaus und die Marienkirche. Im 16. Jh. war das Sulzbacher Schloss Wittelsbacher Residenz und eines der größten Schlösser der Wittelsbacher in Nordbayern. Im Inneren kann man die Reste eines romanischen Bergfrieds besichtigen, ansonsten wird das Schloss heute für die Stadtbibliothek und die Sing- und Musikschule genutzt. Nach einer Übernachtung geht es weiter nach HERSBRUCK.

Über die gut ausgebaute B14 erreichen wir bequem unser nächstes Etappenziel. Auf dem Großparkplatz „Plärrer" [N49° 30' 23.6" E11° 26' 05.3"] stellen wir das Fahrzeug ab. Von hier aus sind es nur wenige Meter in die mittelalterliche Altstadt.

Schloss Hersbruck, erbaut im 16. Jh. mit Türmen aus dem 17. Jahrhundert.

Wir überqueren die Brücke, durchschreiten das **Wassertor**, eines der drei historischen Tore dieser Stadt, halten uns links und stehen nach wenigen weiteren Metern vor dem Schloss, das heute als Amtsgericht genutzt wird. Wir setzen den Altstadtbummel fort, vorbei an Fachwerkhäusern, vorbei an der Stadtkirche **St. Maria** mit ihrem spätgotischen Schreinaltar, wenden uns dem **Unteren Markt** zu, kommen am alten Rathaus vorbei und sind auf dem **Oberen Markt**. Wir sehen beim weiteren Rundgang das **Nürnberger Tor**, wen-

Hersbruck, Spitaltor.

den uns nach rechts, kommen am **Hirtenmuseum** vorbei, gehen den Mauerweg und kommen zum **Spitaltor**, danach geht es an der Spitalkirche vorbei und wir nähern uns dem Ausgangspunkt des Rundgangs. Am Restaurant Schwarzer Adler lockt die Speisekarte mit **„Schäuferle"**, neben den Bratwürsten das fränkische Nationalgericht, das man unbedingt probieren sollte. Es ist ein ungeräuchertes Schulterstück vom Schwein, das mit Knochen und Schwarte gegart wird. Man bekommt es in der Regel mit Klößen und Sauerkraut serviert. Dazu passt natürlich nur ein Bier. Es schmeckt ausgezeichnet! Der Wohnmobilstellplatz befindet sich übrigens an der Fackelmann Therme rund 1 Kilometer vom Zentrum entfernt. Die Therme ist eine neuzeitliche, große und moderne Anlage, eine Mischung aus Wellnessoase und Spaßbad.

(149) WOMO-Badeplatz: Hersbruck-Fackelmann-Therme

GPS: N49° 30' 41.1" E11° 26' 33.2"
max. WOMOs: 6.
Ausstattung/Lage: Platz an der Therme, Stadtrand, Gebühr ist an der Kasse der Therme zu entrichten, dafür gibt es verbilligten Eintritt, ganzjährig geöffnet.
Zufahrt: Über die Amberger Straße, gut ausgeschildert.
Ver- und Entsorgung: Über eine Servicestation. Stromanschlüsse für 6 Fahrzeuge über einen Münzautomaten.

Wanderweg an der Pegnitz.

Kanutour auf der Pegnitz.

Von der Therme fahren wir die Straße in Richtung AMBERG weiter, biegen aber dann in HOHENSTADT nach VELDEN ab. Das Tal ist zu Beginn noch relativ breit, wird aber schnell schmaler je weiter wir flussaufwärts fahren. Kurvenreich geht es entlang der Pegnitz mit einzelnen Felsvorsprüngen weiter. Viele Parkmöglichkeiten entlang der Straße sehen wir nicht. In RUPPRECHSTEGEN haben wir Glück, hier gibt es sogar gleich zwei Möglichkeiten, einmal am Bahnhof mit einem zum Restaurant umgebauten Eisenbahnwaggon und einmal an der Straße mit einer Fußgängerbrücke über die Pegnitz. Man kann entlang der Pegnitz wandern, mit dem Rad fahren oder auch Kanutouren unternehmen. Zwischen LUNGSDORF und VELDEN gibt es einen Kanuverleih, von dort kann man in einer Tagestour rund 16 km flussabwärts fahren und wird anschließend zum Ausgangsort zurückgebracht. Von hier aus lassen sich viele weitere Wanderungen unternehmen und wer Klettern kann, der findet hier auch Kletterfelsen. Das ist nun nicht unser Sport. Wir belassen es bei einem Spaziergang entlang der Pegnitz und fahren nach VELDEN weiter.

Rosenfenster in Velden.

Die kleine Stadt mit weniger als 2000 Einwohnern wirkt romantisch-verträumt. Keine Sommerrodelbahn, kein Freizeitpark oder Ähnliches „ergänzt" hier das touristische Angebot wie in vielen anderen Orten dieser Region. Der

Ort hat sich seine Authentizität in einer sehr schönen Naturlandschaft bewahrt, das macht ihn sehr charmant. Einen angelegten Stellplatz für uns Wohnmobilfahrer gibt es allerdings auch nicht. Wer hier Rast machen will, der muss sich mit einem Parkplatz an der Straße begnügen. Das ist aber nicht weiter schlimm, denn die Straße ist nicht stark befahren.

(150) WOMO-Picknickplatz: Velden an der Pegnitz
GPS: N49° 36' 41.4" E11° 30' 30.5"
max. WOMOs: 2.
Ausstattung/Lage: Befestigter Platz an der Pegnitz, nahe der Ortsmitte.
Zufahrt: Am Ortseingang aus Richtung Hersbruck auf der linken Seite.
Ver- und Entsorgung: Keine

Wir wählen für den Spaziergang in den Ort zunächst die Fußgängerbrücke über die Pegnitz kurz hinter dem Parkplatz. An steilen Felsen geht es entlang einer Fluss-Schleife zu einer alten Mühle. Das Mühlrad an dem kleinen Wehr ist zwar nicht in Betrieb und auch nicht sofort zu erkennen, aber die Kombination mit Fachwerk, plätscherndem Wasser, quakenden Enten und dem satten Grün der Bäume ergibt ein schönes Bild. Fast könnte man glauben, man sei hier in einem Museumsdorf gelandet. Aber dem ist nicht so. Die Häuser sind bewohnt und sehr gepflegt, die Gärten mit Blumen- und Gemüsebeeten angelegt.

Wir setzen den Spaziergang fort, gehen weiter durch das Mühltor, werfen einen Blick in den Schlosshof und sind dann auch schon auf dem Marktplatz, der von einigen Gasthäusern umgeben ist. Hier endet unser kurzer Spaziergang durch Velden. Nach einer kleinen Stärkung gehen wir auf demselben Weg zum Parkplatz zurück.

Bevor wir auf unserer Hauptroute weiterfahren

Das Mühltor in Velden an der Pegnitz.

Blick von der Burg Hartenstein.

unternehmen wir noch einen kleinen Abstecher zur **Burg Hartenstein**. Dazu fahren wir rund 500 Meter Richtung HERSBRUCK zurück, biegen dann links ab und folgen den Hinweisen nach HARTENSTEIN. Es geht den Berg hinauf, vorbei an einer großen Industrieanlage und nach 2 Kilometern haben wir HARTENSTEIN bereits erreicht. Der Anstieg zur Burg ist steil und eng, lässt sich aber mit kleineren Fahrzeugen gut befahren. Wer mit einem großen Fahrzeug unterwegs ist, sollte diese Straße besser meiden und kurz hinter dem Ortseingang parken. Auf dem Parkplatz am Fuße der Burg stellen wir das Womo ab [**151:** N49° 35' 50.5" E11° 31' 19.4"] und gehen in die Anlage hinein. Die Anlage im Stile einer klassischen Ritterburg aus dem 13. Jahrhundert beherbergt eine Ausstellung über das Rittertum in Franken (nur an den Wochenenden geöffnet) und ein kleines Restaurant mit Biergarten, das täglich geöffnet hat.

Eine wesentliche größere Burganlage finden wir in unserem nächsten Etappenziel, in NEUHAUS AN DER PEGNITZ. Rund 8 Kilometer haben wir von HARTENSTEIN über VELDEN dorthin zurückzulegen.

Um an die **Burg Veldenstein** heranzukommen, fahren wir in den Ort hinein und über den Oberen Markt in die Burgstraße. Die Straße führt den Berg hinauf, an der rechten Seite finden wir einen Parkplatz [N49° 37' 46.2" E11° 32' 46.5"]. Die mächtige Anlage geht auf eine Gründung um das Jahr 1000 zurück. Die lange Geschichte der Burg wollen wir hier nicht wiedergeben. Zerstört wurde die Burg nie. Einzelne Beschädigungen im Laufe von kriegerischen Auseinandersetzungen wurden immer wieder repariert. Während der NS-Zeit war die Burg im Besitz von Hermann Göring, der hier einen Bunker anlegen ließ, und in den umliegenden Wäldern seiner Jagdlust nachging. Seit 1972 steht die Burg unter der Obhut der lokalen Brauerei Kaiser, die hier ein kleines Hotel und ein Restaurant betreibt. Im Burghof findet einmal jährlich ein Open-Air-Festival mit Mittelaltermarkt statt.

In NEUHAUS AN DER PEGNITZ ist nicht nur die **Burg Veldenstein** sehenswert. Im Ortsteil KROTTENSEE befindet sich eine der größten Höhlen der Fränkischen Alb, die **Maximiliansgrotte**. Die Tropfsteinhöhle am Waldrand ist ca. 1,2 Kilometer lang, jedoch ist nur ein kleiner Teil mit einer Führung zu besichtigen. Nacheinander betritt man den Leißnerdom, die Adlergrotte, die Orgelgrotte mit einem

Einer der Türme der Burg Veldenstein.

Burg Veldenstein in Neuhaus an der Pegnitz.

Sinterbecken, die Schatzkammer und die Schwarze Halle von der es wieder ins Freie geht. In einer Seitenkammer der Orgelgrotte befindet sich der „Eisberg", ein mächtiger 6 Meter hoher Stalagmit mit einem Durchmesser von ca. 3 Metern, einer der größten Tropfsteine Deutschlands.

Die Höhle ist eine Station des karstkundlichen Wanderpfades, der an verschiedenen Grotten, Felsformationen und

Die Schatzkammer in der Maximiliansgrotte.

einer Doline vorbeiführt. Wer nach einer Wanderung und dem Höhlenbesuch Hunger bekommen hat, kann diesen in dem Gasthaus Grottenhof in unmittelbarer Nähe der Höhle stillen.

(152) WOMO-Picknickplatz: Maximiliansgrotte

GPS: N49° 37' 42.0" E11° 35' 23.3"
max. WOMOs: 2.
Ausstattung/Lage: Ruhiger Platz neben der Grotte am Waldrand.
Zufahrt: Von Neuhaus über Krottensee der Beschilderung zur Grotte folgen.
Ver- und Entsorgung: Keine.

Ob ein Abstecher zum Freizeitpark **„Fränkisches Wunderland"** lohnt, muss jeder für sich selbst entscheiden. Es ist ein Freizeit- und Erlebnispark im Western-Look, deutlich kleiner als z.B. der Europapark in Rust. Von Pegnitz dorthin sind es nur 8 Kilometer.

(153) WOMO-Stellplatz: „Fränkisches Wunderland"

GPS: N49° 41' 29.2" E11° 38' 15.7"   **max. WOMOs:** 5.
Ausstattung/Lage: Asphaltierter Platz in der Nähe des Eingangs, auch von großen Mobilen nutzbar.
Zufahrt: Plech, Zum Herrlesgrund 13.
Ver- und Entsorgung: Nur Wasserversorgung, keine Entsorgungsmöglichkeit, keine Stromanschlüsse.

Wir wenden uns nun unserem nächsten Ziel zu und fahren nach AUERBACH IN DER OBERPFALZ. Wir durchqueren KROTTENSEE, verlassen den Ort in nördliche Richtung und sind schon bald auf der St2162. Nun sind es nur noch 8 Kilometer. Schon von weitem ist der Kirchturm von **St. Johannes** zu sehen, er weist uns den Weg in das Zentrum der Stadt. Dass AUERBACH etwas mit dem Auerochsen zu tun hat, haben wir nicht vermutet, aber er prangt im Stadtwappen und mitten in der Innenstadt steht ein in Bronze gegossenes Exemplar. Lebend gibt es sie auch und zwar in den Bruchfeldern der ehemaligen Erzgrube Leonie. Bruchfelder deshalb, weil hier die Stollen des Untertagebaus teilweise zusammengesunken sind und zu Erdeinbrüchen geführt haben. Das Erz dieser Gruben wurde über Jahrzehnte in der Maxhütte in ROSENBERG verarbeitet. Als die Hütte 1987 in Konkurs ging, kam auch der Eisenerz-Bergbau in Auerbach zum Erliegen.

Aus den Schachtanlagen im Stadtteil Nitzlbuch, den **Maffeischächten**, ist ein **Bergbaumuseum** geworden. Die beiden Fördertürme sind die ältesten dieser Art in Bayern. Die Maschinen und Gerätschaften, die während des Grubenbetriebs verwendet wurden, können von Mai-Oktober jeden ersten Sonntag des Monats besichtigt werden.

Denkmal Förderturm Maffeischächte.

In der Innenstadt ist die Pfarrkirche **St. Johannes** von besonderem Interesse, neben der barocken Pracht der Innengestaltung wurde im Chorraum ein Altar aus dem heimischen Eisenerz eingebaut.

(154) WOMO-Stellplatz: Auerbach in der Oberpfalz
GPS: N49° 41' 29.2" E11° 38' 15.7"   **max. WOMOs:** 4.
Ausstattung/Lage: Bereich auf Franz-Josef-Strauß-Platz, zentrumsnah.
Zufahrt: Von der Innenstadt über die Wiesen- oder Bahnhofstr. erreichbar.
Ver- und Entsorgung: Keine, keine Stromversorgung.

(155) WOMO-Picknickplatz: Auerbach-Nitzlbuch
GPS: N49° 40' 44.4" E11° 38' 55.4"
max. WOMOs: 2.
Ausstattung/Lage: Platz am Bergbaumuseum, außerorts.
Zufahrt: Südlich von Auerbach von der B85 nach Nitzlbuch fahren und der Beschilderung zum Bergbaumuseum folgen.
Ver- und Entsorgung: Keine.

Von Wernberg-Köblitz nach Pegnitz 167

Das ehemalige Bendediktinerkloster Michelfeld.

Auf dem Weg zu unserer letzten Station dieser Tour fahren wir durch MICHELFELD, einem Stadtteil von AUERBACH. Wir halten an dem großen ehemaligen Benediktinerkloster, das im 12. Jahrhundert gegründet wurde, an. Das Kloster wurde nach einer langen und wechselvollen Geschichte im Zuge der Säkularisierung zu Beginn des 19. Jahrhunderts aufgehoben. Die Räumlichkeiten des Klosters dienen heute der Regens Wagner Stiftung für die Betreuung von Erwachsenen mit Behinderungen und können deshalb nicht besichtigt werden, aber die Kirche steht Besuchern offen. Betritt man die Kirche durch das klassizistisch gehaltene Portal, so steht man sogleich in dem barock ausgestalteten Langhaus der Kirche, das zu Beginn des 18. Jahrhunderts von den Gebrüdern Asam gestaltet wurde. Die Kirche ist von künstlerisch und kunsthistorisch hohem Wert, auch wenn das Gebäude mit seiner Architektur relativ einfach gehalten ist.

Barock der Gebrüder Asam im Innenraum der Klosterkirche.

Nur 8 Kilometer sind es von MICHELFELD bis zur Stadt PEGNITZ, und der Quelle des Flusses, der uns auf dieser Tour in seinem attraktivsten Abschnitt begleitet hat. Einen offiziellen Wohnmobilstellplatz gibt es in dieser Stadt nicht. Wer nur die Stadt besuchen will kann das Fahrzeug auf dem Parkplatz an der Badstraße abstellen **[156: N49° 45' 26.0" E11° 32' 39.8"]**. Der Platz liegt relativ zentral am Rande der Innenstadt und ist trotzdem nicht übermäßig laut. Wer auch noch eine Runde schwimmen oder in die Sauna gehen möchte, der nutzt den Parkplatz vor dem **CabrioSol**, einem Schwimmbad mit einem überdimensionalem Cabrioverdeck in der Badstr. 4 **[157:** N49° 45' 33.74" E11° 32' 43.76"**]**. Der Platz ist allerdings etwas lauter, er liegt direkt an der Bundesstraße.

Historisches Rathaus in Pegnitz.

Wir unternehmen einen kleinen Stadtbummel in die unter Denkmalschutz stehende Innenstadt. Nach wenigen Metern sind wir in der verkehrsberuhigten Hauptstraße. Wir kommen zunächst über den Schweinemarkt an dem Denkmal eines Schweinehirten vorbei, dann am historischen Rathaus aus dem 16. Jahrhundert, das allerdings optisch wesentlich jünger aussieht, passieren die Stadtpfarrkirche St. Bartolomäus und gelangen an die noch sehr junge Pegnitz. Wir halten uns links und kommen in die Parkanlage **Wiesenweiher**, die von der Pegnitz durchflossen wird und gehen entlang des Flusses durch die Grünanlage zur Straße zurück, die uns wieder in die Innenstadt führt. Überragt wird die

St. Bartolomäus in Pegnitz.

Stadt PEGNITZ vom 544 Meter hohen Schlossberg, auf dem ein Aussichtsturm steht, der einen weiten Blick ins Umland ermöglicht. An seinem Fuße entspringt die Pegnitz, die hinter der Zaußenmühle in einem Springbrunnen eingefasst ist.

TOUR 11 (ca. 86 km)

Pegnitz – Betzenstein – Obertrubach – Egloffstein Gräfenberg – Lauf an der Pegnitz – Nürnberg

Freie Übernachtung:	Pegnitz, Betzenstein, Egloffstein, Hundshaupten, Mostviel, Nürnberg
Stellplätze:	Betzenstein, Egloffstein, Gräfenberg, Lauf an der Pegnitz, Nürnberg
Campingplätze:	Betzenstein, Nürnberg
Ver-/Entsorgung:	Lauf an der Pegnitz, Nürnberg
Besichtigungen:	Betzenstein (Ort, Klauskirche), Egloffstein (Burg), Hundshaupten (Wildpark), Lauf an der Pegnitz (Altstadt), Nürnberg (Altstadt, Kaiserburg, Dürerhaus, Christkindlesmarkt, Spielzeugmuseum, Germanisches Nationalmuseum, DB-Museum)
Wandern:	Rund um Betzenstein, Trubachtal, Gräfenberg (Fünf-Seidla-Steig)
Baden/Wellness:	Betzenstein (Freibad), Egloffstein (Freibad),

Diese Tour ist relativ kurz, hat es aber in sich. Wir bewegen uns hier am Südrand der **Fränkischen Schweiz,** ein klassisches Wander- und Klettergebiet mit tiefen Tälern, vielen Felsen, einigen Burgen und Schlössern sowie großen Laubwäldern. Am Ende der Tour wartet die alte Reichsstadt NÜRNBERG mit ihren vielen Sehenswürdigkeiten.

Wir beginnen in BETZENSTEIN. Von der AB-Abfahrt Pegnitz haben wir 11 Kilometer bis zu diesem kleinen romantischen Ort zurückzulegen. Wir stellen das Womo auf dem Parkplatz am Freibad **[158: N49° 40' 56.4" E11° 24' 33.1"]** ab. Er ist mit hohen Sträuchern von der Straße abgetrennt und relativ nah an der Ortsmitte. Ein guter Übernachtungsplatz, wie wir meinen.

Auf einem 7 Kilometer langen Weg lässt sich BETZENSTEIN gut umwandern. Der Wanderweg ist mit einem offenen roten Kreis markiert und nicht zu verfehlen. Vom Parkplatz geht es über die Straße, dann den Hang hinauf zum Naturdenkmal **Klauskirche**, einer 32 Meter langen Durchgangshöhle. Hat man sie durchschritten (Kopf einziehen!), passiert man den

Tipp: Scheuen Sie sich nicht, diese Tour im Herbst zu machen. Bunte, farbenfrohe Wälder erwarten Sie. Wir sind diese Strecke auch einmal im Herbst gefahren und waren begeistert von dem „Indian Summer" am Südrand der Fränkischen Schweiz.

Naturdenkmal Klauskirche.

Abenteuerpark, ein in den Sommermonaten stark frequentierter Hochseilgarten und Kletterpark.

Schon spannend und prickelnd, gesichert an einem Seil über das Freibad zu sausen. Jugendliche stehen Schlange, um in luftiger Höhe auf die andere Seite des Klettergartens zu gelangen. Wir schauen dem munteren Treiben eine Weile zu und setzen dann unseren Weg fort. Weiter geht es an einigen Felsformationen vorbei und dann den Hang hinunter in den Ort. Uns empfängt ein denkmal-

Ein großes Freizeitgelände, Freibad und Abenteuerpark in Betzenstein.

geschütztes Ensemble mit etlichen restaurierten Fachwerkhäusern. Reste der Stadtbefestigung sowie zwei Stadttore begrenzen den alten Ortskern. Die beiden Burgen oberhalb des Ortes befinden sich im Privatbesitz und können nicht näher besichtigt werden. Weiter geht es wieder einen Hang hinauf,

(159) WOMO-Campingplatz-Tipp: Betzenstein
GPS: N49° 41' 09.1" E11° 24' 08.5" **max. WOMOs:** 10.
Ausstattung/Lage: Befestigter Platz, außerorts, ganzjährig geöffnet.
Zufahrt: Ca. 1 km hinter dem Ortsausgang Richtung Leupoldstein.
Ver- und Entsorgung: Am Stellplatz.

Trubachtal, Felsformationen entlang des Trubachweges.

vorbei an einer Aussichtsplattform und danach südlich des Ortes durch Wälder zurück zum Wohnmobil.

Wir fahren weiter über LEUPOLDSTEIN auf die B2 Richtung GRÄFENBERG und dann nach 2 Kilometern rechts ab nach OBERTRUBACH. Hier beginnt – ohne zu übertreiben – eines der schönsten Täler der **Fränkischen Schweiz**. Die Straße schlängelt sich parallel zum Bach, vorbei an etlichen ehemaligen Mühlen. Es geht durch eine schmale malerische Aue, die von zahlreichen Felsvorsprüngen gesäumt wird. Klettersportbegeisterte aus aller Welt geben sich hier ein Stelldichein. Wir können gar nicht so oft halten wie wir gerne möchten, denn die meisten der kleinen Parkbuchten entlang der Straße sind vollständig belegt. Das **Trubachtal** mit seinen Nachbartälern ist ein Wandergebiet par excellence. Über 200 Kilometer Wanderwege erschließen dieses Gebiet. Besonders hervorheben möchten wir den etwa 10 Kilometer langen **Trubachweg**, der in Obertrubach beginnt und endet. Das Fahrzeug kann man gut auf dem Parkplatz hinter dem Rathaus abstellen (auch wenn es ein wenig eng ist) [**160:** N49° 41' 43.2" E11° 20' 51.1"]. Der Wanderweg ist mit einem Schmetterling markiert und an 18 Stationen mit Tafeln ausgestattet, die Erklärungen liefern zur Geologie, zur menschlichen Besiedlung, zu Flora und Fauna. Um den Weg zu gehen, sollte man sich Zeit nehmen, vor allem dann, wenn man sich das Begleitbuch zu diesem Weg bei der Touristinformation im Rathaus besorgt hat. Ein wenig störend ist dabei allerdings, dass der Weg einige Zeit parallel zur Straße verläuft, er lohnt sich aber trotzdem.

Von OBERTRUBACH fahren wir weiter nach EGLOFFSTEIN, halten hier aber noch nicht, sondern fahren durch Richtung FORCHHEIM. Wir kommen durch MOSTVIEL. Hier gibt es einen praktisch gelegenen Parkplatz fast direkt am Bach neben einem Gasthaus mit Blick auf die Burg in EGLOFFSTEIN [**161:** N49° 42' 43.6" E11° 15' 24.1"]. Der Platz kann nach einer Einkehr in dem guten Restaurant für eine Übernachtung genutzt werden. Entlang des Trubachs kann man von hier aus auch bequem nach Egloffstein wandern und kommt dabei an einem großen, stromproduzierenden Wasserrad vorbei.

Wir fahren weiter. In SCHWEINTHAL biegen wir von der Hauptstraße ab und fahren über OBERZAUNSBACH zum **Wildpark Hundshaupten** [**162:** N49° 43' 16.0" E11° 13' 43.6"]. Der Wildpark ist eine sehr große Anlage mit zahlreichen Wild- und Haustieren. Rot- und Damwild sind am stärksten vertreten, es gibt aber auch Wisente, Elche, Luchse und viele andere Arten. Das Areal liegt am Hang, mächtige alte Bäume spenden Schatten für die Tiere in den großen

Wisent im Wildpark Hundshaupten.

Gehegen. Im Tal fließt ein Bächlein, am Weiher schnattern die Enten und im Haustierbereich warten die Kleinziegen auf fütternde Kinderhände.

Es ist ein interessanter, keineswegs langweiliger Tierpark mit einem weitverzweigten Wegenetz, für den man einen halben Tag Besuchszeit einplanen sollte.

Vom Wildpark fahren wir weiter nach HUNDSHAUPTEN. Wer den Hinweisschildern zum **Schloss Hundshaupten** folgt, sei gewarnt. Das Schloss kann nicht besichtigt werden, die Fahrt dorthin führt in eine enge Sackgasse und das Wendemanöver am Ende der Straße treibt auch dem

Burg Egloffstein.

erfahrenen und geübten Wohnmobilfahrer die Schweißperlen auf die Stirn.

Weiter geht es über HUNDSBODEN nach EGLOFFSTEIN. Dieser Ort bietet mehrere Wanderwege zur Erkundung des näheren Umfeldes an. **Kulturweg Egloffstein** nennen sich diese Wege, die von der Gemeinde markiert wurden und deren kurze Beschreibung auf der website der Gemeinde zum down- load bereitsteht.

Als Wanderparkplatz ist der Platz am Ortsausgang Richtung GRÄFENBERG empfohlen. Sehr viel schöner ist jedoch der Parkplatz des Freibades [**163:** N49° 42' 08.2" E11° 15' 43.3"]. Er ist sehr viel ruhiger, man kann das Freibad nutzen und das Schönste, man hat diesen wunderbaren Blick auf die Burg. Die Burg kann nicht jederzeit besichtigt werden. Besuchsmöglichkeiten sind unter der Telefonnummer 09197-87 80 zu erfragen.

Wir fahren weiter nach GRÄFENBERG und gleich danach zur Nachbargemeinde WEISSENOHE. Beide Orte verbindet der **Fünf-Seidla-Steig**, der Bierwanderweg der südlichen **Fränkischen Schweiz**. Fünf Brauereien haben sich hier zusammengeschlossen und diesen Weg zusammengestellt. Er beginnt in WEISSENOHE bei der Klosterbrauerei. Der Ort ist eine der Keimzellen der fränkischen Bierbraukunst, denn die Benediktiner begannen hier schon bald nach der Gründung des hiesigen Klosters im 11.

Weißenohe, Klosterkirche.

Jahrhundert Bier zu sieden. Die Klosterkirche ist natürlich jünger, sie stammt aus dem 18. Jahrhundert. Im Zuge der Säkularisation wurde das Kloster zu Beginn des 19. Jahrhunderts aufgehoben und teilweise abgerissen, die Braurechte gingen in private Hände über. Der **Fünf-Seidla-Steig** ist insgesamt 15 Kilometer lang, er bezieht auch die Teilorte HOHENSCHWÄRZ und THUISBRUNN mit ein. In WEISSENOHE stellt man das Fahrzeug übrigens am besten in der Weiherstraße in unmittelbarer Nähe des Klosters ab [**164:** N49° 37' 42.4" E11° 15' 14.1"].

In GRÄFENBERG ist die Parkplatzsuche mit einem Wohnmobil nicht ganz einfach. Mit einem Kastenwagen ist man hier im Vorteil und kann vielleicht irgendwo in den Straßen parken.

Gräfenberg, Stadttor Bayreuther Str.

Mit einem größeren Fahrzeug aber geht das kaum. Am Freibad [**165: N49° 39' 04.1" E11° 14' 55.9"**] sehen wir die einzige Möglichkeit unbehelligt stehen zu können. Von hier aus sind es rund 700 Meter bis zum Marktplatz und weitere 500 Meter bis zum Bahnhof. Fährt man eine Station weiter bis nach WEISSENOHE, ist man am Startpunkt des **Fünf-Seidla-Steigs**, folgt man dann den Wegweisungen, ist man nach 2,5 Kilometern wieder in GRÄFENBERG. Auch wenn Sie den Bierwanderweg nicht gehen, sollten Sie sich den Biergarten zum **Bergschlößchen** hoch über dem Ort nicht entgehen lassen. Hier lassen sich (allerdings nur am Wochenende) die Brotzeit und das Bier mit einem herrlichen Blick über die **Fränkische Schweiz** genießen. Es dürfen aber auch Getränke ohne Alkohol sein, denn wir wollen ja noch weiterfahren. Das tun wir jetzt auch und zwar nach LAUF AN DER PEGNITZ.

Wir fahren die B2 bis ECKENTAL und biegen hier nach LAUF ab. Nach insgesamt rund 20 Kilometern kommen wir an und fahren zum Parkplatz Pegnitzwiesen [**166: N49° 30' 32.3" E11° 17' 01.6"**]. Es ist der ideale Platz um die Altstadt zu besuchen, bis zum Rathaus sind es nur ca. 400 Meter.

Nun zur Besichtigung: Vom Parkplatz auf der Pegnitzwiese gehen wir nicht über die Straßenbrücke sondern wählen den Fußgängerweg durch die Grünanlagen, sehen auf der linken Seite die Kaiserburg, überqueren die Pegnitz und kommen an dem Glockengießerspital vorbei. Der eigenwillig erscheinende Turm ist die erhaltene Ruine der Leonhardskirche, die bereits 1553 zerstört wurde. Über die Barthstraße gelangen wir auf

(166) WOMO-Stellplatz: Lauf an der Pegnitz

GPS: N49° 30' 32.3" E11° 17' 01.6"   **max. WOMOs:** 4
Ausstattung/Lage: Areal auf dem Großparkplatz Pegnitzwiesen, gebührenfrei, ganzjährig nutzbar.
Zufahrt: Von der Altdorfer Str. den Hinweisschildern zu den Pegnitzwiesen folgen.
Ver- und Entsorgung: Wasserver-, Grauwasser- und Toilettenentsorgung an einer Sanitärstation, Stromversorgung für 4 Mobile über Münzautomaten.

den Marktplatz und sehen auf der rechten Seite das **Hersbrucker Tor**, auf der linken Seite das **Alte Rathaus**, das typisch für diese Region, freistehend den Marktplatz in zwei Hälften teilt. Die **Johanniskirche** am westlichen Ende der Altstadt hat ihr heutiges Aussehen zu Beginn des 18. Jahrhunderts erhalten. Dahinter befindet sich das **Nürnberger Tor** aus dem 16. Jahrhundert. Von hier aus ist es nur noch ein kurzer Weg bis zum **Industriemuseum**, das direkt an der Pegnitz liegt und in den

Lauf an der Pegnitz, Hersbrucker Tor.

Gebäuden der ehemaliger Eisen- und Hammerwerke untergebracht ist. Wir gehen den Weg zurück bis zum **Nürnberger Tor**, gehen an der **Johanniskirche** rechts die Johannisstraße hinunter, überqueren die Brücke und sind damit wieder am Schloss und am Parkplatz angelangt. Das Schloss auf der Pegnitzinsel kann man von innen leider nur nach Voranmeldung bei der Tourist-Information besichtigen. So begnügen wir uns mit dem Anblick von außen, verabschieden uns von dieser schönen Stadt und fahren nach NÜRNBERG weiter.

Das Wenzelschloss in Lauf an der Pegnitz.

Nürnberg, Blick vom Turm der Sebalduskirche auf die Burg.

(167) WOMO-Campingplatz-Tipp: Nürnberg

GPS: N49° 25' 22.1" E11° 07' 17.9"
max. WOMOs: 8.
Ausstattung/Lage: Im Wald neben dem Messegelände.
Zufahrt: Über die Hans-Kalb-Str. zwischen Stadion und der Messe.
Verkehrsanbindung Altstadt:
Mit der U1 und U11 ab Messe (ca. 1,5 km Entfernung) zum Hauptbahnhof.

(168) WOMO-Stellplatz: Nürnberg - Münchener Straße

GPS: N49° 25' 22.1" E11° 06' 25.9"   **max. WOMOs:** 8.

Ausstattung/Lage: Befestigter Platz in der Nähe des Silbersees und des Mercur-Hotels, eng, relativ laut, gebührenfrei.
Zufahrt: Im Süden Nürnbergs an der Münchener Straße.
Ver- und Entsorgung: An der Shell-Tankstelle in der Frankenstraße, ca. 1,2 km in Richtung Doku-Zentrum. **GPS:** N49° 25' 51.7" E11° 06' 02.6"
Verkehrsanbindung Altstadt: Mit der U1 + U11 (500 m bis zur Haltestelle Bauernfeindstraße) zum Hauptbahnhof.

(169) WOMO-Stellplatz: Nürnberg - Bayernstraße

GPS: N49° 25' 57.6" E11° 06' 18.4"
max. WOMOs: >5.
Ausstattung/Lage: Asphaltierter Platz am Luitpoldhain, relativ ruhig, gebührenfrei.
Zufahrt: In der Nähe der Kongresshalle an der Bayernstraße.
Ver- und Entsorgung: Wenige Meter entfernt an der Shell-Tankstelle in der Frankenstraße.
GPS: N49° 25' 51.7" E11° 06' 02.6".
Verkehrsanbindung Altstadt: Mit der Tram Nr. 7 (300 m bis zur Haltestelle-Bayernstraße) zum Hauptbahnhof.

Es ist bekanntlich nicht immer einfach einen geeigneten Stellplatz in einer Großstadt zu finden. Deshalb stellen wir erst einmal die Plätze vor, die sich für Übernachtungen eignen, bevor wir uns den Sehenswürdigkeiten NÜRNBERGS widmen. Die vier folgenden Plätze und ein Campingplatz erscheinen uns gut geeignet für einen Aufenthalt.

Unser Favorit ist der Platz an der Bayernstraße am **Luitpoldhain**, obwohl es kein ausgewiesener Übernachtungsplatz ist, wie die Stellplätze in NÜRNBERG offiziell genannt werden. Er ist im Gegensatz zu den anderen sehr geräumig. Auf den offiziellen Stellplätzen geht es sehr eng zu, für größere Fahrzeuge

(170) WOMO-Stellplatz: Nürnberg - Heinemann-Straße

GPS: N49° 27' 32.9" E11° 06' 45.6" **max. WOMOs:** 4.
Ausstattung/Lage: Befestigter Platz in der Nähe der Pegnitz, relativ laut, gebührenfrei.
Zufahrt: Im Osten Nürnbergs an der Dr.-Gustav-Heinemann-Straße.
Ver- und Entsorgung: Keine.
Verkehrsanbindung Altstadt: Mit der Tram Nr. 8 (600 m bis zur Haltestelle Tafelhalle) zum Rathenauplatz und Hauptbahnhof.

(171) WOMO-Stellplatz: Nürnberg - Kilianstraße

GPS: N49° 28' 29.0" E11° 05' 39.2" **max. WOMOs:** 8.
Ausstattung/Lage: Asphaltierter Platz am Volkspark Marienberg mit WC, relativ ruhig, gebührenfrei.
Zufahrt: Im Norden Nürnbergs an der Kilianstraße 189.
Ver- und Entsorgung: Keine.
Verkehrsanbindung Altstadt: Mit der U2 und U21 (800 m bis zur Haltestelle Nordostbahnhof) zum Rathenauplatz und Hauptbahnhof.

ist bei starker Belegung das Rangieren schon schwierig. Der ruhigste Platz unter ihnen ist sicher der an der Kilianstraße, bei alle anderen ist der Verkehrslärm mehr oder minder deutlich zu hören. Die Endstation der Straßenbahn Linie 8, die man bequem erreichen kann, wenn man die Münchener Straße überquert hat und einige Stufen zur Haltestelle hintergeht, spricht aus unserer Sicht ebenfalls für den Platz am **Luitpoldhain**. Von hieraus geht es über wenige Haltestellen innerhalb von 10 Minuten direkt zum Hauptbahnhof und damit an den Rand der von einem Befestigungsring umgebenen Altstadt. NÜRNBERG lässt sich übrigens auch sehr gut mit dem Fahrrad erkunden, das Radwegenetz innerhalb der Stadt ist sehr umfassend. Bevor wir jedoch die Altstadt besuchen, wollen wir uns zunächst der **Kongresshalle** und dem ehemaligen **Reichsparteitaggelände** der NSDAP zuwenden. Hierzu haben wir lediglich die Bayernstraße zu überqueren.

Kongresshalle und Dokumentationszentrum Reichsparteitaggelände

Ein in Stein erhaltenes Relikt des Größenwahns ist der Torso der nie vollendeten **Kongresshalle**. Der größte noch erhaltene Monumentalbau nationalsozialistischer Architektur in Deutschland sollte Kongresse der NSDAP mit mehr als 50.000 Teilnehmern möglich machen. Das Kolosseum in Rom diente als Vorbild für den Bau mit dem hufeisenförmigen Grundriss, der nach Fertigstellung eine Höhe von 68 Metern erreichen sollte. Es war beabsichtigt den offenen Innenhof durch eine freitragende Dachkonstruktion zu schließen, dies gelang jedoch nicht mehr, bei einer Höhe von ca. 40 Metern wurden die Bauarbeiten 1940 eingestellt.

Heute dienen die Räumlichkeiten verschiedenen Zwecken. In einem der Kopfbauten ist das **Dokumentationszentrum Reichsparteitaggelände** untergebracht (umgangssprachlich **Doku-Zentrum**), das zum einen die Entwicklung des Nationalsozialismus vom Ende des 1. Weltkrieges 1918, bis zu den Nürnberger Kriegsverbrecherprozessen 1945/46 zeigt.

Außenansicht der Kongresshalle.

Zum anderen dokumentiert es die Geschichte und den Bau des Reichsparteitaggeländes sowie die gesamte widerwärtige Scheußlichkeit national-sozialistischer Gewaltherrschaft. Der Bezug zu Nürnberg wird dabei in besonderer Weise berücksichtigt. Mit Audioguides, Tonbildschauen und Schautafeln kann man die eigenen Geschichtskenntnisse auffrischen und vertiefen. Auf dem Gelände rund um den Dutzendteich und Luitpoldhain werden des Weiteren mit großen Schautafeln die historischen Begebenheiten erläutert, die an diesen Orten stattgefunden haben.

Eingang zum Doku-Zentrum.

Durch die Altstadt von Nürnberg

Wir wenden uns nun der Altstadt zu. Hier stehen wir vor dem Dilemma, dass der Platz in diesem Buch nicht reicht, um allem gerecht zu werden. Den Stadtrundgang können Sie mit der grün gepunkteten Linie auf dem Stadtplan (siehe übernächste Seite) verfolgen.

Handwerkerhof am Königstor.

Vom Hauptbahnhof gehen wir zum **Königstor**, das von einem der typischen dicken Türme der Nürnberger Stadtbefestigung flankiert wird und haben an der linken Seite den **Handwerkerhof**. Es ist ein mittelalterliches Anwesen mit allerlei Kunstgeschäften und Gastronomiebetrieben. Wir gehen hindurch und danach über die Königstraße an der **Klarakirche** vorbei zur **Mauthalle**, einem ehemaligen Getreidespeicher mit vielen Dachgauben und einer bemerkenswerten Fassade. Im Kellergewölbe dieses Hauses gibt es eine kleine Brauerei

Lorenzkirche.

Nürnberg, Nassauerhaus.

mit rustikalem Gasthaus und fränkischer Küche. Auf dem Weg hinunter zur Pegnitz beeindruckt uns die hochgotische Basilika **Sankt Lorenz**. Ihr gegenüber steht das schmucke **Nassauerhaus**, ein sehr gut erhaltenes mittelalterliches Turmhaus.

Wir gehen weiter und kommen auf die Museumsbrücke. Unser Blick fällt auf das **Heilig-Geist-**

Heilig-Geist-Spital über der Pegnitz.

Von Pegnitz nach Nürnberg 181

Spital, ein Brückenbauwerk, das einst für Alte und Bedürftige errichtet wurde und heute ein Restaurant beherbergt. Nun sind es nur noch wenige Meter bis zum **Hauptmarkt**, auf dem der berühmte Nürnberger **Christkindlesmarkt** stattfindet.

Nürnberger Christkindlesmarkt

Er ist einer der größten Weihnachtsmärkte in Deutschland und weltweit bekannt. Er beginnt am Freitag vor dem 1. Advent und endet an Heiligabend. Traditionell wird der Markt mit dem Prolog des Christkindes von der Empore der Frauenkirche eröffnet. Jedes Jahr zieht der **Christkindlesmarkt** ca. 2 Millionen Besucher an, die sich durch die Budengassen drängen und nach Weihnachtsgeschenken oder Schmuck für den Christbaum suchen. Spielwaren in allen Variationen werden angeboten. Unzählige Rostbratwürste und Unmengen Glühwein finden ihren Absatz, und den berühmten Nürnberger Lebkuchen in den verschiedensten Darbietungsformen findet man an vielen Ständen. Mit der großen Kulisse der Altstadt zeigt sich Nürnberg im Advent von seiner romantischsten Seite. Wer mag kann das auch mit einer alten Postkutsche erleben, die während des Marktes fährt.

Am Rande des **Hauptmarktes** steht der **Schöne Brunnen**, eine 19 Meter hohe Pyramide, die einer gotischen Kirchturmspitze ähnlich sieht. Mit vierzig Steinfiguren aus dem 14. Jahrhundert zeigt sie das Weltbild des Heiligen Römischen Reiches. Wir gehen weiter, kommen an dem palastähnlich erscheinenden **Alten Rathaus** vorbei und gelangen zur **Sebalduskirche**, in der u.a. auch Turmführungen angeboten werden. Nachdem wir uns schon über die website der Kirche für eine Führung angemeldet hatten, nehmen wir an einer Turmbesteigung teil. Oben angekommen, haben wir einen fantastischen Blick über die **Altstadt**. Nachdem wir die Treppen wieder abgestiegen sind, folgen wir der Steigung der

Schöner Brunnen.

Sebalduskirche.

Nürnberg, Innenstadt

Fembohaus.

Tucherschloss, Hirsvogelsaal.

Burgstraße und kommen am **Fembohaus**, Nürnbergs größtem erhaltenen Bürgerhaus der Renaissance vorbei, das heute als Stadtmuseum dient. Bevor wir zur **Kaiserburg** gelangen, unternehmen wir noch einen kleinen Abstecher an der Kirche **St. Egidien** vorbei zum **Tucherschloss** mit dem **Hirsvogelsaal**. Die Familie **Tucher** zählte zu den reichsten Kaufmannsfamilien der Stadt. Ihren

Von Pegnitz nach Nürnberg 183

Vorhof der Kaiserburg mit Heidenturm und tiefem Brunnen.

Reichtum gewann sie durch den Import von Gewürzen, Stoffen und vielerlei anderem, später auch mit Bier. Das heute zum Oetker-Konzern gehörende Tucher Bräu gehörte lange Zeit dieser Familie. Jeden Sonntagnachmittag führt die ehemalige Hausherrin Katharina Tucher übrigens höchstpersönlich mit kleinen Anekdoten aus ihrer Familie durch die Räume. Mag die Außenfassade des Schlosses auch schlicht wirken, die Innenräume sind prachtvoll ausgestaltet. Die Eingangshalle mit dem beeindruckenden Kreuzrippengewölbe weist eines der schönsten gotischen Maßwerkfenster Nürnbergs auf, im oberen Geschoss sind u.a. wertvolle Möbel zu bewundern. Im Nebengebäude ist das Deckengemälde des Dürerschülers Georg Pencz im **Hirsvogelsaal** besonders beeindruckend. Der Saal gilt als der bedeutendste Renaissance-Innenraum nördlich der Alpen.

Am **Maxtor** vorbei (hier gibt es keinen Torturm mehr) gehen wir nunmehr zur Burganlage. Sie ist eine der bedeutendsten Kaiserpfalzen des Mittelalters und das Wahrzeichen Nürnbergs. Reichs- und Hoftage wurden hier abgehalten. Alle Kaiser des Heiligen Römischen Reiches residierten hier zumindest zeitweilig zwischen 1050 und 1571.

Der imposante Baukomplex gliedert sich in drei Teile. In der Mitte der Anlage befinden sich die Reste der **Burggrafenburg**, im Westen die **Kaiserburg** und im Osten die **Reichsstädtischen Bauten** mit dem Turm Luginsland. Neben den beeindruckenden Gebäuden können auch die kaiserlichen Wohn- und Repräsen-

Platz vor dem Tiergärtnertor mit Pilatushaus (links) und der Burg.

Dürerhaus. Tiergärtnertor am Dürerhaus.

tationsräume im Palast besichtigt werden. Ein sehr lohnenswerter Besuch.

Nach eingehender Betrachtung verlassen wir die Burg und gehen am Fuße der Festungsmauern über die Gasse "Am Ölberg" entlang der Handwerkerhäuschen durch ein Tor der Festungsmauer in den Burggarten.

Über den Burggarten gehen wir auf der Burgmauer Richtung **Neutor**. Wir werfen noch einen Blick von der Mauer zurück auf die Burg, sehen das **Pilatus**- und das **Dürerhaus** und gehen dann bis zum **Neutor**, dort die Treppen hinunter zur Straße und gelangen entlang der Neutormauer auf den Platz vorm **Tiergärtnertor,** den wir soeben noch von oben betrachtet haben. Der Platz zeigt mit dem **Dürerhaus**, dem **Tiergärtnertor**, dem **Pilatushaus**, einem der wenigen Fachwerkhäuser Nürnbergs aus der Spätgotik eine malerische Kulisse mit der Burg im Hintergrund. Ein guter Ort für eine Rast. An Lokalen rund um den Platz mangelt es hier nicht.

Frisch gestärkt verlassen wir den Platz über die A.-Dürer-Straße, kreuzen nach ca. 200 Metern den Weinmarkt, sehen links die hohen Türme der **Sebalduskirche** und wenden uns halbrechts der **Weißgerbergasse** zu.

Weißgerbergasse, historische Bausubstanz.

Weinstadel, Wasser- und Henkersturm.

Etwa zwanzig historische Häuser haben den Krieg unbeschadet überstanden und vermitteln einen Eindruck, wie die Altstadtstraßen Nürnbergs einmal ausgesehen haben. Am Ende dieser Gasse überqueren wir die Straße, die durch das **Hallertor** führt und gelangen zum **Kettensteg**. Diese freischwebende Hängebrücke aus dem 19. Jh., führt über die Pegnitz und gewährt einen schönen Blick auf die **Maxbrücke** und den **Henkersteg**.

Von der Maxbrücke haben wir einen wunderbaren Blick auf **Weinstadel, Wasser-** und **Henkersturm**. Der 48 Meter lange **Weinstadel** ist eines der größten Fachwerkhäuser Deutschlands. Einst als Siechenhaus für Leprakranke errichtet, diente es lange Zeit als Weinlager und wurde in den 50er Jahren des letzten Jahrhunderts zu einem Studentenwohnheim umgebaut.

Wir gehen weiter in Richtung **Sebalduskirche** und suchen in der Karlstraße das **Hallersche Haus** auf, das in seinen Mauern das Spielzeugmuseum beherbergt. In einer umfangreichen Sammlung wird gezeigt, wie sich Spielzeug von der Antike bis zur Gegenwart im Laufe der Jahrhunderte entwickelt hat.

Vom **Hallerschen Haus** geht es nun über die Karlstraße, die Karlsbrücke und den **Trödelmarkt** nach Süden in die Kaiserstraße. Diese gehen wir bis zum Ende durch, treffen auf den Josephsplatz, überqueren diesen und gelangen auf den **Ludwigsplatz**, an dessen Ende der **Weiße Turm** steht, der einst Teil der alten Stadtbefestigung Nürnbergs war. Davor befindet sich das **Ehekarussell**,

ein außergewöhnlicher Brunnen, den sich zukünftige Eheleute etwas genauer anschauen sollten. Zeigt er doch in sechs sehr plastischen Darstellungen das Auf und Ab des Ehelebens in Anlehnung an das Gedicht *"Das bittersüße ehlich Leben"* von Hans Sachs, dem bekannten Meistersinger aus dem frühen 16. Jahrhundert.

Wenige Meter entfernt steht am **Jakobsplatz** der markante klassizistische Kuppelbau von **St. Elisabeth**. Im Inneren der Kuppel stehen auf halber Höhe – kreisförmig angeordnet – Statuen der 12 Apostel. Eine sehr interessante Kirche.

Ihr gegenüber steht die evangelische Kirche **St. Jakob**. Der Jakobsplatz ist Ausgangspunkt für den mittelfränkischen Jakobsweg der nach Rothenburg ob der Tauber sowie Speyer führt und von dort über viele weitere Stationen nach Santiago de Compostela.

Zum Ende unseres Besuchs in Nürnberg haben wir noch zwei erstklassige Museen auf dem

Weißer Turm und St. Elisabeth.

Programm. Das **Germanische Nationalmuseum** und das **Verkehrsmuseum**, das sich allerdings außerhalb der Stadtmauern befindet.

Das spätmittelalterliche **Kartäuserkloster**, bildet den zentralen Teil des **Germanischen Nationalmuseums**, dem größten kulturhistorischen Museum Deutschlands. Der Umfang der gezeigten Sammlungen zur Kunst- und Kulturgeschichte des deutschsprachigen Raumes von der Vor- und Frühgeschichte bis zur Gegenwart ist immens. Für den Besuch dieses Museums benötigt man sehr viel Zeit. Einen verregneten Tag kann man hier bequem verbringen.

Eingang des Germanischen Nationalmuseums.

Kreuzgang des Kartäuserklosters.

Das **Verkehrsmuseum** oder **DB Museum Nürnberg**, wie es offiziell heißt, zeigt die Geschichte der Eisenbahn von ihren Anfängen bis zur heutigen Zeit. Vor 175 Jahren begann das Eisenbahnzeitalter in Deutschland, 1835 fuhr der Adler, eine in England gebaute Lokomotive, von Nürnberg nach Fürth. Ein originalgetreuer Nachbau ist im Museum, neben vielen anderen Exponaten zu sehen. Aber nicht nur die Ausstellungsstücke wie der Adler, der Salonwagen König Ludwigs, so eine Art Versailles auf Rädern oder die vielen anderen Lokomotiven und Waggons machen das Museums interessant. Es ist auch die Darstellung der mit der rasanten Ausweitung des Eisenbahnnetzes verbundenen Entwicklung der Mobilität und Industriegeschichte.

Salonwagen König Ludwig II.

Für das Kind im Manne gibt es dann noch im ersten Stock des Museums eine große Modellbahnanlage auf der gleichzeitig bis zu 30 Züge auf etwa 500 Meter Gleislänge verkehren.

Damit beenden wir den erlebnisreichen Besuch in Nürnberg und beenden damit auch gleichzeitig diese Tour.

Originalgetreuer Nachbau des Adlers.

TOUR 12 (ca. 180 km)

Nürnberg – Stein – Cadolzburg – Fürth – Herzogenaurach – Erlangen – Effeltrich – Forchheim Kirchehrenbach – Pommersfelden – Bamberg

Freie Übernachtung:	Nürnberg, Stein, Fürth, Forchheim, Kirchehrenbach, Pommersfelden
Stellplätze:	Nürnberg, Zirndorf, Cadolzburg, Herzogenaurach, Forchheim, Bamberg
Campingplätze:	Nürnberg, Erlangen, Bamberg
Ver-/Entsorgung:	Nürnberg, Cadolzburg, Herzogenaurach, Erlangen, Forchheim, Bamberg
Besichtigungen:	Stein (Faberschloss), Cadolzburg (Altstadt, Burg), Fürth (Altstadt), Herzogenaurach (Altstadt), Erlangen (Barockstadt), Efffeltrich (Wehrkirche), Forchheim (Altstadt, Kellerwald), Pommersfelden (Schloss Weißenstein)
Wandern:	Kirchehrenbach (Walberla)
Baden/Wellness:	Stein (Therme Palm Beach), Herzogenaurach (Therme), Erlangen-Dechsendorf (Bischofsweiher)

Wir verlassen NÜRNBERG über die Frankenstraße und über die B14 Richtung ANSBACH. Das erste Ziel dieser Tour ist STEIN. Die Stadt schließt nahezu nahtlos an RÖTHENBACH, einem Stadtteil NÜRNBERGS an. Gleich am Eingang der Stadt sehen wir das **Faberschloss** [N49° 25' 02.8" E11° 01' 13.1"], ein prächtiges Gebäude im Stil der Neorenaissance. Das im Volksmund auch „**Bleistiftschloss**" genannte Bauwerk, ist eine Anwesen, das die Familie Faber-Castell zu Beginn des 20. Jahrhunderts errichten ließ. Einen Blei- oder Buntstift mit dem Namen Faber-

Turm des „Bleistiftschlosses"

Thermal-, Kur- und Freizeitbad Palm Beach.

Castell hat sicher schon jeder einmal in den Händen gehabt. Wie sie produziert werden und welche Geschichte damit verbunden ist, kann man jeden dritten Sonntag im Monat mit einer Führung im Schloss und Museum erfahren.

Therme, Wellness, Sauna, Freizeitbad mit großen Rutschen und mehreren Außenbecken, die Kristalltherme **Palm Beach** ist eine dieser neuzeitlichen großen Anlagen, die alles auf einem Areal anbietet. Wir erreichen sie, indem wir auf der B14 Richtung Ansbach ca. 1,5 Kilometer weiterfahren und dann die Ausfahrt zum Mühlloheweg nehmen. Der Parkplatz [**172:** N49° 24' 24.1" E11° 00' 16.3"] hinter der Anlage ist zwar kein ausgewiesener Wohnmobilstellplatz, aber dennoch für eine Übernachtung geeignet, wenn die Hochspannungsleitung nicht als störend empfunden wird. An den Wochenenden ist die Anlage bis Mitternacht geöffnet.

Auf dem Weg nach CADOLZBURG passieren wir ZIRNDORF. Wer mit Kindern unterwegs ist, für den ist vielleicht ein Stopp beim Playmobil Funpark von Interesse. Es ist ein großer Park zum Toben und Klettern und weniger zum Spielen mit den kleinen Plastikfiguren. Einen ausgewiesenen Wohnmobilstellplatz gibt es hier [**173:** N49° 25' 46.53" E10° 56' 12.07"] an der Carl-Benz-Straße, allerdings ohne Entsorgungsmöglichkeiten und ohne Stromanschlüsse.

Den nächsten „Bleistift" entdecken wir in CADOLZBURG. Der Aussichtsturm im Süden der Stadt wird im Volksmund so genannt. Er steht an der Brandstätterstraße [N49° 27' 20.9" E10° 51' 16.6"], ist bei Tageslicht frei zugänglich und bietet eine weit reichende Sicht ins Umland.

Aussichtsturm in Cadolzburg.

Wer CADOLZBURG besuchen will, der stellt sein Fahrzeug am besten auf dem Stellplatz **„Am Höhbuck"** ab, der allerdings nicht genutzt werden kann, wenn eine Veranstaltung auf der danebenliegenden Festwiese stattfindet. Der Platz ist nah an der Ortsmitte und an der Burg, die in Sichtweite liegt und nur durch ein Tal vom Platz getrennt ist. Der Weg zur Burg und zum historischen Marktplatz, der das Zentrum des alten Ortskernes bildet, ist leicht durch die Beschilderung zu finden. Ein Bummel durch das ruhige Städt-

Tor zum Innenhof der Hohenzollernburg.

(174) WOMO-Stellplatz: Cadolzburg - Am Höhbuck

GPS: N49° 27' 40.3" E10° 51' 06.3"
max. WOMOs: 8 für Fahrzeuge bis zu 12 Metern Länge, ganzjärig nutzbar.
Ausstattung/Lage: asphaltiert am Festplatz, gebührenfrei, zentrumsnah **Zufahrt:** Am Höhbuck, von der Ortsmitte über Nürnberger und Sudetenstraße erreichbar.
Ver- und Entsorgung: Über eine Versorgungsstation am Rande des Platzes, Stromversorgung am Münzautomaten.

chen, vorbei an Fachwerk- und Natursteinhäuschen bis zum **Oberen Tor** und ein Besuch der mächtigen **Hohenzollernburg,** nimmt nicht sehr viel Zeit in Anspruch. Führungen durch die Burg werden nur in den Sommermonaten an Sonn- und Feiertagen angeboten. Über die Geschichte der Stadt und der Region ist im Rangau-Heimathaus am Pisendelplatz 1 mehr zu erfahren.

Der nächste Ort auf unserer Reiseroute ist FÜRTH. Wir verlassen CADOLZBURG in Richtung SEUKENDORF, fahren vor dem Ort auf die B8, und verlassen diese wieder nach 4 Kilometern über die Abfahrt nach FÜRTH. Wir parken auf dem Parkplatz Fürther Freiheit **[175: N49° 28' 16.7" E10° 59' 35.5"]** im Zentrum der Stadt. Am Wochenende ist dies kein Problem, unter der Woche ist die Höchstparkdauer auf 2 Stunden begrenzt. Der Parkplatz ist für Mobile über 8 Metern Länge nicht geeignet. Von hier ist es nicht weit in die Altstadt. Die Stadt Ludwig Erhards und Henry Kissingers soll die höchste Denkmaldichte

Prachtfassaden in der Hornschuhpromenade.

pro Kopf aller deutschen Großstädte haben. Nun, das haben wir weder nachgezählt noch überprüft, aber dass es hier sehr viel Baudenkmäler gibt und schöne dazu, das ist keine Frage. Dabei steht nicht unbedingt immer das einzelne Baudenkmal im Vordergrund, sondern das Ensemble mehrerer Gebäude wie zum Beispiel in der **Hornschuhpromenade** und der **Königswarterstraße**, zwei parallel verlaufende Straßen nur 300 Meter östlich unseres Parkplatzes beginnend. *„Die Architektur der beiden Prachtpromenaden besticht durch repräsentative Sandsteinfassaden, die stilistisch vom Neubarock bis zum Jugendstil reichen. Mit prächtigen Hauseingängen, schmiedeeisernen Balkongittern, üppigem Fensterschmuck und reich verzierten Erkern spiegeln die stattlichen Wohnungen den Reichtum und das Geltungsbedürfnis ihrer großbürgerlichen Bauherren wieder. Bis heute hat sich in diesen beiden Straßen ein geschlossenes architektonisches Gesamtbild erhalten, das vor über hundert Jahren organisch gewachsen ist."* So heißt es in einer offiziellen Beschreibung der Stadt. Das können wir aus unserer Sicht nur bestätigen.

Gründerzeitfassade in der Schwabacher Straße.

Aber nicht nur dort sehen wir die Prachtfassaden, auch an anderen Orten in der Stadt auf unserem Weg zum **Grünen Markt**, den wir über die Schwabacher und Königstraße erreichen, sehen wir ansprechende Häuserfassaden aus der

Gauklerbrunnen auf dem Grünen Markt.

Gründerzeit. Nur nicht in der geschlossenen Form wie in der Hornschuhpromenade und nicht immer so prachtvoll. Rund um den **Grünen Markt** liegt die Altstadt mit restaurierten mittelalterlichen Bauten, Fachwerkhäusern und barocken Gebäuden entlang schmaler Gassen. Insgesamt ein bunter Architekturmix, der eine ebenso bunte Mischung an Nutzungsarten mit Kneipen, Cafés und Restaurants hervorgebracht hat. Die Gaukler, die auf dem **Grünen Markt** in ihrem Tun verharren, passen in dieses Stadtbild.

Wahrzeichen der Stadt ist das Rathaus, dessen Turm dem Turm des **Palazzo Vecchio** in Florenz nachempfunden ist. Das insgesamt sehr gut erhaltene alte Stadtbild ist darauf zurückzuführen, dass im letzten Weltkrieg die Stadt von Bombenangriffen weitgehend verschont blieb. Mit laufenden Sanierungs- und Instandsetzungsmaßnahmen der alternden Bausubstanz wird darauf geachtet, dass dieses schöne städtebauliche Erbe auch erhalten bleibt.

Wir verlassen FÜRTH wieder über die B8 und fahren nach BURGFARRNBACH [N49° 29' 14.1" E10° 55' 36.8"]. Hier steht eines der

Rathaus, Wahrzeichen der Stadt Fürth.

Schloss Burgfarrnbach.

größten klassizistischen Schlösser Bayerns. Mit einer Fassadenlänge von 70 Metern ein beachtliches Gebäude, das zu Beginn des 19. Jahrhunderts im Auftrag der Grafen Pückler und Limpurg gebaut wurde und heute das Stadtarchiv, die Stadtbibliothek der Stadt FÜRTH und eine umfangreiche Gemäldesammlung beherbergt. Es ist kein klassisch-touristisches Ziel. Wir wollen es aber allein wegen seine Größe und Architektur nicht unerwähnt lassen. Parkmöglichkeiten gibt es praktisch nur hinter dem Schloss in der schmalen Graf-Pückler-Limpurg-Straße, die Sie über die Regelsbacher Straße erreichen.

Der Fehnturm in Herzogenaurach.

Wir fahren weiter über VEITSBRONN und TUCHENBACH nach HERZOGENAURACH. Wer über Nacht bleiben will, dem empfehlen wir den Stellplatz am **Freizeitbad Atlantis**, das mit Wellenbecken, Wasserrutschen, Sauna u.a. aufwartet und für Wohnmobilfahrer nach Entrichtung der Stellplatzgebühr einen ermäßigten Eintritt anbietet. Von hier aus sind es 1,5 Kilometer bis zum Zentrum der Stadt. Wer nur die Innenstadt besuchen will, kann in Altstadtnähe auf dem Parkplatz „An der Schütt" das Fahrzeug abstellen [N49° 34' 03.2" E10° 53' 00.2"].

Den Stadtbummel starten wir vom Parkplatz „An der Schütt". Über die Ritzgasse gehen wir in die Hauptstrasse und wenden uns nach links und sehen sogleich den **Fehnturm,** einen Wach- und Verteidigungsturm mit markanten Erkern. Sein Pendant, der **Türmersturm**, steht 300 Meter entfernt und bewacht den westlichen Eingang der Stadt. Dazwischen befindet sich das

Laue Sommernacht im Straßenrestaurant am Rathaus von Herzogenaurach.

(176) WOMO-Stellplatz: Herzogenaurach-Atlantis

GPS: N49° 34' 23.7" E10° 51' 56.5"
max. WOMOs: 12.
Ausstattung/Lage: Kostenpflichtig, mit ermäßigtem Eintritt für das Bad, ganzjährig geöffnet.
Zufahrt: Am Ortsausgang Richtung Aurachtal/Emskirchen.
Ver- und Entsorgung: An einer Versorgungsstation am Rande des Platzes. 12 Stromanschlüsse mit Münzautomaten.

Alte Rathaus, ein schönes altes Fachwerkgebäude, das heute als Restaurant genutzt wird. Dahinter liegt der Marktplatz mit einem Brunnen, dann sind wir auch schon am Schloss. Hierin befinden sich das Rathaus und die Touristinformation. Wir wenden uns nach rechts, gehen zur hochgotischen Stadtpfarrkirche **St. Magdalena**, die mit barocker Innenausstattung glänzt, kommen dann am Pfründerspital vorbei, einem Fachwerkhaus, das einst als Bürgerspital diente und heute das Stadtmuseum beherbergt. Damit sind wir auch schon fast wieder am Ausgangspunkt angelangt. Wir gehen weiter, werfen noch einmal einen Blick auf den Fehnturm und kehren zum Womo zurück.

Bevor wir nach ERLANGEN weiterfahren, wollen wir noch den Hinweis geben, dass die beiden berühmten Sportartikelhersteller **Puma** und **Adidas** aus HERZOGENAURACH stammen und hier Outletcenter betreiben. Beide befinden sich an der Nordumgehung und sind nur durch einen Golfplatz getrennt.

Nach ERLANGEN ist es nur ein Katzensprung, wir unterqueren die A3, überqueren wenig später den **Main-Donau-Kanal**, die **Regnitz** sowie die A73 und folgen der Beschilderung zum Bahnhof. Hier stellen wir das Fahrzeug zwischen dem Bahnhofsgelände und der Autobahn auf dem großen Parkplatz ab [**177:** N49° 35' 43.2" E10° 59' 57.5"]. Um sich die Sehenswürdigkeiten der Universitätsstadt anzuschauen, ist der Platz gut geeignet, für eine Übernachtung wäre er uns zu laut. In DECHSENDORF, einem Stadtteil von ERLANGEN fernab des Zentrums (ca. 8 km), befindet sich am Großen Bischofsweiher ein schön angelegter Campingplatz als ruhige Alternative.

> **(178) WOMO-Campingplatz-Tipp: Camping Rangau**
> **GPS:** N49° 37' 53.2" E10° 56' 52.1"   **max. WOMOs:** 10.
> **Ausstattung/Lage:** Befestigter Platz am Großen Bischofsweiher in Dechsendorf, 8 km vom Zentrum..
> **Zufahrt:** Vom Großparkplatz in der Nähe des Parkhauses unter der AB-Brücke durchfahren, dann scharf rechts, dann auf die Dechsendorfer Straße nach Dechsendorf, dort den Hinweisschildern zum Campingplatz folgen.

Dass ERLANGEN am Reißbrett entworfen wurde und sich nicht aus einem mittelalterlichen Kern ins Umland entwickelt hat, merkt man schnell, wenn man sich in das Zentrum rund um das Schloss begibt. Die Meister des rechten Winkels haben mit ihrem Grundriss ganze Arbeit geleistet und so zählt ERLANGEN zu den wenigen Städten in Deutschland, die den Städtebau des Barock umfassend präsentieren können.

Wir beginnen unseren kleinen Stadtrundgang am Bahnhofsvorplatz, den wir durch die Unterführung vom Parkplatz schnell erreichen und sehen die Rückseite der **Hugenottenkirche**. Über die Calvinstraße gehen wir an ihr vorbei und stehen nun auf dem Hugenottenplatz.

Auf der Hauptstraße gehen wir weiter und kommen auf den quadratischen Markt- bzw. Schlossplatz. Auf der einen Seite des Platzes steht der **Paulibrunnen**, auf der anderen Seite, vor dem **markgräflichen Schloss**, das heute die Verwaltung der Universität beherbergt, die Statue des Markgrafen Friedrich, dem Gründer der Universität. Das Schloss nimmt die östliche

Der Paulibrunnen auf dem Marktplatz.

Die Hugenotten in Erlangen

Die Hugenotten spielen eine besondere Rolle in Erlangen. Ihr Glaube, geprägt von den Lehren Calvins, wurde in Frankreich vom Klerus der katholischen Kirche und vom König nicht geduldet. Der Glaubensfreiheit beraubt, flüchteten sie in andere Länder. Markgraf Christian Ernst sah durch die Ansiedlung der Glaubensflüchtlinge die Chance, die marode wirtschaftliche Situation in seinem Herrschaftsbereich zu verbessern und bot ihnen an, sich in Erlangen niederzulassen. Der Zustrom an siedlungswilligen Hugenotten ließ die Kleinstadt schnell aus allen Nähten platzen. Nach dem Muster einer idealen barocken Stadt wurden Pläne mit einem rechtwinkeligen Grundriss für eine neue

Siedlung gefertigt, die den Siedlern Platz bieten sollte. Dieser Grundriss besteht bis heute fort. Diese Hugenottenkirche ist eines der ersten Gebäude, das in dieser neuen Stadt fertiggestellt wurde.

Der Hugenottenbrunnen im Schlossgarten.

Seite des Platzes vollständig ein. Wir gehen an diesem Gebäude vorbei und haben nunmehr den weitläufigen barocken Schlossgarten vor uns. Links sehen wir die **Orangerie**, rechts den großen **Hugenottenbrunnen**, dahinter eine große Liegewiese mit schattigen Bäumen, die von zahlreichen Studenten bevölkert ist.

Alljährlich veranstaltet die Universität ein Schlossgartenfest, mit Livemusik und großem Feuerwerk. Ein besonderer Höhepunkt und mit gewöhnlich mehr als 6000 Gästen, eines der größten Gartenfeste Europas, an dem auch gern die wirtschaftliche und politische Prominenz Bayerns teilnimmt.

Den Markgrafen Christian Ernst, der sowohl als oberste Figur auf dem Hugenottenbrunnen, wie auch als Reiterstandbild in der Mitte des Schlossgartens verewigt ist, wird dieses bunte Treiben nicht gestört haben. Achtete er doch neben seiner militärischen Karriere auch immer auf die Förderung der Kunst und Kultur. Das Standbild zeigt ihn übrigens in voller Rüstung über einen daniederliegenden Türken hinweg reiten und soll an seine Teilnahme an der Befreiung Wiens von der türkischen Herrschaft erinnern.

In den schmalen Straßen und Gassen rund um die Universität finden sich zahlreiche Restaurants, Cafes und Kneipen. Das ganze Viertel hat studentisch-akademisches Flair, die Zahl der jüngeren Leute im Straßenbild überwiegt gegenüber anderen, Nicht-Universitätsstädten. Da muss man nicht nachzählen, es fällt einfach auf in unserer überalterten Gesellschaft. Es ist aber auch nicht verwunderlich, schließlich sind an der Hochschule ca. 27.000 Studenten immatrikuliert.

Auf unserem weiteren Weg nach FORCHHEIM nehmen wir die Route über EFFELTRICH. Zu bestaunen gibt es hier eine **1000-jährige Linde** und eine **Kirchenburg**. Die Linde hat einen Umfang von 9 Metern, ist aber nur 8 Meter hoch. Stützen sichern die weit ausladenden Äste vor einem Bruch.

Effeltrich, 1000-jährige Linde und Wehrkirche.

Herbst, auf dem Weg zur Walberla ein vernebelter Blick ins Wiesenttal.

Die Kirchenburg wurde als Schutz- und Trutzburg angelegt und sollte als Fliehburg den Bürgern Schutz gewähren. Sie ist nicht vollständig erhalten, Teile wurden zerstört, Teile wurden abgerissen, als sie in der Funktion einer Burg nicht mehr benötigt wurde. Dennoch ist sie immer noch eine schön anzuschauende Wehrkirche.

Weiter geht die Fahrt über WIESENTHAU nach KIRCHEHRENBACH zur **Ehrenbürg** besser bekannt als **Walberla**.

Geomorphologisch betrachtet ist die **Walberla** nur ein Zeugenberg, ein Überbleibsel aus der abgetragenen und zurückverlagerten Schichtstufe der **Fränkischen Alb**. Von den zwei Plateaugipfeln in 514 und 532 Metern Höhe kann man schön ins Wiesenttal und ins Regnitztal hinunterschauen, wenn das Wetter entsprechend mitspielt, was bei unserem ersten Besuch leider nicht so war. Aber die **Walberla** ist nicht nur eine geologische Formation, nein, sie ist ein mystisch-magischer Ort und neben dem **Staffelstein** ein besonderer Berg für die Franken.

Die Heilige Walburga.

Die **Walberla** war ein Kultplatz der Kelten, dann ein germanisches Heiligtum und nach der Christianisierung eine geweihte Stätte der Christen. Vor der Walburgiskapelle oben auf dem Plateau steht die Bronzestatue der **Heiligen Walburga**, von der sich der Name **Walberla** vermutlich ableitet. Ihr zur Ehren fand an jedem 1. Sonntag im Mai eine Wallfahrt statt, aus der sich schnell ein **Frühlingsfest** entwickelte, das zu den ältesten Festen dieser Art in Deutschland gehört. Zehntausende kommen jedes Jahr zu diesem Fest, das am Freitag vor dem ersten Sonntag im Mai mit dem traditionellen Aufstellen des Maibaumes und anschließendem Bieranstich beginnt und am Sonntagabend endet. Die **Walberla** ist das ganze Jahr über einen Ausflug wert, allein schon wegen der Morphologie des Berges und der hier versammelten Pflanzengesellschaften mit Kalkmagerrasen und der Fränkischen Mehlbeere, die nur hier vorkommt. Wenn man dann noch Nebel hat, so wie wir im Herbst, gibt es einen Schuss Mystik obendrein. Als Park- und auch Übernachtungsplatz eignet sich [**179**: N49° 43' 41.5" E11° 08' 44.5"], der Parkplatz, der leicht von der Ortsmitte aus zu finden ist. Man muss nur der Beschilderung zur **Walberla** folgen. Er liegt sehr ruhig am Fuße des Berges.

Der Kellerwald
Es ist tatsächlich ein Wald voller Keller, genauer Bierkeller. In den Sandstein hatten einst Forchheimer Bierbrauer Gänge getrieben, um dort unter relativ konstanten Temperaturen ihr Bier zu lagern. Schon im 18. Jahrhundert führten moderne Brau- und Lagertechniken dazu, dass die Keller ihre Funktion einbüßten. Dafür begann man Schankwirtschaften einzurichten, die sich einer stetig wachsenden Beliebtheit erfreuen. Heute ist der Kellerwald ein übergroß dimensionierter Biergarten mit 24 Schankwirtschaften und tausenden von Sitzplätzen. Preiswerte Gerichte der fränkischen Küche werden angeboten, dazu die verschiedenen Biere aus Forchheim und der Region. Am 10-tägigen **Annafest**, das jährlich Ende Juli stattfindet, ist der Besucherandrang besonders groß, dann werden noch einige Bänke mehr aufgestellt. Bis zu 30.000 Besucher finden einen Sitzplatz.

Nun geht es weiter nach FORCHHEIM. Zunächst steuern wir den **Kellerwald** an, von dem wir schon soviel gehört hatten. Er ist leicht zu finden, er liegt an der Unteren Kellerstraße und ist gut ausgeschildert. Auf dem großen Parkplatz [**180:** N49° 43' 46.7" E11° 04' 20.4"] am Rand des Waldes lässt es sich gut parken und bei Bedarf auch übernachten.

Der offizielle Stellplatz der Stadt FORCHHEIM liegt auf der Sportinsel, von hier aus ist die sehenswerte **Altstadt** über eine Fußgängerbrücke, die über den **Main-Donau-Kanal** und die A73 führt, bequem zu erreichen.

(181) WOMO-Stellplatz: Forchheim-Sportinsel

GPS: N49° 43' 15.0" E11° 03' 00.0"   **max. WOMOs:** 12.
Ausstattung/Lage: Gebührenpflichtiger Platz am Ortsrand mit Gratisstromversorgung, ganzjährig geöffnet, auch für Mobile über 10 Meter geeignet.
Zufahrt: Auf der B470 Richtung Höchstädt nach der Regnitzbrücke dem Womo-Zeichen folgen.
Ver- und Entsorgung: Unter der Woche zwischen 7.00 - 15.00 Uhr an der Kläranlage, Zur Staustufe 14, **GPS:** N49° 44' 28.2" E11° 02' 39.8", ca. 3 km .

Nimmt man diese Brücke und folgt den Hinweisen zur Innenstadt, so erreicht man als erstes die von den Forchheimern „**Kaiserpfalz**" genannte **Fürstbischöfliche Residenz,** die mit spätgotischen Wandmalereien und dem Pfalzmuseum im Inne-

Magistrats- und Frechshaus mit der Martinskirche im Hintergrund.

ren aufwarten kann. Das Museum widmet sich der Archäologie Oberfrankens und der Stadtgeschichte.

Folgt man der Kapellen- und Sattlertorstraße weiter in die Innenstadt, so gelangt man zur **Martinskirche** und im weiteren Verlauf zum **Rathaus**, das mit dem **Magistrats-** und **Frechshaus** ein schönes Fachwerkensemble bildet. Geht man die Hauptstraße entlang bis zum Paradeplatz und darüber hinaus, so gelangt man über die Torstraße zum **Nürnberger Tor**. Zurück

Schloss Weißenstein in Pommersfelden.

Kammerer's Mühle, das Schiefe Haus.

geht es über den Paradeplatz und Marktplatz ins Lohmühlgässchen und von dort durch die Wiesentstraße entlang des Flusses zur **Kammerer's Mühle**, einem alten Fachwerkhaus, das sich durch die abgesunkenen Fundamente der Wiesent zuneigt und deshalb auch das „**Schiefe Haus**" genannt wird. Hier lässt es sich übrigens angenehm Tafeln, denn die ehemalige Mühle ist heute ein nettes Restaurant.

Nachdem wir zum Stellplatz zurückgekehrt sind, verlassen wir FORCHHEIM und fahren über einen kleinen Umweg nach BAMBERG. Dieser Umweg führt uns nach POMMERSFELDEN zum **Schloss Weißenstein**. Auf dem Parkplatz unterhalb des Schlosses steht ausreichend Raum für Reisemobile zur Verfügung [**182:** N49° 45' 41.5" E10° 49' 13.1"].

Dieses Schloss, das der Kurfürst Lothar Franz von Schönborn zu Beginn des 18. Jahrhunderts fernab größerer Orte errichten ließ, ist ein Juwel des fränkischen Barock. Es ist von einer weitläufigen Gartenanlage umgeben, die ursprünglich als Barockgarten angelegt war, dann aber dem damaligen Zeit-

geist folgend, Ende des 18. Jahrhunderts im Stile eines englischen Landschaftsparks umgewandelt wurde.

In den kunstvoll ausgeschmückten Räumen des Schlosses ist von Mai bis Oktober eine der größten Barockgemäldesammlungen Deutschlands zu besichtigen (nur mit Führung). Die prachtvolle Barockarchitektur gipfelt ohne Zweifel im Treppenhaus, das praktisch den gesamten vorstehenden Teil des Hauptgebäudes einnimmt. Die mit zwei breiten Läufen angelegte Treppe ist von hohen offenen und reich verzierten Galerien umgeben und wird durch ein phantastisches Deckengemälde gekrönt.

Prachtvolles Treppenhaus.

Das ist Barockarchitektur in edelster Form und diente so manch anderem Bauherrn als Ideenvorlage, wurde aber in dieser Vollendung sonst nirgendwo erreicht. Es lohnt sich also schon allein wegen des Treppenhauses dieses Schloss zu besichtigen. Das Fotografieren ist in den zum Teil noch privat genutzten Innenräumen nicht gestattet. Das Foto haben wir von der Presseabteilung des Schlosses bekommen.

TOUR 13

TOUR 13 (ca. 170 km)

Ansbach – Ornbau – Merkendorf – Wolframs-Eschenbach – Windsbach – Abenberg – Spalt Brombachsee – Altmühlsee – Gunzenhausen Treuchtlingen

Freie Übernachtung:	Merkendorf, Windsbach
Stellplätze:	Ansbach, Wolframs-Eschenbach, Abenberg, Spalt, Brombachsee, Altmühlsee, Treuchtlingen
Campingplätze:	Brombachsee, Altmühlsee
Ver-/Entsorgung:	Ansbach, Wolframs-Eschenbach, Abenberg, Spalt, Brombachsee, Altmühlsee, Treuchtlingen
Besichtigungen:	Ansbach (Altstadt, Residenz und Hofgarten), Ornbau (Altstadt), Merkendorf (Altstadt), Wolframs-Eschenbach (Altstadt), Windsbach (Altstadt), Abenberg (Altstadt und Ritterburg), Spalt (Altstadt), Gunzenhausen (Altstadt), Fossa Carolina, Treuchtlingen (Kurpark)
Wandern:	Brombachsee, Altmühlsee
Baden/Wellness:	Ansbach (Aquella), Abenberg (Badeweiher), Brombachsee, Altmühlsee, Treuchtlingen (Altmühltherme)

Wir beginnen diese Tour, die uns durch romantisch anmutende fränkische Städte und eine große künstliche Seenlandschaft führen wird, in ANSBACH. Der hiesige Stellplatz ist leicht zu finden, die Innenstadt in 15 Min. zu Fuß zu erreichen.

(183) WOMO-Badeplatz: Ansbach - Am Stadion

GPS: N49° 18' 15.3" E10° 33' 27.4"   **max. WOMOs:** 12.
Ausstattung/Lage: Am Stadion 2, großer Platz am Freizeitbad „Aquella" in der Nähe der B14, gebührenfrei, ca. 1 km vom Zentrum entfernt,
Zufahrt: Über die B14, im Westen der Stadt, gut ausgeschildert.
Ver- und Entsorgung: Über eine Servicestation am Rande des Platzes, kostenpflichtig, Münzautomaten für die Stromversorgung.

Sankt Johannis ist eine der sehenswerten Kirchen der Stadt, die andere ist **Sankt Gumbertus**. Die beiden Kirchen stehen sich, nur 100 Meter voneinander entfernt, am Martin-Luther-Platz gegenüber.

Sankt Gumbertus gilt mit ihren drei Türmen als das Wahrzeichen ANSBACHS und ist gleichzeitig das älteste Gebäude der Stadt. Der barocke Saalbau der Kirche ist lichtdurchflutet

Bachdenkmal hinter der Johanniskirche.

Ansbach, Herrieder Tor.

und von schlichter Eleganz. Hier einem Bachkonzert während der Bachwochen zu lauschen ist sicher ein Vergnügen. Wen es interessiert: Unter bachwoche.de gibt es die Termine dazu. Neben der **Gumbertuskirche** steht das Geburtshaus von Theodor Escherich, dem weltberühmten Kinderarzt und Entdecker der Kolibakterien (Escherichia coli), an dem wir auf dem Weg zum **Herrieder Tor** vorbeigehen.

Das 47 Meter hohe, achteckige Gebäude wurde Mitte des 18. Jahrhunderts auf den Grundmauern eines alten Turmes errichtet. Der Torturm wird von Bürgerhäusern flankiert, dies ist ein sehr bemerkenswertes Barockensemble der Residenzstadt. Sehenswert sind ebenfalls der **Behringershof** neben der Kirche St. Gumbertus sowie das **Markgrafen-Museum** am Kaspar-Hauser-Platz.

Die **Markgräfliche Residenz** kann nur im Rahmen von Führungen besucht werden, die in den Sommermonaten zwischen 9.00 und 17.00 Uhr stündlich stattfinden. Prunkräume, doppelgeschossiger Festsaal, Spiegelkabinett und Kachelsaal

Barocker Saalbau der Kirche St. Gumbertus.

mit Fliesen aus der ehemaligen Ansbacher Fayencemanufaktur warten darauf bewundert zu werden. **Hofgarten** und **Orangerie** sind räumlich von der **Residenz** getrennt und bilden eine eigenständige Anlage, auch wenn sie eigentlich zur **Residenz** gehören. Bei der Architektur ließen sich die Baumeister von französischen Vorbildern inspirieren. Die Südfassade der Orangerie ist dem Grand Trianon in Versailles nachempfunden, die Nordfassade den Kollonaden des Louvre. Die großen Räume des schlossähnlichen Gebäudes werden heute für Veranstaltungen und Ausstellungen genutzt. Ein Restaurant und ein Café sind im Seitenflügel untergebracht. Neben dem Kräutergarten sind der Park und die Hauptachse des Hofgartens mit der langen Reihe der Lindenbäume besonders attraktiv. Im Park erinnert eine Büste an Kas-

Orangerie im Hofgarten.

Hauptachse des Hofgartens im Herbst.

par Hauser, dessen geheimnisumwitterte Tod in Ansbach und sein rätselhaftes Vorleben wohl nie vollends geklärt werden können. In den Kaspar-Hauser-Festspielen widmet man sich in Ansbach diesem Thema alle zwei Jahre. Die Festpiele gibt es in den geraden Jahren, die Bachwochen in den ungeraden Jahren.

Wir verlassen nun die Stadt über die B13 in südliche Richtung. Die Hinweise auf das **Fränkische Seenland** sind auffallend häufig zu sehen, aber die Seenlandschaft muss noch ein wenig auf uns warten. Wir fahren nicht auf dem direkten Weg dorthin, sondern machen einige Umwege, um die wahrhaft malerischen und romantischen Städte dieser Region zu besuchen.

Als erstes Städtchen haben wir uns ORNBAU ausgesucht. Es liegt ein wenig abseits der B13 direkt an der Altmühl. Eine wirklich gute Parkmöglichkeit können wir für diesen kleinen Ort nicht empfehlen. Die beste Möglichkeit sehen wir noch am Südufer der **Altmühl**. Dazu muss man sich dem Ort aber über die Umgehungstraße von Süden her nähern. Mit dem Wohnmobil kommt man durch die Stadttore nicht durch, da führen die GPS-Koordinaten [N49° 10' 24.7" E10° 39' 18.7"] unter Umständen in die Irre, wenn nur die kürzeste Strecke berechnet wird.

Ornbau mit steinerner Brücke über die Altmühl.

Es gibt keine hervorzuhebenden Sehenswürdigkeiten in dem Ort, der Ort selber ist sehenswert. Die Patina, die Stadtmauer und die Stadttore sowie die Brücke über die Altmühl wirken als ein romantisches Gesamtensemble. ORNBAU wäre ohne Umbauten eine schöne Kulisse für einen mittelalterlichen Film.

Ähnlich ist es in MERKENDORF, dem nächsten kleinen Ort dieser Tour unmittelbar an der B13. Nur hier passen wir mit dem Wohnmobil durch die Stadttore und haben sogar ein Parkempfehlung außerhalb der nicht ganz vollständigen, aber dennoch schön anzuschauenden Stadtmauer [**184:** N49° 12' 14.1" E10° 41' 58.2"]. Wenn man vom Parkplatz der Straße folgt, am **Unteren Tor** vorbeigeht, dem Stadtgraben folgt und den Ort erst durch das **Taschentor** betritt, hat man gleich den schönsten Teil der Stadtmauer gesehen. Es sind nur rund 600 Meter. Geht man dann durch das **Taschentor,** ist man nach wenigen Metern auf

Merkendorf, Stadtmauer und Stadtgraben.

dem **Marktplatz**. Hier stehen das spätgotische Rathaus, Krautbrunnen und die ehemalige Zehntscheuer, in der heute ein Heimatmuseum untergebracht ist, dicht beieinander.

Das nächste Städtchen hat nicht nur romantisches Flair, sondern auch eine ganz besondere Verbindung zur mittelhochdeutschen Dichtkunst. Den Vornamen des berühmten Sohnes der Stadt hat man schon 1917 dem Ortsnamen vorangestellt. Die Rede ist von WOLFRAMS-ESCHENBACH, der alten Minnesängerstadt, Heimatort des Parzivaldichters **Wolfram von Eschenbach**.

Merkendorf, Unteres Tor.

Wolframs-Eschenbach, Museum im Alten Rathaus und Liebfrauenmünster.

(185) WOMO-Stellplatz: Wolframs-Eschenbach

GPS: N49° 13' 31.02" E10° 43' 10.86"
max. WOMOs: 24.
Ausstattung/Lage: Gebührenpflichtiger Platz an der Waizendorfer Str. 15 mit WLAN, Liegewiese, Beachvolleyball, Naturbad, Grillplatz. Auch für Mobile bis 12 Metern Länge nutzbar.
Zufahrt: Von Merkendorf in W.-E. die dritte Ausfahrt vom 1. Kreisverkehr nehmen, dann nach 250 Metern links in die Waizendorfer Straße abbiegen.
Ver- und Entsorgung: An einer Sanitärstation am Rande des Platzes, Stromversorgung über Münzautomaten.

Wolframs-Eschenbach, Oberes Tor.

Die starken Wehrmauern der Stadt sind vollständig erhalten. Nur durch zwei mächtige mittelalterliche Tore kann die Stadt betreten oder verlassen werden. Zwischen diesen beiden Toren verläuft die Hauptstraße, an der zahlreiche große Fachwerkhäuser stehen. Am Marktplatz befindet sich das Denkmal des Parzivaldichters. Er blickt auf sein Museum, das in dem **Alten Rathaus** untergebracht wurde. Daneben stehen das **Deutschordenschloss** und dahinter das **Liebfrauenmünster** aus dem 13. Jahrhundert, das spätromanische und

Wolfram von Eschenbach

Der Versroman des Parzival ist eines der Hauptwerke der mittelhochdeutschen Dichtkunst. Berühmt geworden ist es auch durch Richard Wagners gleichnamiger Oper. Worum es dabei geht, ist in einer Broschüre der Stadt Wolframs-Eschenbach prägnant zusammengefasst. Wir erlauben uns das zu zitieren: „Das Epos des »Parzival« ist das *umfangreichste Werk des Autors. Es handelt davon, die ritterlichen Ideale von Mut, Tapferkeit und Freude an der Welt zur Geltung zu bringen und gleichzeitig mit den christlichen Werten der Demut und Nächstenliebe zu verbinden. Parzival zieht in jungen Jahren unbekümmert und draufgängerisch in die Welt hinaus, übernimmt fremde Lebensregeln, ohne selbst über sie nachzudenken, verstrickt sich in Schuld und zweifelt an der Güte Gottes. Erst als er dazu übergeht, sich über die eigene Person und die Lebenszusammenhänge mehr Klarheit zu verschaffen, als er beginnt, mehr Verantwortung auf sich zu nehmen und besonnener zu handeln, kommt ihm umgekehrt die Güte des Lebens entgegen. Er wird nach vormaligem Scheitern zum Gralskönig berufen und nun Hüter des edlen Steins, der als Quelle des Lebens erscheint und an bestimmten Tagen wie ein Tischleindeckdich für Speis und Trank, für Jugend und Schönheit sorgt."*

Wolfram Denkmal auf dem Marktplatz

frühgotische Architekturmerkmale in sich vereint. Es wurde vom Deutschen Orden errichtet, der die Geschichte der Stadt über 600 Jahre bis zum Beginn des 19. Jahrhunderts bestimmte. Im **Liebfrauenmünster** fand **Wolfram von Eschenbach** seine letzte Ruhestätte.

Zwischen den vielen Fachwerkhäusern will die Architektur des **Deutschordensschlosses** auf den ersten Blick so gar nicht in das Ensemble passen. Ende des 16. Jahrhunderts war es modern im Renais-

Wolframs-Eschenbach, Stadtmauer.

sancestil zu bauen und da es im Bestreben des Deutschen Ordens lag, das Zentrum des Ortes repräsentativ zu erneuern, wurde das Schloss eben in diesem Stil errichtet. Wobei Schloss eigentlich übertrieben klingt, es ist eher ein Bürgerhaus, das dort errichtet wurde.

Zahlreiche Wanderwege bieten sich an, die nähere Umgebung zu erkunden. Einer dieser durchnummerierten „Minnesängerwege" führt nach WINDSBACH unserem nächsten Ziel.

Windsbach, Hauptstraße mit Oberen Tor am Ausgang des Ortskerns.

Wir nehmen aber nicht die Wanderschuhe, sondern das Womo, obwohl es nur 8 Kilometer sind. Der Ortskern ist dem von MERKENDORF vergleichbar, von der Stadtmauer gibt es allerdings nur noch Reste und von den ehemals fünf Tortürmen stehen nur noch zwei. Durch das Brückentor fahren wir hinein und durch das Obere Tor wieder hinaus. Eine Parkmöglichkeit eröffnet sich hinter dem Oberen Tor am Jahnring [186: N49° 14' 52.9" E10° 49' 55.4"]. Eine Sehenswürdigkeit die besonders hervorzuheben wäre, gibt es hier nicht. Der malerische Ort in seiner Ensemblewirkung ist die Sehenswürdigkeit.

Der nächste Ort ist ABENBERG. Die Durchfahrtshöhe des Oberen Stadttores ist mit 2,7 Metern zu niedrig, um in den Ort hinein zu fahren. Wir stellen das Fahrzeug am Ende des Gewerbegebiets auf den Stellplatz am Badeweiher ab und gehen mehr als einen Kilometer zur Burg die über die Stadt wacht.

(187) WOMO-Badeplatz: Abenberg – Am Badeweiher
GPS: N49° 14' 8.73" E 10° 57' 18.31"   **max. WOMOs:** 6.
Ausstattung/Lage: Befestigter Platz am Badeweiher. Naturbad, Kinderspielplatz, Wald-/Naturlehrpfad. Stromversorgung für 6 Fahrzeuge.
Zufahrt: Die erste Ausfahrt des ersten Kreisverkehr vor Abenberg nehmen und die Straße bis zum Ende durchfahren. Liegt an der Straße nach Spalt.
Ver- und Entsorgung: Sanitärstation mit Wasserver- und Entsorgung.

Burg Abenberg, Turm Luginsland, Burgscheune und Schottenturm.

Die mittelalterliche Anlage ist eine Ritterburg mit einem Turnieranger, den schon **Wolfram von Eschenbach** in seinem **Parzival** beschrieben hat. Eine lebensgroße Bronzeskulptur erinnert daran. In einer Nische der Festungsmauer sehen wir ihn mit einer Laute ein Lied vortragen.

Abenberg, Oberes Tor und Rathaus.

Die sehenswerte Burg erfüllt heute mehrere Funktionen. Sie ist Hotel, Restaurant und ein Museum, in dem das **Haus der fränkischen Geschichte** untergebracht ist. Auf dem Burghof gegenüber befindet sich das **Klöppelmuseum** in der alten Burgscheune, der Turm links davon, der „**Luginsland**", kann bestiegen werden. Darüber hinaus finden Musik-Veranstaltungen, Festivals und auch ein Ritterturnier auf dem Burggelände statt. Wer gern bei einem spannend vorgespielten Krimi an einem Galadinner teilnehmen möchte, der kann dies im Burgrestaurant an ausgewählten Abenden tun.

Bevor wir uns dem **Fränkischen Seenland** widmen, statten wir der Hopfen- und Bierstadt SPALT noch einen Besuch ab. Auf dem Weg in die Hopfenmetropole Frankens treten die hohen, mit starken Drähten verbundenen Stangen, die für den Anbau des Hopfens verwendet werden, immer häufiger in Erscheinung. In SPALT angekommen, parken wir hinter dem **Kornhaus [188: N49° 10' 30.6" E10° 55' 41.0"]** an der Obeltshauser Straße. Für die Übernachtung bietet sich der Stellplatz in unmittelbarer Nachbarschaft an.

Von Ansbach nach Treuchtlingen 213

(189) WOMO-Stellplatz: Spalt - Wohnmobilpark Rezattal

GPS: N49° 10' 30.20" E10° 55' 45.68"   **max. WOMOs:** 12.
Ausstattung/Lage: Gebührenpflichtiger Platz an der Obeltshauserstr. 3 Auch für Mobile bis 12 Metern Länge nutzbar. Ganzjährig geöffnet.
Zufahrt: Die St2223 Richtung Friedrichsgmünd fahren. Kurz nach der Ortsmitte nach links in die Obeltshauserstr. abbiegen, dann sind es noch 100 m.
Ver- und Entsorgung: An einer Sanitärstation am Eingang des Platzes, Grauwasserentsorgung über Bodeneinlass, Strom wird vom Betreiber des Platzes nach Verbrauch abgerechnet.

Das Kornhaus in Spalt.

Im **Kornhaus**, ein Fachwerkgebäude aus dem 15. Jahrhundert befindet sich die **Erlebniswelt Bier** mit Degustation und Handwerksbrauerei.

Die Hopfenlagerung hat in SPALT recht eigenwillige Dachkonstruktionen hervorgebracht. Die Hopfenhäuser zeichnen sich durch oft mehrfach gebrochene Steilsatteldächer mit mächtigen Fachwerkgiebeln aus. In den vier oder fünf Dachgeschossen wurde Hopfen getrocknet und gelagert, bevor es in den Verkauf kam.

Hopfenhaus Mühlreisig.

Heute haben sie diese Funktion durch andere Techniken längst verloren und sind zumeist für Wohnzwecke umgebaut worden.

Eine Reihe weiterer Sehenswürdigkeiten warten in SPALT darauf betrachtet zu werden. Dazu gehören die ehemalige Stiftskirche **St. Nikolaus** mit prächtigen Fresken und die schlichte Pfarrkirche **St. Emmeram**, die eine umgebaute romanische Basilika ist. Weiterhin der 1422 erbaute Torturm, der Drechsler- und der Diebsturm sowie einige Fachwerkhäuser, die an der Stadtmauer zu kleben scheinen.

Ein besonders prächtiges Exemplar eines Hopfenhauses ist das **Hopfengut Mühlreisig** außerhalb von SPALT. Um dieses zu sehen, muss man Richtung WASSERMUNGAU entlang der Fränkischen Rezat flussaufwärts fahren, dies lässt sich gut mit dem Rad durchführen.

Das Fahrrad ist für unser nächstes Ziel übrigens auch ein sehr gutes Verkehrsmittel. Jetzt geht es nämlich an den **Großen** und den **Kleinen Brombachsee** ins **Fränkische Seenland,** die sich mit dem Fahrrad erkunden lassen. Eine wunderbare Abwechslung zu den Bade-, Segel- oder Surftagen.

Es sind keine natürlichen Seen. Sie wurden angelegt, um das relativ regenarme Nordbayern mit Wasser zu versorgen und die Wassermenge für den **Main-Donau-Kanal** sicherzustellen. Dazu wird aus der Altmühl und der Donau dem Regnitz-/Maingebiet bei Bedarf Wasser zugeführt und in den Seen gespeichert. Die Brombachseen, der Altmühlsee und der Rothsee sind somit in erster Linie ein Verbund von Ausgleichsbecken für die Wasserwirtschaft.

Ramsberg, Bootshafen am Südufer des Großen Brombachsees.

Das **Fränkische Seenland** wurde aber auch zu einer perfekt organisierten Tourismusregion entwickelt, die seit Jahren beworben wird und die sich offensichtlich großer Beliebtheit erfreut. Das Angebot an Freizeitmöglichkeiten ist nahezu unüberschaubar. Baden, Segeln, Surfen, Radfahren, Wandern, alles ist bis auf wenige Ausnahmen in den Naturschutzgebieten rund um die Seen möglich. Es gibt zahlreiche Stell- und Campingplätze, alle sind **gebührenpflichtig**. Bei den vielen Stellplatzmöglichkeiten hat man also die Qual der Wahl. In den Sommermonaten ist insbesondere rund um den **Großen Brombachsee** „die Hölle los", wie man so schön sagt. Um einen Überblick zu schaffen, haben wir die folgenden drei Seiten für Sie zusammengestellt.

(190) WOMO-Badeplatz: Enderndorf – Panoramaplatz

GPS: N49° 09' 01.9" E10° 54' 39.0"
max. WOMOs: 60.
Ausstattung/Lage: Befestigter Platz mit Blick über den Großen Brombachsee. Stromversorgung für alle Plätze, Brötchenservice, Grillplatz. Geöffnet von Ostern bis Oktober.
Zufahrt: Westlich von Enderndorf, gut ausgeschildert.

(191) WOMO-Badeplatz: Enderndorf – Großparkplatz

GPS: N49° 08' 53.6" E10° 54' 37.7"
max. WOMOs: 50.
Ausstattung/Lage: Befestigter Platz am Großen Brombachsee.
Zufahrt: Westlich von Enderndorf, gut ausgeschildert.
Ver- und Entsorgung: Über eine Sanitärstation, kostenpflichtig. Stromversorgung für alle Plätze.

(192) WOMO-Badeplatz: Absberg – Badehalbinsel

GPS: N49° 08' 17.8" E10° 52' 14.2"
max. WOMOs: 150.
Ausstattung/Lage: Befestigter Platz am Westufer mit WC, Duschen, Brötchenservice, Biergarten, Bootsverleih, Badestrand.
Zufahrt: Zwischen Absberg und Langlau auf der linken Seite.
Ver- und Entsorgung: Über eine Sanitärstation, kostenpflichtig, Stromversorgung für alle Plätze.

(193) WOMO-Campingplatz-Tipp: Langlau

GPS: N49° 07' 37.4" E10° 51' 53.7"   **max. WOMOs:** >10.
Ausstattung/Lage: Platz zwischen Sträuchern direkt am Südwestufer des Sees. Fahrrad- und Bootsverleih, Segel- und Surfschule, Minigolf, Spielplatz.
Zufahrt: In Langlau der Beschilderung zum Campingplatz folgen

Abendstimmung am Großen Brombachsee

(194) WOMO-Badeplatz: Ramsberg

GPS: N49° 07' 18.4" E10° 55' 31.1"
max. WOMOs: >10.
Ausstattung/Lage: Asphaltierter Platz oberhalb der Hafenanlage
Zufahrt: In Ramsberg ausgeschildert.
Ver- und Entsorgung: Keine

(195) WOMO-Campingplatz-Tipp: Pleinfeld

GPS: N49° 06' 44.7" E10° 58' 14.5"   **max. WOMOs:** >10.
Ausstattung/Lage: Großer Platz im Wald. Die Zufahrt ist gut ausgeschildert.
Ver- und Entsorgung: Vor dem Campingplatz, nutzbar gegen Gebühr, auch ohne den Platz anzufahren.

ALTMÜHLSEE

(196) WOMO-Badeplatz: Seezentrum Muhr am See
GPS: N49° 08' 46.3" E10° 43' 35.7" **max. WOMOs:** >10.
Ausstattung/Lage: Großer Parkplatz, gebührenpflichtig.
Zufahrt: Von der B13 Gunzenhausen – Ansbach nach Muhr am See abfahren, dann der Beschilderung „Seezentrum" folgen
Ver- und Entsorgung: Keine.

(197) WOMO-Badeplatz: Freizeitanlage – Surfzentrum

GPS: N49° 07' 55.9" E10° 44' 09.4"
max. WOMOs: 50.
Ausstattung/Lage: Großer gebührenpflichtiger Platz mit Stromversorgung.
Zufahrt: Von der B13 Gunzenhausen – Ansbach dem Hinweis „Surfzentrum" folgen.
Ver- und Entsorgung: Über eine Sanitärstation am Rande des Platzes.

(198) WOMO-Badeplatz: Seezentrum – Schlungenhof
GPS: N49° 07' 32.5" E10° 44' 23.9" **max. WOMOs:** >10.
Ausstattung/Lage: Großer gebührenpflichtiger Parkplatz mit Gaststätte.
Zufahrt: Von der B13 Gunzenhausen – Ansbach in Schlungenhof in die Seestraße links abbiegen

(199) WOMO-Campingplatz-Tipp: Seezentrum Wald
GPS: N49 07 32.6 E10 43 00.3" **max. WOMOs:** >10.
Ausstattung/Lage: Platz am Südweststrand des Altmühlsees
Zufahrt: An der Straße von Gunzenhausen nach Oettingen gut ausgeschildert.

Ein Steg führt über einen Seitenarm des Altmühlsees auf die Vogelinsel.

Mit Kindern ist das ein wunderbarer Urlaubsort, sie haben hier am Strand, in den Hüpfburgen, beim Trampolin, im Wasser und bei vielen anderen Dingen in den Freizeitanlagen ganz sicher ihren Spaß.

Am **Altmühlsee** sind die Anlagen alle ein bis zwei Nummern kleiner. Naturbeobachtung steht hier im Vordergrund. Für ornithologisch interessierte ist das Vogelschutzgebiet auf der Vogelinsel von großem Interesse. Wenn Sie in der Dämmerung bei einem Spaziergang am See glauben einen Seehund zu sehen, so täuschen Sie sich. Es sind **Biber**, die hier wieder heimisch geworden sind und deren Spuren man auf der Vogelinsel anhand der umgenagten Bäume auch deutlich erkennen kann.

Die Altmühl in der Nähe von Muhr am See.

Der Blasturm in Gunzenhausen.

Wer gern Rad fährt ist hier bestens aufgehoben. Nicht nur die Wege entlang der Seen sind gut zu fahren, auch die Wege von einem See zum anderen oder entlang der **Altmühl**. Auf den Seen verkehren von Mai bis Oktober Ausflugsschiffe (die Routen sind in den beiden Karten markiert). Auf dem **Altmühlsee** ist es ein kleines bescheidenes Boot, auf dem **Großen Brombachsee** ein großer Trimaran mit über 700 Plätzen und Gastronomiebetrieb.

Größte Stadt in dieser Seenlandschaft ist GUNZENHAUSEN, ein charmanter Ort, der einige sehenswerte Gebäude rund um den historischen Marktplatz aufzuweisen hat.

Besonders hervorzuheben ist die **Evangelische Stadtkirche**, die an der Stelle errichtet wurde, an der sich einst ein römisches Kastell befand. Sie bildet mit dem **Färberturm** und den Resten der Stadtmauer neben dem Turm ein harmonisches städtebauliches Bild. Der **Färberturm** wurde früher als Pulverturm und Gefängnis genutzt, heute ist er in den Sommermonaten Aussichtspunkt für einen Blick in das Umland. Mit ein wenig Glück können Sie von hier aus einem Storchenpaar bei der Brutpflege zuschauen.

Storchennest am Färberturm.

Von den vier Tortürmen der ehemaligen Stadtbefestigung ist nur noch der **Blasturm** erhalten. Er ist über 400 Jahre alt und diente als Beobachtungsposten. Nach Feinden wurde ebenso Ausschau gehalten wie nach Feuer, das im ausgehenden Mittelalter so häufig ganze Städte vernichtet hat. Die Wohnung des Türmers kann im Rahmen einer Führung besichtigt werden.

Wir beenden den Aufenthalt im **Fränkischen Seenland** und fahren entlang der **Altmühl** nach TREUCHTLINGEN.

Kurz vor unserem Ziel nehmen wir den Abzweig nach GRABEN und werfen einen Blick auf die **Fossa Carolina**, den Karlsgraben. Dieser kleine unscheinbare Kanal

Die Fossa Carolina bei Treuchtlingen.

ist der Rest des ersten Versuchs unter Karl dem Großen die Flusssysteme der **Donau** und des **Mains** miteinander zu verbinden. Erst mehr als 1000 Jahre später ist dies mit dem **Ludwig-Donau-Main-Kanal** in der Mitte des 19. Jahrhunderts gelungen (siehe Seite 257).

Die **Altmühltherme** in unmittelbarer Nähe des Stellplatzes ist bei Wohnmobilfahrer sehr beliebt. Ob es am Salz aus dem Toten Meer liegt, mit dem eine Grotte der Therme ausgestaltet ist? Wir wissen es nicht.

---

(200) WOMO-Badeplatz: Treuchtlingen- Altmühltherme
GPS: N48° 57' 37.5" E10° 55' 04.3"   **max. WOMOs:** 44.
Ausstattung/Lage: Großer Platz, direkt am Kurpark in Ortsrandlage,
Zufahrt: Von der Nürnberger Str.in der Nähe der Therme in die Kästleinsmühlenstraße abbiegen und der Beschilderung folgen.
Ver- und Entsorgung: Über eine Servicestation, am Rande des Platzes, kostenpflichtig. Stromversorgung über Münzautomat.
Hinweis: Es empfiehlt sich, sich zunächst an der Tankstelle vor dem Stellplatz anzumelden und erst danach auf den Platz zu fahren.

In der offenen Auenlandschaft entlang der **Altmühl** wurde der Kurpark angelegt. Der Baumbestand ist noch sehr jung, die offenen Flächen noch relativ groß. Skulpturen und ein Barfußpark sollen die Attraktivität der Anlage stärken.

Neben der **Therme** und dem **Kurpark** lohnt ein Besuch des **Stadtschlosses**. In dem Renaissancegebäude ist neben einem Museum das **Informationszentrum Naturpark Altmühltal** untergebracht. Hier kann man einiges über die Siedlungs- und Entstehungsgeschichte des oberen Altmühltales erfahren. Eine informative Vorbereitung für die Tour 15, die durch den schönsten Teil des Altmühltales führt.

Das Stadtschloss in Treuchtlingen.

Von Ansbach nach Treuchtlingen

TOUR 14 (ca. 105 km)

Treuchtlingen – Burgsalach – Weissenburg – Ellingen – Heideck – Hilpoltstein – Roth – Schwabach Nürnberg

Freie Übernachtung:	Burgsalach, Schwabach
Stellplätze:	Treuchtlingen, Weißenburg, Hilpoltstein, Roth, Nürnberg
Campingplätze:	Keine
Ver-/Entsorgung:	Treuchtlingen, Weißenburg, Hilpoltstein, Roth, Nürnberg
Besichtigungen:	Burgsalach (Limes), Weißenburg (Kastell Biriciana, Altstadt und Wülzburg), Heideck (Altstadt), Hilpoltstein (Altstadt und Burg), Roth (Altstadt), Schwabach (Altstadt)
Wandern:	Limeswanderweg
Baden/Wellness:	Treuchtlingen (Altmühltherme), Rothsee

Von TREUCHTLINGEN fahren wir Richtung WEISSENBURG. Auf der Umgehungsstraße nehmen wir die Ausfahrt Richtung EICHSTÄTT (B13) und biegen nach ca. 1,5 km links ab in Richtung **Wülzburg** und BURGSALACH. Wir fahren die Straße hinauf und folgen nach ca. 1 km der Wegweisung zur **Wülzburg**. Diese im ausgehenden 16. Jh. angelegte Zitadelle liegt auf der mit 630 Metern höchsten Kuppe der südlichen Frankenalb. Der Grundriss der sehr eindrucksvollen Renaissancefestung bildet ein nicht ganz regelmäßiges Pentagon (Fünfeck) mit mäch-

Eingangsportal der Wülzburg.

Graben und Festungsmauern der Wülzburg.

tigen Bastionen. Zur Wasserversorgung wurde seinerzeit ein Brunnen von 133 Metern Tiefe angelegt, einer der tiefsten Brunnen Deutschlands. Entlang des „Gedeckten Weges" lässt sich die Festung auf einem ca. 1 km langen Weg umrunden. Die Anlage ist innen begehbar, an den Wochenenden werden Führungen angeboten.

Den Resten bzw. Rekonstruktionen einer wesentlich älteren Verteidigungsanlage wollen wir uns nun widmen. Dazu fahren wir nach BURGSALACH. Dort angekommen folgen wir innerhalb des Ortes dem Hinweis eines kleinen Schildes zum **Römerturm** und **Burgus**. Achtung, an dem Schild ist man schnell vorbeigefahren, denn es befindet sich in einer scharfen Kurve unweit der Ortsmitte. Auf dem Parkplatz am Waldrand **[201: N49° 01' 33.0" E11° 05' 28.5"]** stellen wir das Womo ab und schnappen uns die Fahrräder für die 12 km lange Strecke auf dem Limeswanderweg bis nach ERKERTSHOFEN.

Der obergermanisch-rätische Limes
Als Grenzbefestigung des römischen Reiches wurde der Limes in den Jahren zwischen 159 und 260 mit Kastellen, Wachtürmen, Mauern und Palisaden angelegt, um die hochentwickelte Kultur der römischen Antike vor den barbarischen Germanenstämmen zu schützen. Er reicht über eine Länge von ca. 550 Kilometern von Rheinbrohl (südlich von Bonn) bis Hienheim an der Donau (südwestlich von Regensburg). Etwa 900 Wachtürme und 120 Kastelle wurden entlang dieser Linie errichtet. Seit 2005 gehört das längste Bodendenkmal Europas zusammen mit dem Hadrianswall in Großbritannien zum Welterbe der UNESCO.

Wir radeln hier also auf besonderem historischen Boden. Nach ca. 600 Metern haben wir den hölzernen Limesturm erreicht, er ist nicht begehbar. Über die bequem zu fahrenden Feld- bzw. Waldwege passieren wir nach einigen

Steinerner Turm bei Erkertshofen und Hölzerner Turm bei Burgsalach.

Kilometern den sehr staubigen Steinbruch zwischen Petersbuch und Erkertshofen. Kurz danach erreichen wir den einzigen in Stein rekonstruierten Limesturm Bayerns. Er ist begehbar und wir dürfen die Position eines römischen Legionärs einnehmen. Nach einem kurzen Rundgang geht

Ruine des römischen Kleinkastells Burgus.

es denselben Weg wieder zurück. Bevor wir mit dem Womo weiterfahren, besuchen wir noch kurz die Ruine des Kleinkastells **Burgus**, das eine einmalige Anlage am ober-germanisch-rätischen Limes darstellt, denn diese Form der Architektur wählten die Römer sonst nur für Kastelle in Nordafrika .

Kastell Biriciana, Innenansicht der Porta decumana.

Mit der römischen Geschichte können wir in WEISSENBURG sogleich fortfahren. Im westlichen Teil der Stadt liegt das ehemalige **Kastell Biriciana** auf einer Anhöhe oberhalb der **Schwäbischen Rezat**. Das Kastell diente vermutlich einer Ala, einer Reitereinheit von 500 bis 1000 Mann, als Standort. Es ist damit sehr viel größer als das **Kleinkastell Burgus**. Es hatte vier Tore, vier Eck- und acht Zwischentürme. Das rückwärtige Tor, die Porta decumana, wurde rekonstruiert. Ansonsten ist nur der Grundriss der nicht überbauten Anlage freigelegt bzw. rekonstruiert und zeigt damit die Größe der nahezu quadratischen Anlage mit einer Kantenlänge von ca. 176 Metern.

Westlich des Kastells wurden 1977 die Fundamente einer großen **römischen Bäderanlage** entdeckt. Eine Überdachung schützt die gut erhaltenen Reste dieser in ein Museum umgewandelten Anlage, die in den Sommermonaten besichtigt werden kann. Der dazugehörende Parkplatz an der Gunzenhausener Straße ist relativ klein. Die bei den Ausgrabungen gefundenen Gegenstände wie Gefäße, Spielsteine und auch Schmuck können im **Römermuseum** am Martin-Luther-Platz neben der Andreaskirche angeschaut werden.

Am Rande der Innenstadt gibt es ausgezeichnete Parkmöglichkeiten. Der offizielle Stellplatz liegt am Rande der Stadtmauer, der große Park- und Festplatz liegt 500 Meter südlich am **Limesbad**.

(202) WOMO-Stellplatz: Weißenburg

GPS: N49° 01' 35.5" E10° 58' 26.7"
max. WOMOs: > 5.
Ausstattung/Lage: Befestigter Platz am Rand der Altstadt, gebührenfrei.
Zufahrt: Von der Umgehungstraße (B2) über den Römerbrunnenweg in die Straße „An der Hagnau" fahren.
Ver- und Entsorgung: Am Limesbad.

(203) WOMO-Badeplatz: Weißenburg - Limesbad

GPS: N49° 01' 28.5" E10° 58' 22.6"   **max. WOMOs:** 10.
Ausstattung/Lage: Sehr großer Park- und Festplatz am Limesbad (Freibad), 500 Meter bis zur Stadtmauer, gebührenfrei, auch für sehr große Mobile.
Zufahrt: Von der Umgehungstraße (B2) über den Römerbrunnenweg in die Wiesenstraße fahren.
Ver- und Entsorgung: Über eine Servicestation am Freibadgebäude.

Nachdem die Römer das Kastell verließen, zerfiel die Anlage im Laufe der folgenden Jahrhunderte. Nach einer merowingischen Neugründung des Ortes (die **Merowinger** sind das älteste bekannte Königsgeschlecht der Franken, 5-8. Jh.) und

Die Stadtmauer von Weißenburg mit breitem Wassergraben.

Stadtmauer mit „trockenem" Wassergraben.

der Errichtung eines Königshofes, entwickelte sich der Ort in karolingischer Zeit zur **Reichsstadt**. Die erste Stadtmauer entstand während des 12. und 13. Jahrhunderts, die zweite im 14. Jahrhundert. Sie schützte auch das nach Süden erweiterte Gebiet der Handelsstadt und wurde noch mit einem 30 Meter breiten Graben eingefasst, der teilweise mit Wasser gefüllt wurde. Diese Stadtmauer mit 38 Türmen ist heute noch weitgehend erhalten.

Wir gehen an dieser imposanten Stadtbefestigung entlang, bis uns ein kleines Tor am Ende des Wassergrabens Durchschlupf in die Innenstadt gewährt. Durch schmale Gassen gelangen wir auf die breite Luitpoldstraße, an deren Ende das Rathaus mit dem sehr schönen Renaissancegiebel steht. Von hier aus betrachten wir auch noch einmal die **Wülzburg**, die hoch über der Stadt sehr gut zu sehen ist.

Durch die Rosenstraße, die hinter dem Rathaus beginnt, nähern wir uns dem mächtigen Turm

Das Ellinger Tor am Nordrand der Stadtmauer.

Von Treuchtlingen nach Nürnberg 227

Die Residenz in Ellingen.

der Andreaskirche, gehen vor dem Turm in die Ellinger Straße und sehen bereits den rückwärtigen Teil des **Ellinger Tors**. Es ist das einzige mittelalterliche Tor der Stadt und zählt laut der Stadtverwaltung zu den schönsten Stadttoren der Bundesrepublik. Dem wollen wir gar nicht widersprechen, es ist tatsächlich schön anzuschauen.

Vom **Ellinger Tor** bis zur **Residenz Ellingen** sind es nur etwas mehr als 3 Kilometer. Diese mächtige Schlossanlage wurde in der ersten Hälfte des 18. Jahrhunderts errichtet und wird heute von der Bayerischen Schlösserverwaltung unterhalten. Das Schloss kann nur im Rahmen einer Führung besichtigt werden. Gezeigt werden zeitgenössisch eingerichtete Schauräume mit Deckengemälden, Intarsienkabinette (kunstvolle Wandvertäfelungen), Seidentapeten und anderes.

Dem Schloss gegenüber liegen das Fürstliche Brauhaus sowie das Schloßbräustübl. Im Biergarten dieses zur Residenz gehörenden Gebäudeensembles verführen die fränkischen Spezialitäten des Restaurants zum Verweilen. Der Schlosspark ist nicht sonderlich groß, hat aber einen sehr schönen alten Baumbestand und reicht für einen kleinen Verdauungsspaziergang, bevor es nun durch die hügelige Landschaft über HEIDECK nach HILPOLTSTEIN geht.

In HEIDECK halten wir uns nicht lange auf, das Rathaus und die Stadtpfarr-

Heideck, Rathaus und Stadtpfarrkirche.

kirche sind schnell angeschaut. Für Pferdefreunde ist vielleicht das **Schloss Kreuth** interessant, ein schlossähnlicher Gutshof, der zu einem Reiterhof umgebaut wurde und vielfältige Angebote rund um den Reitsport bereithält. Wir fahren weiter nach HILPOLTSTEIN und an den **Main-Donau-Kanal**.

In HILPOLTSTEIN angekommen parken wir auf dem Stellplatz in der Bahnhofstraße [**204:** N49° 11' 19.1" E11° 10' 56.9"] unweit des Bahnhofs. Wir queren zu Fuß den Altstadtring und gehen durch den Park bis zur Stadtmauer mit dem Döderleinsturm, dem einzigen noch erhaltenen der ehemals acht Stadtmauertürme. Von dort geht es weiter durch die Marktstraße, vorbei an dem Museum „Schwarzes Roß", das sich alten Handwerkstechniken widmet, bis zum **Rathaus**. Es wurde 1417 erbaut und ist eines der ältesten Fachwerkgebäude des Ortes. Es gibt noch einige andere sehenswerte Fachwerkhäuser. Das im Privatbesitz befindliche **Jahrsdorfer Haus** in der Nähe

Das Rathaus in Hilpoltstein.

Blick vom Aufgang zur Burgruine auf St. Johannes und das Messnerhaus.

Die Burgruine Hilpoltstein.

des Stadtweihers gehört dabei zu den besonders schönen und repräsentativsten alten Gebäuden. Wir gehen vom Rathaus weiter, kommen an St. Johannes vorbei. Die barockisierte Kirche zeigt im Inneren prachtvolle Stuckarbeiten eines italienischen Baumeisters. Auf dem weiteren Weg zur Burg geht es an dem ehemals herrschaftlichen Getreidekasten vorbei, der auf uns einen etwas klotzigen Eindruck macht. Hier im „Haus des Gastes" ist heute die Touristinformation untergebracht sowie Teile der Stadtverwaltung. Die über 1000 Jahre alte Burganlage ist nur in den Sommermonaten begehbar. Nach dem Tod der letzten Besitzerin in der Mitte des 18. Jahrhunderts war sie dem Verfall preisgegeben und wurde teilweise abgebrochen. Erst sehr viele Jahre später stoppten Sicherungs- und Sanierungsmaßnahmen den weiteren Verfall der Ruine. Heute ist sie Schauplatz eines jährlich rund um den ersten Sonntag im August stattfindenden Festes mit einem Schauspiel in historischen Kostümen und einem eigens für das Fest gebrauten Burgfestbier.

Bevor wir den weiteren Weg nach NÜRNBERG verfolgen, machen wir noch einen kleinen Abstecher zum **Rothsee**. Kurz vor der Brücke über den **Main-Donau-Kanal** führt ein schmales Sträßchen hinunter ans Ufer. Hier ist ein großes Areal als Wohnmobilstellplatz ausgewiesen, auf dem man längere Zeit ruhig stehen kann. Hier lohnt es sich Tisch und Stühle herauszukramen, um den vorbeifahrenden Schiffen zuzuschauen und die nächsten Tourziele zu planen.

(205) WOMO-Stellplatz: Hilpoltstein, Main-Donau-Kanal

GPS: N49° 12' 18.8" E11° 11' 13.2"
max. WOMOs: 30.
Ausstattung/Lage: Befestigter Platz am Ufer des Main-Donau-Kanals, gebührenpflichtig.
Zufahrt: Direkt neben der Straße nach Allersberg, Richtung Autobahn.
Ver- und Entsorgung: Am Rothsee.

Blick auf den größeren Teil des Rothsees.

> **(206) WOMO-Badeplatz: Rothsee, Seezentrum Heuberg**
> **GPS:** N49° 12' 31.3" E11° 11' 22.7"   **max. WOMOs:** 50.
> **Ausstattung/Lage:** Befestigter mit Sträuchern aufgelockerter Platz am Rothsee, gebührenpflichtig, keine Stromversorgung.
> **Zufahrt:** An der Straße nach Allersberg, kurz hinter dem Main-Donau-Kanal.
> **Ver- und Entsorgung:** Über eine Servicestation im vorderen Bereich des Platzes, frei anfahrbar, kostenpflichtig.

Der **Rothsee** ist nur wenige Meter vom **Main-Donau-Kanal** entfernt. Der in erster Linie für die Wasserwirtschaft des Kanals angelegte See ist zweigeteilt. Auf dem größeren Teil drehen Surfer und Segler ihre Runden, der kleinere Teil bleibt den Badegästen vorbehalten. Drei Gastronomiebetriebe versorgen die Gäste rund um den See. Das Gasthaus am **Seezentrum Heuberg** mit dem großen Wohnmobilstellplatz ist ganzjährig geöffnet. Wer nicht Schwimmen, Surfen oder Segeln mag, der kann auf den zahlreichen gut ausgeschilderten Rad- und Wanderwegen die Umgebung erkunden. Ein Weg führt z.B. zur Schleuse

Gebäude des historischen Eisenhammers.

Eckersmühlen am **Main-Donau-Kanal** und weiter entlang der Wasserstraße zum **Historischen Eisenhammer** am Ortsrand von ECKERSMÜHLEN.

Diese Schmiede ist eine Rarität. Über fünf Generationen befand sie sich im Familienbesitz. Hier wurden Geräte für die

Landwirtschaft handgeschmiedet hergestellt. 1974 musste der Betrieb jedoch geschlossen werden, industriell gefertigte Erzeugnisse sind einfach billiger. Als lebendiges Museum besteht der **Eisenhammer** aber fort. Interessierten Besuchern wird die Kunst des Schmiedehandwerks vorgeführt.

Weiter geht es nach ROTH. Am Ortseingang befindet sich ein großer Parkplatz [**207:** N49° 14' 25.9" E11° 06' 26.1"] mit einem großen Bodeneinlass für die Entsorgung und einer kleinen Säule mit einem Wasserhahn für die Versorgung. Beides ist kostenfrei. Für eine Übernachtung scheint uns der Platz nicht

Schloss Ratibor und das Riffelmacherhaus in Roth..

geeignet, durch die nah vorbeiführende B2 ist es hier einfach zu laut. Für einen Besuch der Innenstadt ist der Parkplatz am Festplatz geeignet [**208:** N49° 14' 35.8" E11° 05' 42.8"], der über die Ratiborer Straße zu erreichen ist.

Die Altstadt ist relativ klein, die sehenswerten Gebäude liegen dicht beieinander. Das **Riffelmacherhaus** am Marktplatz zählt zu den schönsten Fachwerkhäusern Frankens. Neben einigen weiteren Fachwerkhäusern ist jedoch das **Schloss Ratibor** mit seinem Prunk- und Speisesaal besonders hervorzuheben.

Wir fahren weiter nach SCHWABACH, der Goldschlägerstadt. Parken lässt es sich am Besten in der Angerstraße, in der Nähe des Stadtparks [**209:** N49° 19' 26.7" E11° 01' 57.7"]. Einen offiziellen Wohnmobilstellplatz gibt es in Schwabach nicht.

Die Blütezeit des Goldschlägerhandwerks ist zwar vorbei, dennoch dreht sich auch heute noch sehr viel um dieses zu hauchdünnen Plättchen verarbeitete Edelmetall. Das Denkmal des **Goldschlägers** an der Ludwigstraße kündet davon und die vergoldete Dacheindeckung der bunten Rathaustürmchen am Marktplatz ebenso. Gab es zu Beginn des 20. Jahrhunderts noch 130 Betriebe, die Blattgold herstellten, so sind es heute nur noch sechs. Wer mag, kann entlang der **Goldenen Meile**, einem Kulturpfad innerhalb der Stadt, an verschiedenen Orten mehr über Blattgold und dessen Verwendung erfahren. Die Stationen sind mit ca. 1,80 Meter hohen Stelen markiert. Die erste Station ist der **„Goldschläger"**.

Vergoldetes Dach am Rathaus.

Wen Sie einmal „goldig" essen möchten haben wir folgen Tipp für Sie: Der Gasthof **„Goldener Stern"** am Rande des Marktplatzes bietet ein speziell mit Blattgold hergerichtetes Menü für 28,00 € an (Stand 2014). Gar nicht so teuer für ein „goldenes Menü".

Die weiteren Sehenswürdigkeiten sind nicht so zahlreich. Die Kirche St. Johannes mit dem **Schwabacher Altar** (natürlich mit Blattgold) sollten Sie sich jedoch nicht entgehen lassen. Er ist auch eine Station der **Goldenen Meile**. Bei einem kleinen Rundgang werden Sie entdecken, dass die Stadtmauer nur noch teilweise erhalten ist. Auffallend sind einige nur ein Zimmer tiefe Häuser, die an der Mauer zu kleben scheinen.

Stuhlkunst am Marktbrunnen.

Wir beenden nun unseren Besuch in SCHWABACH und fahren über die B2 nach NÜRNBERG weiter (siehe S.178 ff).

Gasthof Goldener Stern.

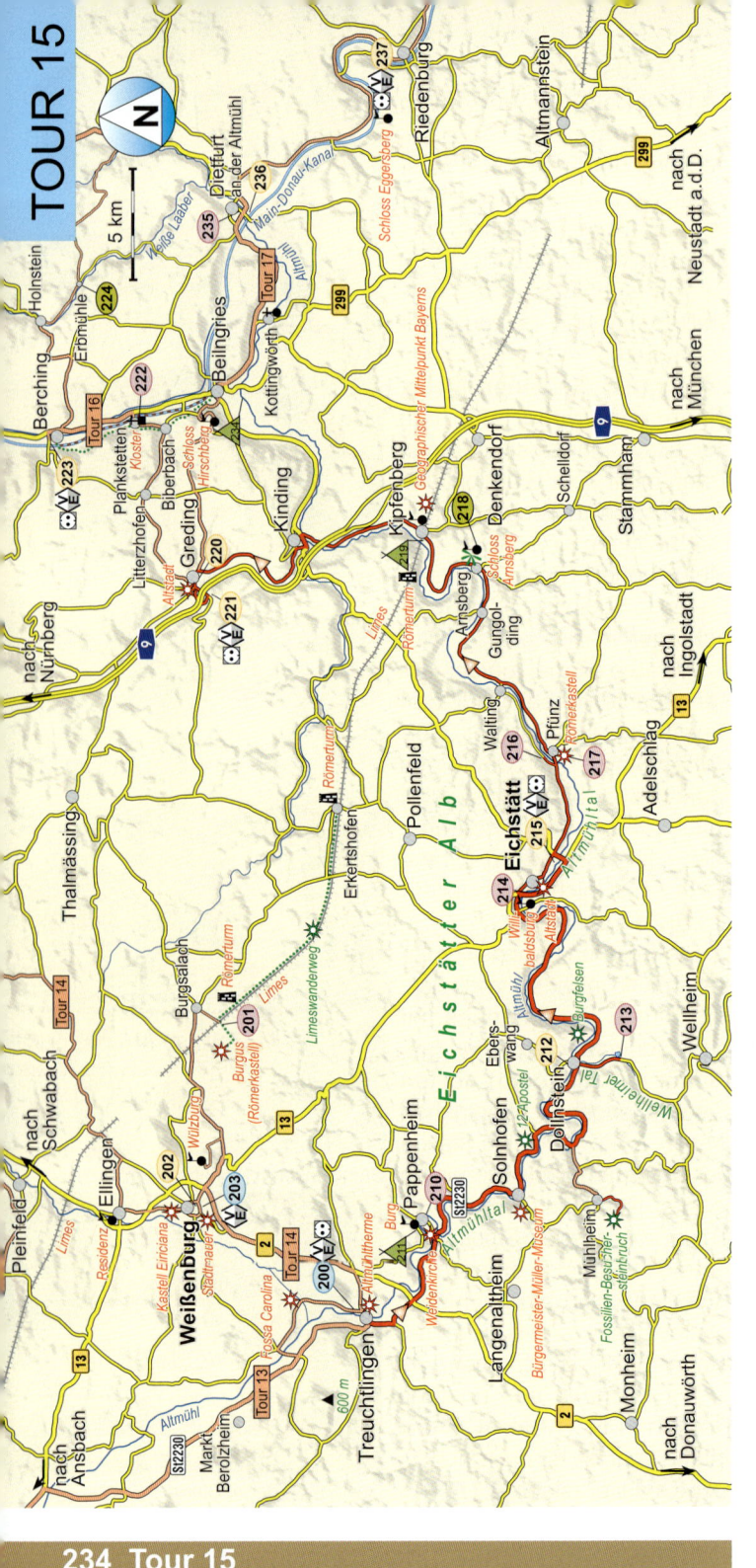

TOUR 15 (ca. 120 km)

Treuchtlingen – Pappenheim – Solnhofen – Dollnstein – Eichstätt – Pfünz – Arnsberg – Kipfenberg Kinding – Greding

Freie Übernachtung:	Pappenheim, Dollnstein, Eichstätt, Pfünz, Arnsberg
Stellplätze:	Treuchtlingen, Dollnstein, Eichstätt, Greding
Campingplätze:	Pappenheim, Kipfenberg
Ver-/Entsorgung:	Treuchtlingen, Pappenheim, Eichstätt, Kipfenberg
Besichtigungen:	Pappenheim (Burg und Weidenkirche), Solnhofen (Bürgermeister-Müller-Museum), Dollnstein, Eichstätt (Altstadt und Willibaldsburg), Pfünz (Römerkastell und Römerbrücke), Greding (Altstadt)
Wandern:	Entlang des Altmühltales, Kipfenberg (Kanutour auf der Altmühl)
Baden/Wellness:	Treuchtlingen (Therme)

Wir verlassen Treuchtlingen über die St2230 in Richtung SOLNHOFEN und EICHSTÄTT. Auf dieser Tour wird die **Altmühl** unsere ständige Begleiterin sein. Hier fließt sie noch weitgehend unberührt durch eine schöne Auenlandschaft, die von steilen Flanken mit zum Teil sehr markanten Felsvorsprüngen eingefasst ist.

Als ersten Ort haben wir PAPPENHEIM auf dem Programm. Die **Altmühl** umfließt den alten Kern des Städtchens, hoch oben liegt die restaurierte Burgruine, die in den Sommermo-

Hoch über Pappenheim liegt die Burgruine mit dem mächtigen Bergfried.

Von Treuchtlingen nach Greding 235

naten besichtigt werden kann. Ein kleiner Botanischer Garten, ein Natur- und Jagdmuseum, historische Ausstellungen und der mächtige begehbare Bergfried mit dem Buckelquader-Mauerwerk warten auf Besucher. Eine eindrucksvolle Anlage, auf der man sich an den Wochenenden während einer Führung auch alle Einzelheiten der Burg erklären lassen kann.

Die zwei Schlösser in dem sehenswerten Ort werden privat genutzt und können nur von außen betrachtet werden. Im Alten Schloss wohnt die gräfliche Familie der Pappenheimer. Außergewöhnlich ist die Weidenkirche am Südrand des Ortes. Sie wurde 2007 von der ev. Jugend angelegt. Endlich mal eine Kirche, die wächst und nicht durch irgendwelche Skandale auf sich aufmerksam macht, fiel uns spontan dazu ein.

Wer den Ort besuchen möchte, der stellt das Fahrzeug am besten auf dem Parkplatz am Sportgelände an der Schützenstraße ab [**210:** N48° 55' 49.6" E10° 58' 21.8"]. Als Alternative bietet sich der Campingplatz an.

(211) WOMO-Campingplatz-Tipp: Pappenheim

GPS: N48° 56' 04.9" E10° 58' 10.3"
max. WOMOs: > 5.
Ausstattung/Lage: Schöner Wiesenplatz am Ufer der Altmühl mit Natur-Flussbad, nahegelegenem Bootsverleih, Brötchenservice.
Zufahrt: Den Ort durchfahren, die die Altmühlbrücke überqueren, dann nach ca. 200 Metern links abbiegen und nach weiteren 500 Metern in die Wehrwiesenstraße fahren.

Ich kenne meine Pappenheimer ...
... wer kennt ihn nicht, diesen Spruch. Aber welche Bedeutung hat er? Schiller lässt Wallenstein in seinem gleichnamigen Drama ausrufen: *"Daran erkenn ich meine Pappenheimer"* womit er den Mut, die Treue und die Zuverlässigkeit der unter **Gottfried Heinrich Pappenheim** dienenden Kürassiere lobte, jenem Feldmarschall also, der aus **Pappenheim** stammt. Diese positive Bedeutung hat der Spruch heute nicht mehr. Heute schwingt ein mißtrauischer Unterton mit, wenn man sagt: "Ich kenne meine Pappenheimer".

Wir fahren weiter entlang der **Altmühl** nach SOLNHOFEN. Die Stadt ist berühmt für das Vorkommen des feinkörnigen Plattenkalks, der seit Jahrhunderten in allerlei Form für den hochwertigen Innenausbau von Häusern und öffentlichen Gebäuden Verwendung findet. Als Fossilienlagerstätte haben die Solnhofener Plattenkalke eine außergewöhnliche Stellung in der Welt. Der Urvogel **Archaeopteryx** (gefiederter Dinosaurier) wurde hier neben einer Vielzahl anderer 150 Millionen Jahre alter Fossilien aus der Jurazeit gefunden. Die erhaltenen Details der präparierten und im **Bürgermeister-Müller-Museum** präsentierten Ausstellungsstücke sind schon sehr verblüffend.

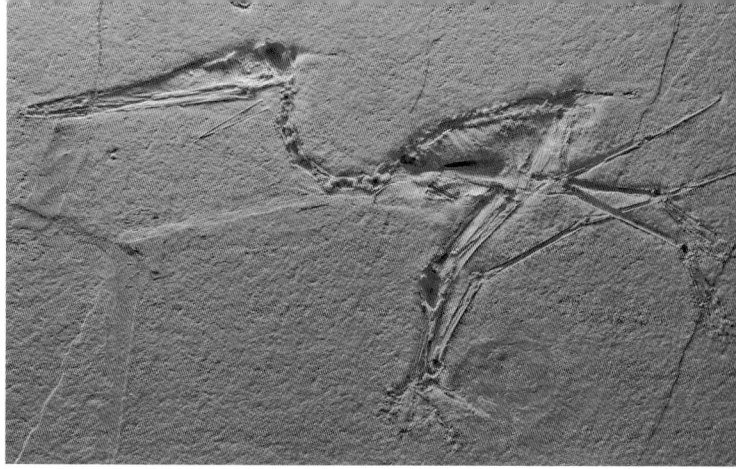

Pterodactylus, Wappentier des Museums.

Das Museum befindet sich in der Bahnhofstraße [N48° 53' 32.0" E10° 59' 32.8"], Parkplätze gibt es entlang der Straße.

Wir fahren von SOLNHOFEN entlang der **Altmühl** nach DOLLNSTEIN weiter. Etwa einen Kilometer nach dem Ortsausgang treffen wir auf die markante Felsformation der **12 Apostel**. Es sind die verwitterten Reste eines ehemaligen Riffs und wie die Fossilien, 150 Millionen Jahre alt. Die Hänge sind bewachsen mit Halbtrockenrasen und Wacholder, eine Vegetationsform, die entlang der Altmühl vielfach zu beobachten ist und durch ihre offene Struktur die Felsen erst so richtig

Perfekt erhaltene Schildkröte.

Tipp: Wer nach dem Besuch des Museums die Lust verspürt, selbst auf Fossiliensuche gehen zu wollen, der kann sein Glück in der Nähe von Mühlheim in dem **Fossilien-Besuchersteinbruch Mühlheim** hoch über dem Tal der Altmühl versuchen [N48° 51' 17.2" E10° 59' 10.8"]. Das dafür notwendige Werkzeug kann dort ausgeliehen werden, eine kleine Anleitung gibt es obendrein. Die Zufahrt ist ab Mühlheim gut ausgeschildert. Auch wenn die letzten Meter nur über befestigte Feldwege gehen, lässt sich die Strecke doch gut fahren. Der Laie mag bei Ankunft nur die große Schutthalde sehen, der Fossilienexperte wird schnell die Vertiefungen erkennen, die Schicht um Schicht mit der Hoffnung auf einen interessanten Fund freigelegt werden.

Felsformation 12 Apostel in der Abendsonne.

Der hohe Burgfelsen bei Dollnstein.

Dollnstein, Stadttor und Teil der Stadtmauer.

zur Geltung kommen lässt. Besonders schön lässt sich dies während einer Fahrrad- oder Bootstour beobachten. Apropos Fahrrad, der **Altmühlradweg** ist ausgezeichnet beschildert, man kann sich hier nicht verirren, auch wenn man keine Radwanderkarte dabei hat. Der gebührenfreie Stellplatz neben dem mit einer Stadtmauer bewehrten DOLLNSTEIN [**212: N48° 52' 40.9" E11° 04' 26.5"**] (Ortsausgang Richtung Eberswang) oder der Picknickplatz neben einem Weiher im **Wellheimer Tal** [**213: N48° 51' 17.6" E11° 04' 43.2"**] bieten genug Platz und Ruhe, um das Womo abzustellen und Rad- oder Wandertouren auf diesem Streckenabschnitt zu unternehmen. Von DOLLNSTEIN nach SOLNHOFEN sind es nur ca. 12 km, nach EICHSTÄTT, unserem nächsten

Ziel, nur ca. 15 km. Mit dem Rad sind diese Etappenziele auf den fast topfebenen Wegen bequem zu erreichen. Ist das **Altmühltal** bis DOLLNSTEIN noch relativ schmal, so wird es ab dem Zusammentreffen mit dem **Wellheimer Tal** recht breit. Bevor die **Donau** ihren Weg zum Schwarzen Meer durch die **Weltenburger Enge** bei KELHEIM abkürzte, floss sie hier entlang und schuf mit ihren Wassermaßen diese breite Tallandschaft.

Wir fahren nunmehr in diesem Tal der **Altmühl** folgend weiter nach EICHSTÄTT. Wer nur die Barockstadt besuchen will, dem empfehlen wir den Großparkplatz in der Nähe des Bahnhofs [**214:** N48° 53' 36.6" E11° 10' 49.9"]. Er ist zentrumsnah, man geht am Bahnhof vorbei, dann über die Spitalbrücke und nach 250 Metern ist man schon in der äußerst sehenswerten Barockstadt. Vom offiziellen Stellplatz zum Zentrum sind es 1,5 km.

(215) WOMO-Stellplatz: Eichstätt

GPS: N48° 53' 03.0" E11° 11' 52.8"   **max. WOMOs:** 70.
Ausstattung/Lage: Platz am Ufer der Altmühl in Ortsrandlage. Strom und Platz jeweils gebührenpflichtig, Dusche/WC, Bootsanlegestelle, ganzjährig geöffnet.
Zufahrt: Von der B13 auf der Pirkheimer Straße über die Altmühlbrücke fahren, dann links über den Volksfestplatz zum Altmühlufer.

Ver- und Entsorgung: Im vorderen Bereich des Volksfestplatzes mit einer Servicestation, kostenpflichtig, ganzjährig in Betrieb.

Die Bischofsstadt EICHSTÄTT ist mit 10 Klöstern bzw. Klostergemeinschaften, 12 kath. Kirchen, zwei Priesterseminaren und der Katholischen Universität ein Hort des katholischen Glaubens. Die Liste der religiösen Bauwerke, die es zu besichtigen gilt ist lang, vorausgesetzt man mag sakrale Bauwerke. Innerhalb und am Rande der Altstadt sind das der **Dom**, der spätgotische **Kreuzgang und das Mortuarium** im Diözesanmuseum, die **Schutzengelkirche**, dann **Notre Dame du Sacré Coeur,** eines der schönsten Barockbauwerke der Stadt, dann die Kirche des

Willibaldsbrunnen auf dem Marktplatz und der Dom in Eichstätt.

Kapuzinerklosters mit der Nachbildung des Heiligen Grabes sowie die Klosterkirche **St. Walburg**.

Das Barockensemble rund um den **Residenzplatz** gehört zu den eindrucksvollsten Plätzen, die in Europa aus dieser Stilepoche zu finden sind. Residenz, Kavalierhöfe, Brunnen und die geschlossene im Halbrund angeordnete Häuserfront sind stilvoll vereint.

Nach der Besichtigung der Bauwerke in der Altstadt fahren wir noch hoch zur **Willibaldsburg**, die über EICHSTÄTT thront. Der kleine Parkplatz [N48° 53' 37.7" E11° 10' 15.8"] im Burghof

Klosterkirche Sankt Walburg am Rande der Altstadt.

Im Halbrund aufgereihte Barockhäuser am Residenzplatz.

ist für Kastenwagen und kleinere integrierte Womos erreichbar. Wer mit einem Fahrzeug über 3 Meter Höhe unterwegs ist, muss hochlaufen, sonst besteht die Gefahr in der Tordurchfahrt hängen zu bleiben. Vorm Tor zu parken ist nicht möglich.

Die Burganlage wurde im 14. Jh. errichtet. Bis zum 18. Jh. residierten hier die Eichstätter Bischöfe. Heute ist hier das **Jura-Museum** untergebracht, das unter anderem zahlreiche Fossilien zeigt. Hier wird auch der in SOLNHOFEN gefundene **Archaeopteryx** präsentiert.

Ein Kleinod ist der Bastionsgarten „Hortus Eystettensis", ein kleiner Botanischer Garten, der an mediterrane Länder erinnert. Von ihm aus hat man einen sehr schönen Blick hinunter

Nordteil der Willibaldsburg.

Ausgang des Bastionsgartens.

Panoramablick von Schloss Arnsberg über das Tal der Altmühl.

Mittelalterliche Brücke über die Altmühl bei Pfünz.

Rekonstruiertes Nordtor des Römerkastells Vetoniana in Pfünz.

nach EICHSTÄTT. In der Burgschänke und dem Biergarten haben wir hier oben keine Rast gemacht, sondern sind weiter gefahren nach PFÜNZ.

Hier haben wir gleich zwei schöne Übernachtungsplätze. Einen an dem oft

Restaurant und Biergarten auf Schloss Arnsberg.

fälschlicherweise Römerbrücke genannten mittelalterlichen Übergang an der **Altmühl [216:** N48° 53' 25.4" E11° 15' 32.7"], der sich als Ausgangsort für Radtouren oder Wanderungen auf dem **Altmühltal Panoramaweg** wunderbar eignet und einen neben dem rekonstruierten **Kastell [217:** N48° 53' 03.4" E11° 15' 44.6"], auf der Höhe hinter dem Ort am Römersteig. Der Römersteig ist eine schmale Straße mit 20% Steigung und kann nur bis zum **Kastell** befahren werden. Er liegt am Waldrand, es ist absolut ruhig.

Einen schönen Blick in das **Altmühltal** hat man von **Schloss Arnsberg [218:** N48° 55' 38.5" E11° 22' 49.2"]. Das Schloss ist kein Prachtbau, wie die Residenz in Ellingen, Schloss Weißenstein in Pommersfelden oder andere. Es ist jedoch eine kleine, sehr gepflegte Anlage. Die Ruine des Bergfrieds und die Reste einer Wehranlage geben dem ehemaligen Vogthaus, in dem ein stilvolles Restaurant untergebracht ist, einen schönen Rahmen. Wir haben uns hier gleich wohl gefühlt. Der Biergarten steht in den Sommermonaten Besuchern lange offen. Auch wir Womofahrer können es uns hier am Abend

Burg Kipfenberg.

Bootstour auf der Altmühl.

gemütlich machen und den Tag mit einem Glas Wein oder Bier abschließen. Weiterfahren müssen wir nicht. Der Parkplatz steht für eine Übernachtung offen, wie uns die sehr liebenswürdige ältere Dame, die dieses Haus besitzt und leitet, versichert hat.

Auch wer kein leidenschaftlicher Kanu- oder Kajakfahrer ist, wird irgendwann die Lust verspüren, die Altmühl vom Wasser her zu erleben, wenn er die ruhig vorbeifahrenden Boote bei einer Wanderung oder einer Radtour entlang des Flusses beobachtet.

Es gibt viele Bootsverleiher an der Altmühl, die auch immer den Rücktransport organisieren. Wir müssen nun aber immer unsere große Kiste irgendwo abstellen, das klappt nun mal dummerweise nicht überall.

Ideal für uns ist KIPFENBERG. Hier liegen an der Försterstraße ein Campingplatz (kostpflichtige Womostellplätze vorm Haupttor), ein Bootsverleih und ein großer Parkplatz direkt nebeneinander. [**219**: N48° 56' 58.8" E11° 23' 20.6"]. Von hier aus können wir zu einer mehrtägigen Tour, einer Tagestour oder auch nur zu einem mehrstündigen Ausflug aufbrechen.

Der **Limes** begegnet uns in KIPFENBERG übrigens auch wieder. Der **Limeswanderweg** führt durch diesen Ort. Wer mag, kann sich auch hier einen rekonstruierten Römerturm aus Holz, ähnlich dem auf S.224 anschauen oder gar ein größeres Stück auf dem **Limeswanderweg** per Rad oder zu Fuß zurücklegen. Die Burg oberhalb von KIPFENBERG ist zwar nicht zu besichtigen, aber die Vorburg, in der sich das **Römer und Bajuwaren Museum** befindet. Zentrales Ausstellungsstück ist der **"erste Bajuware"**, ein mit vielen Beigaben versehenes Grab eines germanischen Kriegers aus dem 5. Jahrhundert. Nur 500 Meter davon entfernt ist mit einem Stein der **geographische Mittelpunkt Bayerns** markiert.

Wir fahren entlang der **Altmühl** weiter nach KINDING und von dort weiter nach GREDING, dem letzten Ort dieser Tour. Wir kommen am **Fürstentor** an, fahren links und stellen das Womo auf dem großen Parkplatz am Hallenbad ab [**220:** N49° 02' 39.0" E11° 21' 19.9"]. Wir ziehen diesen Platz dem Übernachtungsplatz in der Nähe der Autobahnanschlussstelle vor. Erstens ist er gebührenfrei, zweitens dröhnen hier die Geräusche der Autobahn nicht mehr herüber und drittens liegt er direkt neben der von einer Stadtmauer eingefassten Altstadt. Die Sehenswürdigkeiten, die sich alle innerhalb der Stadtmauern befinden, sind also bequem zu Fuß zu erreichen. Neben dem Marktplatz, an dem das Rathaus aus dem 17. Jahrhundert steht, sind das die romanische Basilika St. Martin, das ehemalige fürstbischöfliche Schloss, das ehemalige fürstbischöfliche Forsthaus sowie die Stadtmauer mit ihren drei noch vorhandenen Stadttoren.

Fürstentor in Greding.

(221) WOMO-Stellplatz: Greding „Bauer-Keller"
GPS: N49° 2' 26.76" E11° 20' 59.01" **max. WOMOs:** 80.
Ausstattung/Lage: Eher ein Zwischenstopp für Reisende auf der A9. Wiesen- und Schotterplätze, Restaurant, Dusche, WC, ganzjährig geöffnet, keineswegs leise, die Autobahn ist deutlich hörbar.
Ver- und Entsorgung: Wasserver- und Entsorgungsanlagen sowie Stromanschlüsse sind vorhanden.
Zufahrt: Fast direkt an der AB-Abfahrt Greding, von dort nicht zu verfehlen.

Der Markplatz in Greding mit dem Forsthaus (links) und dem Rathaus (Mitte).

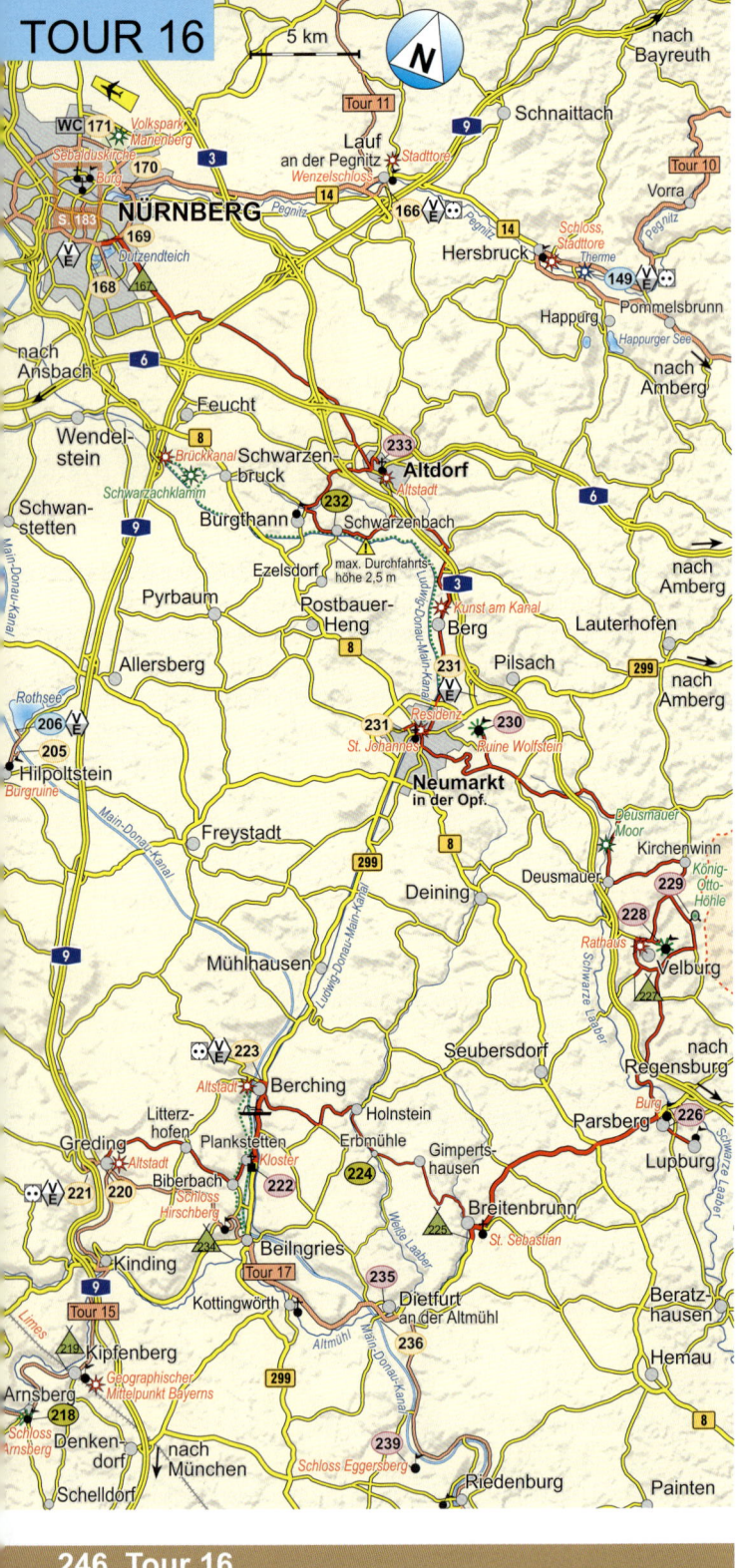

TOUR 16 (ca. 165 km)

Greding – Plankstetten – Berching – Erbmühle Breitenbrunn – Parsberg – Lupburg – Velburg Neumarkt/Opf. – Altdorf bei Nürnberg – Nürnberg

Freie Übernachtung:	Plankstetten, Erbmühle, Parsberg, Velburg, Altdorf bei Nürnberg, Nürnberg
Stellplätze:	Greding, Berching, Parsberg, Neumarkt/Opf.
Campingplätze:	Breitenbrunn, Velburg
Ver-/Entsorgung:	Berching, Breitenbrunn, Velburg, Neumarkt/Opf., Nürnberg
Besichtigungen:	Plankstetten (Kloster), Berching (Altstadt), Breitenbrunn (Wallfahrtskirche), Parsberg (Burg), Lupburg (Burg), Velburg (Altstadt und König-Otto-Höhle), Neumarkt/Opf. (Altstadt), Altdorf bei Nürnberg (Altstadt)
Wandern:	Berching (entlang des Main-Donau-Kanals mit Schiffstour), Neumarkt/Opf. (Rad- und Wandertour entlang des Ludwig-Donau-Main-Kanals)
Baden/Wellness:	Breitenbrunn (Freibad), Velburg (Naturbad)

Von GREDING aus dem Tal der **Schwarzach** geht es über schmale Straßen die **Fränkische Alb** hinauf nach LITTERZHOFEN und von dort hinunter über Biberbach nach PLANKSTETTEN in das Sulztal, mit dem **Main-Donau-Kanal** und seinem Vorläufer, dem **Ludwig-Donau-Main-Kanal**. Unser erstes Ziel ist das **Benediktinerkloster**, das sich gleich am Orts-

Kloster Plankstetten oberhalb des Main-Donau-Kanals.

Von Greding nach Nürnberg

Barockes Kloster und romanische Kirche.

rand von PLANKSTETTEN befindet. Wir parken auf dem großen Parkplatz unterhalb des Klosters am Rande einer Viehweide. [**222:** N49° 04' 07.3" E11° 27' 21.0"]. Das Kloster ist nicht nur aufgrund seiner barocken Anlage und der romanischen Kirche interessant. Es betreibt unter dem weltlichen Siegel „**Bioland**" und der religiösen Lehre des **hl. Benedikt** einen ökologischen Landbau, an den unter anderem eine Metzgerei, eine Brennerei und eine Bäckerei angeschlossen sind. Es gibt eine Schenke, einen Hofladen, sogar einen Onlineshop. Eine Ausstellung in der Klosteranlage erklärt die Philosophie dieser Form der nachhaltigen Landwirtschaft.

Wir schauen uns dies alles an, füllen im Hofladen unsere Vorräte auf und fahren weiter nach BERCHING. Dieses mittelalterliche Städtchen ist von einer vollständig erhaltenen Stadtmauer mit 13 Türmen und 4 Stadttoren eingefasst. Der Stellplatz an der Bootsanlegestelle ist nicht schwer zu finden.

Stadtmauer und Türme in Berching.

(223) WOMO-Stellplatz: Berching - Schiffsanlegestelle

GPS: N49° 06' 35.5" E11° 26' 19.1"
max. WOMOs: 15.
Ausstattung/Lage: Befestigter Platz am Schiffsanleger, Ortsrand, Gebühr am Kiosk zu entrichten, Biergarten, November bis März kostenlos, dann aber auch keine Ver- und Entsorgung möglich.
Zufahrt: An der Straße nach Burggrießbach vor der Altmühlbrücke links.
Ver- und Entsorgung: Servicestation am Rande de Platzes.

Berching, am Pettenkoferplatz vor dem mittleren Tor.

Neben einer Stadtbesichtigung und einem Gang entlang der Mauer dieses malerischen Örtchens, bietet sich eine kleine Wanderung oder Radtour entlang des **Main-Donau-Kanals** nach BEILNGRIES an (ca. 10 km). Für den Rückweg nimmt man die andere Seite des Kanals oder das Schiff, das dreimal täglich außer montags und freitags die Strecke Beilngries-Berching und zurück bedient.

Der größere Teil dieses Sulztalwanderweges geht durch Hochwald. Im **Kloster Plankstetten** kann man eine Rast einlegen. Danach geht es am Waldrand weiter nach BEILNGRIES. Das Schiff benötigt für den Rückweg ca. eine Stunde. Wir sind übrigens nicht mit dem Schiff gefahren. Im Glauben daran, dass es in der Sommerferienzeit keinen Ruhetag für das Ausflugsschiff gibt, haben wir ein wenig ungläubig gestaunt, als wir am Schiffsanleger ankamen und die Fahrzeiten an einem Freitag in den Sommerferien studiert haben. Das kann Ihnen ja nicht passieren, Sie haben ja diesen Führer. Dennoch, Fahrplanwechsel ist nicht ausgeschlossen. Besser Sie prüfen die Abfahrtszeiten vor Ort, wenn Sie denn diese „Schiffsreise" unternehmen wollen.

Noch ein **Tipp** zu Berching: Einmal jährlich findet im Sommer die **Berchinale** statt. Lichtkünstler und Leuchtenhersteller verwandeln dann am Abend die Gebäude der Stadt mit Lichtobjekten und Projektionen in ein buntes Meer aus Licht und Farben.

Wir verlassen BERCHING und fahren über HOLNSTEIN in das Tal der **Weißen Laaber**. Es ist immer wieder beeindruckend, wie schnell man doch in dieser Region außerhalb der breitgetretenen Touristenpfade nur noch von bäuerlicher Kulturlandschaft umgeben ist. Der Weg von HOLNSTEIN ins Tal der **Weißen Laaber** Richtung ERBMÜHLE führt über schmale Straßen. Das wohnmobilfreundliche Gasthaus Erbmühle [**224:** N49° 05' 42.1" E11° 32' 25.3"] bietet als Spezialität Fleischgerichte vom Wasserbüffel aus eigener Zucht an. Direkt daneben befindet sich ein Forellenhof. Die **Weiße Laaber** ist entlang des gesamten Tales naturbelassen und schlängelt sich durch den Wiesengrund. Die vielen Wanderwege verlaufen zumeist im Wald, am Waldrand oder auf den Höhen des Jura. Es gibt schon fast verwirrend viele, hier ist eine Wanderkarte oder ein Outdoor GPS-Gerät hilfreich. Dies trifft auch für die Region um BREITENBRUNN zu. Das Wander- und Radwegenetz in der wunderbaren Naturlandschaft ist äußerst

Wasserbüffel an der Erbmühle.

Sankt Sebastian in Breitenbrunn.

Wanderwege: Qual der Wahl.

Parsberg, Stadtansicht von Süden.

vielfältig. Wer das längere Zeit auskosten will, dem empfehlen wir den Campingplatz an der **Wissinger Laaber** direkt neben dem Freibad am Ortsausgang von Breitenbrunn [**225:** N49° 04' 43.4" E11° 37' 23.3"].

Wir fahren weiter nach PARSBERG. Schon von weitem ist die Burganlage über der Stadt erkennbar. Wir wählen den Parkplatz in der Lupburger Straße [**226:** N49° 09' 30.2" E11° 43' 32.8"] und überqueren nach dem Verlassen des Womos bei der ersten Gelegenheit die Straße, um in den Stadtpark zu kommen und die Burganlage von der Parkseite her zu betreten. Nach 500 Metern haben wir es schon geschafft, wir stehen vor dem Burgtor.

Die auf einer Jurakuppe stehende Burg geht auf eine mittelalterliche Gründung zurück. Nach dem Aussterben der Parsber-

Eingangsbereich der Burg Parsberg.

Pfarrkirche St. Andreas in Parsberg.

ger Ritter, wechselte die Burg mehrfach den Besitzer. Heute gehört sie dem Land Bayern und wird als Museum und als Freilichtbühne für die Parsberger Burgspiele genutzt, die in dem großen Innenhof der Anlage stattfinden.

Das zu Beginn des 20. Jahrhunderts neu errichtete Schiff der **Andreaskirche** unterhalb der Burg zeigt einen neubarocken Stil. Mit dem Barockturm aus dem 18. Jh. und mit der Burganlage im Hintergrund prägt sie die Silhouette der Stadt ganz entscheidend.

Die Burgruine von LUPBURG, der Nachbargemeinde fällt in der Silhouette schon deutlich weniger auf. Dafür hat man von ihr den besseren Rundumblick, wenn man die Ruine hinaufklettert, die bei unserem Besuch durch Sicherungs- und Sanierungsmaßnahmen allerdings kaum zu betreten war. Der Ort ist in seinem Kern frisch renoviert und schön hergerichtet. Nur parken kann man praktisch nirgends, ohne jemand anderen zu behindern.

Fernsicht von der Burgruine Lupburg.

Giebel des neugotischen Rathauses in Velburg.

Über PARSBERG fahren wir nach VELBURG. Der Wanderparkplatz an der Verlängerung der Burgstraße ist sowohl für den Besuch der Burgruine wie für den Besuch der Innenstadt geeignet [**227:** N49° 14' 08.2" E11° 40' 32.2"].

Sehenswert ist der von farbenfrohen Häusern umgebene **historische Stadtplatz** an dessen Ende das im neugotischen Stil errichtete **Rathaus** steht. Von der ehemaligen Stadtbefestigung ist nicht mehr viel zu sehen. Die Burgruine rund 100 Höhenmeter oberhalb der Stadt besteht hauptsächlich aus den Resten eines rekonstruierten Bergfrieds. Die Kuppe, auf der diese Ruine steht, ist eine der höchsten im Umland und gewährt eine weite Aussicht.

Im Ortsteil Altenveldorf wartet ein Naturbad auf Badegäste. Die rund 10000 Quadratmeter große Wasserfläche ist von einer großen Liegewiese umgeben. Gespeist wird der See durch Quellwasser. Ein
Naturbadesee Altenveldorf.
ganzjährig geöffneter Campingplatz an der Seestraße [**228:** N49° 13' 02.5" E11° 39' 59.7"] liegt direkt daneben. Auch das Restaurant des Betriebes ist ganzjährig geöffnet.

Die größte Attraktion VELBURGS ist die **König-Otto-Höhle** nördlich der Stadt [**229:** N49° 15' 05.8" E11° 41' 23.1"].

Man schrieb das Jahr 1895 als die Höhle entdeckt wurde. Es war der 30. September, der Namenstag des Bayernkönigs Otto, nach dem die Höhle benannt wurde. Einige Jahrzehnte

In der König-Otto-Höhle bei Velburg.

In der Adventhalle.

später, erst 1972 wurden weitere Höhlenräume entdeckt. Da dies im Dezember geschah, gab man dem neu entdeckten großen Raum den Namen „**Adventhalle**".

Den Unterschied bemerkt man schnell, wenn man an einer Höhlenführung teilnimmt (ohne Führung geht es nicht), denn die zuerst erschlossenen Höhlenräume sind durch Fackel- und Kerzenlicht rußgeschwärzt. Der Höhlenkomplex hat eine Länge von 450 Metern, der Schaubereich, der wie auf den Bildern zu sehen gut ausgeleuchtet ist, ist 270 Meter lang. Es gibt unzählige Formen von Stalaktiten (die hängenden Tropfsteine), Stalagmiten (die von unten emporwachsenden Tropfsteine) und Stalagnaten, die aus den beiden vorangegangenen Formen zusammengewachsen sind. Vielfach bekamen diese Formen Namen aus der Märchen-, Comic- oder Tierwelt. So erkennt

Ruine Wolfstein bei Neumarkt in der Oberpfalz.

man Schneewittchen und die Sieben Zwerge ohne Mühe. Einen Besuch dieser Höhle sollten Sie nicht versäumen. Dass sie zu den schönsten Tropfsteinhöhlen Deutschlands zählt, wie es in den Tourismusprospekten geschrieben steht, wollen wir ausdrücklich bestätigen.

Aus der Tiefe in die Höhe. Aber vorher fahren wir noch einige Kilometer. Über KIRCHENWINN und am **Deusmauer Moor** vorbei orientieren wir uns Richtung NEUMARKT in der Oberpfalz.

Bevor es kurvenreich nach NEUMARKT hinuntergeht, folgen wir den Richtungshinweisen zur **Ruine Wolfstein**. Die letzten Meter verlaufen über eine schmale Straße, bis wir an dem Parkplatz vor der Ruine ankommen [**230: N49° 17' 33.8" E11° 29' 29.4"**]. Die Ruine ist frei zugänglich, wenn nicht gerade eine Veranstaltung auf dem Burggelände stattfindet. Über die Geschichte der Burg ist nur wenig bekannt. Bereits zu Beginn des 17. Jh. wurde sie dem Verfall preisgegeben. Ein sehr auffallendes Bauwerk ist der Bergfried, der als Wachturm diente, sowie der letzte Rückzugsort bei feindlichen Angriffen war. Erst in jüngerer Zeit führten Sicherungs- und Restaurierungsmaßnahmen dazu, die Ruine zu erhalten, von der man übrigens einen phantastischen Blick ins Umland hat, schließlich steht sie auf dem höchsten Punkt der näheren Umgebung.

Von oben (von der **Ruine Wolfstein**) haben wir uns ja schon einen Blick auf NEUMARKT gegönnt. Nun werden wir die Stadt etwas näher betrachten.

Der Wohnmobilstellplatz (hier nennt man es Wohnmobil-Hafen) liegt neben dem Volksfestplatz an der Woffenbacher Straße und ist gebührenfrei. Bei Veranstaltungen auf dem Festplatz kann es zu Einschränkungen kommen. Überquert man von hier aus zu Fuß den nahen **Ludwig-Donau-Main-Kanal**, so ist man in ca. 5 Min. im Zentrum.

Aus der Vogelperspektive ist die mittelalterliche Anlage der Stadt gut erkennbar. Klassisch, wie bei so vielen bayerischen

Das gotische Rathaus an der Marktstraße in Neumarkt/Opf.

(231) WOMO-Stellplatz: Neumarkt, Wohnmobil-Hafen

GPS: N49° 16' 52.16" E11° 26' 45.36"   **max. WOMOs:** > 15.
Ausstattung/Lage: Befestigte Sandplätze auf dem Großparkplatz an den Jura-Hallen, mit Sanitäreinrichtungen (9-20 Uhr geöffnet), gebührenfrei.
Zufahrt: Über die Woffenbacher Straße.
Ver- und Entsorgung: Am Platz gibt es keine Ver- und Entsorgungsmöglichkeiten und auch keine Stromanschlüsse. Ver- und Entsorgung ist bei Fritz Berger in der Fritz-Berger-Str. am Autobahnzubringer möglich (**231a:** N49° 18' 21.24" E11° 29' 0.51"). Hier hat man auch die Möglichkeit den riesigen Shop mit Caravanausrüstungen zu besuchen, oder kleine Reparaturen am Fahrzeug vornehmen zu lassen.

Städten, ist der langgezogene Straßenmarkt die bestimmende Verkehrsachse der Altstadt. In der Mitte dieser Achse steht das **gotische Rathaus**, gleich daneben die gotische Hallenkirche **St. Johannes**.

An der breiten, nicht autofreien Marktstraße finden sich das für Innenstädte klassische Repertoire an Cafés, Restaurants, Eisdielen sowie kleinen und größeren Ladengeschäften.

Schön anzuschauen ist der Residenzplatz mit dem Pfalzgrafenschloss, der Hofkirche und dem Reitstadel. Jedoch ist alles nur von außen zu besichtigen, denn die ehemalige Residenz dient

Eingangsportal der Kirche St. Johannes.

heute als Amtsgericht, der Reitstadel für Kulturveranstaltungen. Edel wirkt das **Museum für historische Maybach-Fahrzeuge,** das einzige dieser Art weltweit. Es befindet sich in der Holzgartenstraße. Parkplätze gibt es unweit des Museums [N49° 16' 24.9" E11° 27' 40.0"] in der Ingolstädter Straße. Die ausgestellten Fahrzeuge sind Raritäten der Automobilgeschichte. Das Museum ist untergebracht in den ehemaligen Fabrikhallen der Express-Werke, die hier bis 1959 Fahr- und Motorräder herstellten.

Wer gern mit dem Fahrrad unterwegs ist oder wandert, für den bieten die Wege entlang des **Ludwig-Donau-Main-Kanals** erlebnisreiche Strecken.

Eine Radtour lässt sich von NEUMARKT bis an die Stadtgrenze NÜRNBERGS durchführen (hin- und zurück ca. 82 km). Als Startpunkt für Wanderungen bietet sich die Gaststätte Ludwigskanal am Dammweg in SCHWARZENBACH an, die ihren Parkplatz auch für eine Übernachtung zur Verfügung stellen, wenn eingekehrt wird. [**232**: N49° 21' 01.6" E11° 20' 33.7"]. Wer diesen Ort mit dem Womo anfahren will und nur dem Navi vertraut, sei jedoch gewarnt. SCHWARZENBACH lässt sich für uns nur von Norden erreichen, so, wie es auf der

Ludwig-Donau-Main-Kanal (Ludwigskanal)

König Ludwig setzte mit dem Bau des nach ihm benannten Kanals, den über 1000 Jahre alten Plan eine schiffbare Verbindung zwischen Rhein und Donau zu schaffen, in die Realität um. 1846, nach 10-jähriger Bauzeit, wurde der Kanal mit einer Länge von 173 km eröffnet. Von Kelheim an der Donau bis Bamberg am Main konnten Schiffe bis zu einer Ladekapazität von 120 Tonnen und einem Tiefgang von ca. 1,20 m verkehren. Transportiert wurden Holz, Kohle, Steine und Agrarerzeugnisse. 100 Schleusen mussten auf dieser Strecke durchfahren werden. Die Schiffe wurden von Pferden auf den Treidelpfaden gezogen, die 5 Tage für einen Weg benötigten.

Bis 1863 wurde der Kanal genutzt, dann verlor er an Bedeutung. Gegenüber der schnelleren Eisenbahn war der Transport auf dem Kanal nicht mehr konkurrenzfähig. Nach einer Phase des Verfalls wird der Kanal seit 1954 als Fischgewässer unterhalten. Die Strecke zwischen Nürnberg und Berching ist in ihrem ursprünglichen Verlauf erhalten, die anderen Strecken sind durch den Bau des Main-Donau-Kanals verändert, aufgehoben oder überbaut worden.

Schleuse 33 am Ludwigskanal.

Radwanderung am Ludwig-Donau-Main-Kanal (Ludwigskanal)

Wir starten mit den Rädern vom Stellplatz in Neumarkt. Wir überqueren den Festplatz, halten uns links und sind auch sogleich am Kanal. Wir folgen seinem Verlauf, kommen nachdem wir eine Straße überquert haben am alten Hafengelände vorbei, erreichen danach schnell den LSG-Park und radeln durch ein Waldstück Richtung Nürnberg. Begleitet uns zu Beginn noch ein wenig Straßenlärm, so ist das nach zwei bis drei Kilometern vorbei. Nun sind wir nur noch von Vogelgezwitscher umgeben. Wenn es nicht durch Waldstücke geht, so haben wir links und rechts an den Hängen der Dämme oder entlang der Wiesen und Felder zahlreiche Apfelbäume, die gerade leuchtend rot ihre Früchte tragen. Hier muss es im Frühjahr während der Blüte besonders schön sein.

Wir fahren vorbei an zahlreichen Brücken und Sicherungstoren, die nur hier auf der „Scheitelhaltung" zwischen Neumarkt und Burgthann anzutreffen sind. Immer wieder weisen die Hinweistafeln am Rand des Weges auf die Funktion und Bedeutung der einzelnen Bauwerke hin. Einschnitte und Dämme wechseln einander ab, einige Kunstwerke am Rande des Kanals, machen diesen ohnehin sehr reizvollen Weg noch attraktiver.

Schleuse 49 zw. Burgthann und Brückkanal.

Ab Burgthann geht es abwärts, nicht dramatisch aber kontinuierlich. Jetzt geht es nur noch durch ein Waldgebiet und in kurzen Abständen folgt nun Schleuse um Schleuse. Keine ist mehr in Funktion, die Auslasstore sind demontiert, die Einlasstore durch einen kleinen Damm ersetzt. Überschüssiges Wasser rauscht in kleinen Wasserfällen in die tiefergelegenen Schleusenbecken. So geht es laufend weiter, bis nach 23 Schleusen zunehmender Verkehrslärm unmissverständlich auf die nahe

Der Brückkanal über die Schwarzach.

Autobahn hinweist. Wir nähern uns aber nicht nur der Autobahn sondern auch einem Meisterwerk der Ingenieurskunst. Der **Schwarzach-Brückkanal** überspannt mit einem hohen, aus Sandstein gemauerten Bogen den tiefen Taleinschnitt der Schwarzach. Ein meisterliches Bauwerk aus der Mitte des 19. Jahrhunderts. Im direkt danebenliegenden Biergarten legen wir eine Rast ein, bevor wir uns auf den Rückweg machen. Wer gewandert ist, dem empfehlen wir auf dem Rückweg den kleinen Umweg durch die Schwarzachklamm zu nehmen.

Die Entfernungen:
Neumarkt - Schwarzenbach 16 km, Schwarzenbach - Brückkanal 11 km.

Karte Seite 246 angegeben ist. Wer von Süden kommt scheitert an der Brücke, die den Kanal über die Straße leitet, es sei denn, sein Fahrzeug ist nicht höher als 2,5 Meter.

Von SCHWARZENBACH fahren wir mit dem Womo weiter nach ALTDORF. Die ehemalige Universitätsstadt bei NÜRNBERG hat einen sehr schönen Altstadtkern. In Altstadtnähe zu parken ist allerdings mit Womos etwas schwierig. Der große Parkplatz an der S-Bahnstation ist maximal für Kastenwagen geeignet. Größere Fahrzeuge können auf dem Parkplatz „Baudergraben" an der Schießhausstraße einen Platz finden [233: N49° 23' 14.1" E11° 21' 31.4"]. Auch wenn der Platz relativ klein ist, so lässt es sich einigermaßen gut darauf manövrieren. Von hier aus sind es ca. 300 Meter bis zu dem schönen **historischen Rathaus** am Marktplatz, der mit Wasserspielen und allerlei feinen Restaurants glänzt. **Rathaus, Laurentiuskirche** und die **Stadttore** an den Enden des Platzes machen mit den dazwischen liegenden Fachwerk- und Sandsteinhäusern einen romantischen Eindruck. Die Gebäude der ehemaligen Universität liegen versteckt in der Silbergasse am Rande des Altstadtkerns und werden heute für eine Behinderteneinrichtung genutzt. Alle drei Jahre finden hier im Innenhof an fünf Wochenenden die Wallenstein-Festspiele statt. Wir lassen uns noch ein wenig aus der fränkischen Küche verwöhnen, bevor wir nach NÜRNBERG weiterreisen und dort diese Tour abschließen. Für die Beschreibung dieser Stadt verweisen wir auf die Seiten 178-187.

Laurentiuskirche in Altdorf.

Oberes Stadttor (Nürnberger Tor).

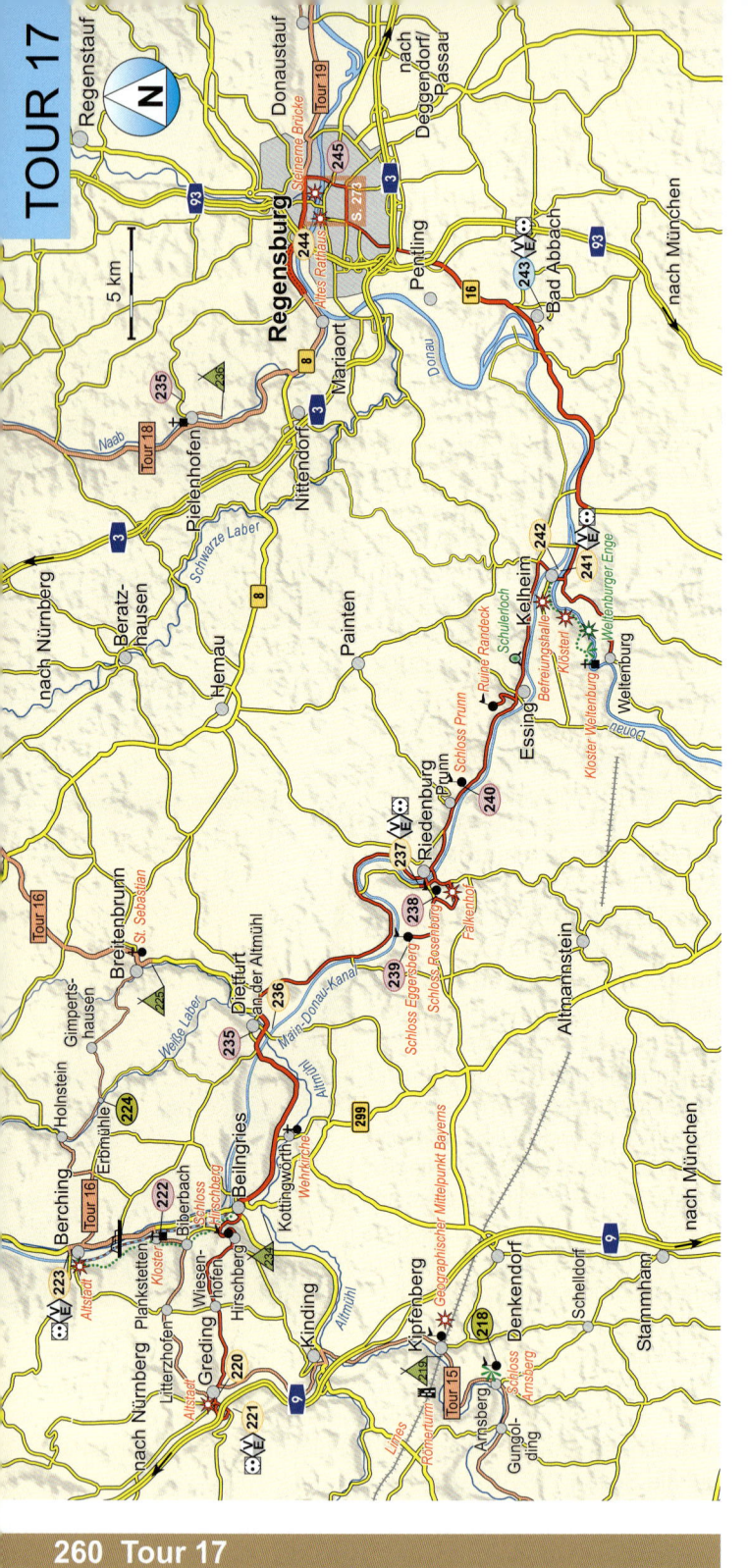

TOUR 17 (ca. 130 km)

**Beilngries – Kottingwörth – Dietfurt an der Altmühl
Riedenburg – Essing – Kelheim – Kloster Weltenburg – Bad Abbach – Regensburg**

Freie Übernachtung:	Dietfurt, Riedenburg, Prunn, Weltenburg, Bad Abbach
Stellplätze:	Dietfurt, Greding, Riedenburg, Kelheim, Bad Abbach, Regensburg
Campingplätze:	Beilngries
Ver-/Entsorgung:	Riedenburg, Kelheim, Bad Abbach
Besichtigungen:	Kottingwörth (Wehrkirche), Dietfurt (Altstadt), Riedenburg (Burg und Falknerei), Prunn (Schloss), Essing (Ruine Randeck, Höhle Schulerloch), Kelheim (Stadt und Befreiungshalle), Weltenburg (Kloster), Regensburg (Altstadt, Dom)
Wandern:	Von Kelheim zum Kloster Weltenburg
Baden/Wellness:	Bad Abbach (Therme)

Von GREDING nehmen wir den kürzesten Weg nach BEILNGRIES. Er führt uns über schmale Straßen entlang des Kaisinger Tales hoch auf die Fläche der **Fränkischen Alb**. Wir kommen an dem Dorf Wiesenhofen und einem großen Dolomitsteinbruch vorbei und erreichen bald HIRSCHBERG, ein Stadtteil von BEILNGRIES hoch über der **Altmühl**.

Am Ortseingang sehen wir das Hinweisschild zum **Schloss Hirschberg** und folgen diesem. Nach wenigen Metern erreichen wir das Schloss, parken auf dem sehr kleinen Parkplatz [N49° 02' 12.9" E11° 27' 21.5"] am Rande der Anlage und wundern uns warum er so leer ist. Das Rätsel ist schnell geklärt, Schloss Hirschberg ist kein Besucherschloss im eigentlichen Sinn, sondern ein Exerzitien- und Bildungshaus der Diözese Eichstätt, das nur sehr eingeschränkte Besuchsmöglichkeiten bietet. Den Weg kann man sich also sparen.

Über eine kurvenreiche Straße geht es weiter, 130 Höhenmeter hinunter nach BEILNGRIES. Der große Parkplatz an der Schiffsanlegestelle des **Main-Donau-Kanals** wäre ein schöner Stellplatz, ein Hinweisschild der Stadt verweist uns Wohnmo-

(234) WOMO-Campingplatz-Tipp: Beilngries
GPS: N49° 01' 36.1" E11° 28' 15.7"   **max. WOMOs:** > 5.
Ausstattung/Lage: Schöner Wiesenplatz am Stadtrand direkt am Ufer der Altmühl mit eigenem Bootsanleger.
Zufahrt: Die Straße heißt „An der Altmühl", die Stadt durchfahren und der guten Beschilderung folgen.

St. Walburga in Beilngries.

bilfahrer jedoch zum örtlichen Campingplatz oder zumindest zum Parkplatz in der Nähe des Campingplatzes. Übernachten ist am Schiffsanleger nicht gestattet. Wir parken hier aber trotzdem und gehen zu Fuß in die Innenstadt, die außer der neubarocken Stadtpfarrkirche **St. Walburga** nicht so viele Sehenswürdigkeiten aufzuweisen hat. Beilngries ist aber ein guter Standort, um die Umgebung mit Paddelboot, Fahrrad oder Wanderschuhen zu erkunden. Wer es gern etwas bequemer haben möchte, für den bieten sich die Fahrten mit dem Ausflugsschiff bis zum **Kloster Weltenburg** (siehe Seite 271-272) oder in die andere Richtung bis nach BERCHING (siehe Seite 248-249) an.

Frühgotische Fresken im Kreuzrippengewölbe der Vituskapelle.

Auf dem weiteren Weg Richtung Regensburg fallen in KOTTINGWÖRTH die beiden mächtigen Türme einer Wehrkirche auf. Diese Kirche, im Volksmund auch „Kleiner Dom im Altmühltal" genannt, ist im Inneren spätbarock ausgestaltet. Das ist nicht ungewöhnlich. Ungewöhnlich sind die romanischgotischen Fresken in der **Vituskapelle**, die sich im Ostturm der Kirche befinden. Entstanden sind sie im späten 13. Jahrhundert. Wer dieses Kreuzrippengewölbe ausgemalt hat, ist nicht bekannt.

Nach diesem Leckerbissen für Kunst- und Kirchenhistoriker fahren wir weiter nach DIETFURT.

Wir parken in der Maxstraße **[235:** N49° 02' 02.9" E11° 35' 10.1"**]** und gehen von hier aus in den Ortskern, der sich mit farbenfrohen Häusern frisch herausgeputzt präsentiert. Ähnlich wie in BEILNGRIES ist die Umgebung der Stadt die eigentliche Attraktion. Radeln, Paddeln, Wandern, die Möglichkeiten der Betätigung sind nahezu unbegrenzt, zumal man sich das Tal, in dem man Wandern oder Radeln möchte, aussuchen kann. Sieben Täler stehen zur Verfügung, jedenfalls zählen die Stadtväter die Täler rund um Dietfurt werbestrategisch so zusammen. Auch wenn wir an die Zählweise ein Fragezeichen setzen wollen, reizvoll ist die Landschaft rund um Dietfurt ganz unbestritten. Einen offiziellen Wohnmobilstellplatz gibt es am Schiffsanleger.

Rastplatz für Radler, Marktplatz in Dietfurt.

(236) WOMO-Stellplatz: Dietfurt - Schiffsanlegestelle
GPS: N48° 53' 03.0" E11° 11' 52.8"   **max. WOMOs:** 5.
Ausstattung/Lage: Platz an der Bootsanlegestelle, ganzjährig geöffnet, kostenlos.
Zufahrt: Von der Umgehungstraße am Kreisel die Straße nach Wolfsbuch nehmen, vor der Altmühlbrücke links.
Ver- und Entsorgung: Gibt es hier nicht.

Als nächsten Ort fahren wir RIEDENBURG an. Der Stellplatz ist leicht und bequem anzufahren, sollte er belegt sein, bietet der Campingplatz hinter dem Festplatz eine Ausweichmöglichkeit.

(237) WOMO-Stellplatz: Riedenburg
GPS: N48° 57' 53.2" E11° 40' 54.1"   **max. WOMOs:** ca. 60
Ausstattung/Lage: Festplatz am Stadtrand in unmittelbarer Nähe des Main-Donau-Kanals, gebührenpflichtig, ganzjährig geöffnet.
Zufahrt: Von der St2230 die Bogenbrücke über die Altmühl nehmen, dann rechts über die Austraße zum Festplatz fahren.
Ver- und Entsorgung: Im vorderen Bereich des Volksfestplatzes mit einer Servicestation, Stromversorgung über Münzautomaten.

Schloss Rosenburg.

Die Hauptattraktion RIEDENBURGS ist der **Falkenhof auf Schloss Rosenburg**. Um dorthin zu gelangen gibt es zwei Wege, der kürzeste ist der Wanderweg. Vom Stellplatz ist es nur ca. 1 km, der Weg ist steil, rund 100 Meter Höhenunterschied sind auf kurzer Distanz zu überwinden. Das geht allerdings nicht mit den „Sonntagsschuhen", Wanderschuhe sind schon Voraussetzung, auch wenn der Weg nur kurz ist.

Der zweite Weg geht mit dem Womo über Asphaltstraßen. Es gibt eine, die direkt zum Schloss hochführt, sie ist allerdings nur mit Fahrzeugen bis zu einer Breite von 2 Metern befahrbar. Wir müssen einen kleinen Umweg machen, der uns über den Ortsteil Gleislhof führt. **Schloss Rosenburg** ist gut ausgeschildert und somit nicht zu verfehlen. Parkmöglichkeiten sind ausreichend vorhanden [**238**: N48° 57' 32.3" E11° 40' 34.6"].

Das Schloss ließ ein Minnesänger aus dem Geschlecht der Grafen von Riedenburg im 12. Jahrhundert erbauen. Neben seiner Leidenschaft für das weibliche Geschlecht widmete er sich der Falknerei. Der seit 1978 bestehende Falkenhof hat also historische Vorläufer. Heute dient er allerdings nicht nur dem Freizeitvergnügen, sondern vor allem dem Artenschutz und als Forschungsstation.

Für den Besucher sind natürlich die täglich (außer montags) von März bis Oktober um 11.00 und 15.00 Uhr stattfindenden Flugvorführungen interessant. Mehrere Falkner präsentieren die Vögel, erklären ihre Bedeutung, ihre Herkunft und ihr Jagdverhalten. Anschaulich werden die Flugkünste demonstriert. Im Tiefflug und mit leichtem Flügelschlag ziehen die Vögel über

Mäusebussard im Tiefflug, Flügelspannweite ca. 120 cm.

die Köpfe der Besucher hinweg und haben dabei immer die zu erwartende „Beute" auf der Faust des Falkners fest im Blick.

Ein Falke wird zu Beginn der Flugvorführung freigelassen und steigt in die Höhe. So hoch, dass er am Himmel mit bloßem Auge nicht mehr auszumachen ist. Aber pünktlich zum Ende der Vorführung ist er wieder da und saust  Falke im Landeanflug.
mit hoher Geschwindigkeit hinunter. Raunen und Staunen im Publikum. Phantastisch trainiert sind die Vögel, ein „Chapeau!" an die Falkner, die mit diesen Tieren so gut umzugehen wissen.

Der Eintrittspreis für die Vorführung ist moderat, wir meinen ein Besuch lohnt sich, er ist sehr empfehlenswert.

Einen Biergarten und ein Restaurant gibt es auf **Schloss Rosenburg** auch, das wollen wir nicht unerwähnt lassen. Sie werden nach einer Vorführung gern aufgesucht. Wer seinen Kaffee jedoch in einer ruhigen Schlossatmosphäre trinken möchte, dem empfehlen wir **Schloss Eggersberg**, nur 3 km von **Schloss Rosenburg** entfernt.

Um dort hinzugelangen, fahren wir zunächst Richtung THANN und folgen dann den Hinweisen zum Schloss. Der geschotterte Parkplatz ist nicht sonderlich groß, absolut ruhig und liegt etwas abseits des Schlosses, das als Hotel und Restaurant genutzt wird. Dieser Parkplatz [**239:** N48° 58' 19.0" E11° 38' 48.1"] dient auch den Besuchern des im Hof des Schlosses

Aussicht vom Bergfried der Burgruine Randeck ins Altmühltal.

eingerichteten und ganzjährig geöffneten **Hofmark-Museums**, das eine vielfältige Sammlung unterschiedlicher Kunst- und Kulturgegenstände aus der Region präsentiert.

Schloss Eggersberg mit Gartencafé.

Wer durch den kleinen Park spaziert und den Weg zur Ruine Untereggersberg geht, wird mit einem schönen Blick in das **Altmühltal** belohnt.

Um in das **Altmühltal** hinunterzuschauen, gibt es noch viele weitere Möglichkeiten. Eine ergibt sich gleich beim Besuch der **Burg Prunn**, dem nächsten Ziel in unserer Tourplanung. Dazu fahren wir wieder hinunter ins Tal, folgen der St2230 Richtung KELHEIM und achten auf die Hinweisschilder zur Burg.

Am Parkplatz angekommen [**240: N48° 56' 59.5" E11° 44' 33.6"**], haben wir die Burg und das **Altmühltal** direkt im Blick. In ihrem Inneren hat sie einige schlicht gehaltene und sorgfältig restaurierte Besucherräume aufzuweisen. Es ist eine sehr alte Anlage, die erste Erwähnung verweist auf das Jahr 1037.

Den nächsten Blick ins **Altmühltal** haben wir von der **Ruine Randeck**. Dazu fahren wir wieder weiter Richtung KELHEIM, unterqueren die Holzbrücke „Tatzelwurm", die kunstvoll geschwungen Fußgängern und Radfahrern die Überquerung

des Main-Donau-Kanals ermöglicht und fahren in den mit Anschlussohren ausgestatteten Kreuzungsbereich bei Essing in Richtung der **Burgruine Randeck**. Es geht rasch aufwärts, 130 Höhenmeter sind auf der Strecke von

Burg Prunn im Altmühltal.

rund einem Kilometer zu erklimmen, die Straße ist schmal, die Parkmöglichkeiten am Zielort sehr begrenzt. Mit unserem Womo mit einer Länge von 7,25 Metern ging es gerade noch, aber auch nur deshalb, weil der kleine Parkplatz [N48° 56' 14.4" E11° 47' 33.2"] unterhalb eines Restaurants nahezu unbesetzt war, als wir dort ankamen, sonst wäre es eine echte Herausforderung an unsere Rangier- und Fahrkünste geworden.

Nachdem wir den kleinen Eintrittspreis entrichtet haben erkunden wir die Ruine, erklettern den Bergfried und haben diesen wunderbaren Blick (siehe Foto oben) in das **Altmühltal** mit dem **Main-Donau-Kanal**, einem Altarm der **Altmühl** und der Holzbrücke „Tatzelwurm".

Nun sind wir nacheinander an verschiedenen Orten immer hoch auf den Berg gefahren oder gegangen. Bei unserem nächsten Ziel gehen wir in den Berg hinein. Nur etwa 3 Kilometer weiter Richtung KELHEIM kommen wir zum Parkplatz

Becherstalagmit in der Höhle Schulerloch.

der **Höhle Schulerloch** [N48° 55' 39.7" E11° 49' 03.4"]. Ein Schild weist uns darauf hin, dass man hier mit dem Wohnmobil nicht über Nacht stehen bleiben darf. Wir nehmen es zur Kenntnis und geben diese Information natürlich an Sie weiter. Dem Besuch der Höhle steht aber nichts entgegen.

Um zum Eingang zu gelangen, müssen wir noch einmal kräftig schnaufen, denn vom Parkplatz ist es noch ein ordentlicher Fußmarsch den Hang hinauf.

Oben angekommen bietet sich von einer Aussichtsplattform ein schöner Blick ins **Altmühltal**. Von hier aus kann man auch noch Reste des **Ludwig-Donau-Main-Kanals** mit einer alten Schleuse erkennen, die beim Neubau der Wasserstraße erhalten geblieben sind.

Das **Schulerloch** ist eine Tropfsteinhöhle, die nur mit einer Führung besichtigt werden kann. Um die Namensgebung ranken sich allerlei Vermutungen, mit denen wir uns aber nicht weiter beschäftigen wollen. Bei konstant 9°C Innentemperatur betrachten wir lieber was durch eine Laune der Natur in dieser Tropfsteinhöhle im Jurakalk entstanden ist. Neben den üblichen Formen, die normalerweise in Tropfsteinhöhlen vorkommen, ist im Schulerloch der **Becherstalagmit** besonders hervorzuheben. Ein gleichartiges natürliches

Kelheim, Donautor.

Wasserbecken dieser Art konnte bislang noch in keiner anderen Höhle dieser Erde gefunden werden.

Nicht so einzigartig sind die Musikaufführungen mit einer Lichtchoreographie, die in der großen Vorhalle der Höhle (die mit einer wunderbaren Akustik besticht) zum Abschluss dargeboten werden. Ähnliches gibt es auch in der **Sophienhöhle** bei „**Sophie at night**" (siehe Seite 81).

Vom **Schulerloch** bis zum Stellplatz in KELHEIM, einem Standort, an dem wir etwas länger verweilen wollen sind es nur noch 5 Kilometer.

(241) WOMO-Stellplatz: Kelheim Volksfestplatz

GPS: N48° 54' 50.1" E11° 52' 32.1"   **max. WOMOs:** 40.
Ausstattung/Lage: Befestigtes eingezäuntes Areal am Festplatz „Pflegerspitz" mit Stromanschlüssen für 16 Mobile. WC-Anlage, Müllcontainer. Gebühren sind am Parkscheinautomaten zu entrichten. Nah an der Ortsmitte, dennoch ruhig.
Zufahrt: Von der Osttangente, die mit Brücken über den Main-Donau-Kanal und die Donau führt, ist die Zufahrt gut ausgeschildert.
Ver- und Entsorgung: An der Einfahrt zum Stellplatz mit einer Servicestation. Wenn der Platz voll belegt ist, gibt es diese Alternative:

(242) WOMO-Stellplatz: Kelheim Kellerwiesen

GPS: N48° 54' 55.6" E11° 52' 33.4"
max. WOMOs: > 5.
Ausstattung/Lage: Befestigter Parkplatz in unmittelbarer Nähe des Festplatzes, nah an der Ortsmitte, dennoch ruhig.
Zufahrt: Von der Osttangente, die mit Brücken über den Main-Donau-Kanal und die Donau führt, ist die Zufahrt gut ausgeschildert.
Ver- und Entsorgung: Gibt es hier keine.

In und um KELHEIM gibt es eine Reihe von Sehenswürdigkeiten, die man an einem Tag sinnvoller Weise kaum alle betrachten kann. Dazu gehören die **Stadttore**, die Stadtapotheke, das **Archäologische Museum**, die Stadtpfarrkirche Mariä Himmelfahrt, das **Rathaus**, die **Ottokapelle** und die **Ziehbrücke** an der alten Schleuse des Ludwig-Donau-Main-Kanals. Für den kulinarischen Genuss sollte man sich einen Besuch des **Weißen Brauhauses**, der ältesten Weißbierbrauerei der Welt, nicht entgehen lassen.

Überragt wird alles (und das im wahrsten Sinne des Wortes) von der **Befreiungshalle**, die König Ludwig I. auf exponierter Lage zwischen dem Zusammenfluss von Altmühl und Donau auf dem Michelsberg errichten ließ. **Befreiungshalle** deshalb, weil sie an die Befreiungskriege, die zwischen 1813 und 1815

Die Befreiungshalle auf dem Michelsberg in Kelheim.

Im Inneren der Befreiungshalle.

gegen Napoleon geführt wurden, erinnern soll. Im großen Kuppelsaal im Inneren der Halle geben sich Siegesgöttinnen, die die Mitglieder des Deutschen Bundes symbolisieren, einträchtig die Hand. In der Mitte steht:

„Moechten die Teutschen nie vergessen, was den Befreiungskampf nothwendig machte und wodurch sie gesiegt".

Nach dem Ausflug in die deutsche Geschichte unternehmen wir eine kleine Wanderung. Dazu geht es wieder hinunter, wir starten vom Stellplatz am Volksfestplatz.

Wanderung entlang der Donau zum Kloster Weltenburg

Vom Stellplatz gehen wir donauaufwärts. Am Schiffsanleger bahnen wir uns einen Weg durch eine große Gruppe von Menschen. Eine bunte Mischung aus Familien-, Betriebs- Seniorenausflüglern drängt auf eines der Schiffe, die fortlaufend zwischen **Kelheim** und dem **Kloster Weltenburg** pendeln. Den schmalen, zumeist schattigen Rad- und Wanderweg entlang der **Donau** nehmen die wenigsten. So wird es nach wenigen Metern hinter dem Schiffsanleger ruhig. Die Donau plätschert uns in schnellem Fluss und mit

leichten Wellenschlag entgegen, sie hat es eilig hier in dem engen Tal. Boote sehen wir keine, aber gelegentlich ziehen die nahezu vollbesetzten Ausflugsschiffe an uns vorüber. Schifferklavier und klassische deutsche Volkslieder dringen an unser Ohr und übertönen das sonore Brummen der Schiffsmotoren. Schnell wird es aber auch wieder ruhig und wir setzen unseren Weg ungestört fort.

Bemalte Begrenzungsmauer der Kapelle.

Nach etwa 2,5 km kommen wir zur **Einsiedelei Klösterl**. Sie geht auf die Gründung eines Eremiten im 15. Jh. zurück, der hier zu Ehren von St. Nikolaus, dem Patron der Schiffer, eine kleine Kapelle errichtete. Naturhöhlen wurden genutzt und weitere Räume in den Fels geschlagen. Die Kapelle besteht im Prinzip nur aus einer Mauer, die nach außen eine Felsgrotte begrenzt.

Die schmalste Stelle der Weltenburger Enge.

Die wechselvolle Geschichte wird vom Eigentümer, der diese Anlage als offenes Denkmal betreibt, gern erläutert. Im Biergarten werden allerlei Gerichte der regionalen Küche frisch zubereitet. Hier können wir leckere Schweinsbratwürstel mit Kraut in aller Ruhe genießen.

Frisch gestärkt geht es weiter bis zur engsten Stelle der Weltenburger Enge, an der die Ausflugsschiffe den Felsen sehr nahe kommen. Hier führt der Weg entlang der Donau nicht weiter. Wir gehen den Weg zurück, bis wir nach ca. einem Kilometer die Wegmarkierung zum **Kloster Weltenburg** sehen. Nun geht

Kloster Weltenburg vom Wanderweg betrachtet.

es im Wald den Berg hinauf. Wir folgen den Wanderwegmarkierungen und gelangen schließlich zu dem Aussichtspunkt, der einen phantastischen Blick auf das Kloster ermöglicht. Der Duft von gebratenen Schweinshaxen, der bis hierher hochzieht und die Aussicht auf ein kühles Bier der Klosterbrauerei, lässt so manchen Wanderer die Schritte für die letzte Etappe hinunter an die Donau und hinüber zum Kloster beschleunigen. Auf steilen und zum Teil glitschigen Stufen geht es hinunter. An einem kleinen Bootsanleger am felsigen Ufer bieten Fährmänner mit **Zillen** (das sind lange, schmale flachbödige Boote) eine Überfahrt zum Kloster an. Wir nutzen diesen Service für ein kleines Entgelt und schnell haben wir das gegenüberliegende Ufer erreicht.

Innenhof des Klosters Weltenburg.   Der Chor der Klosterkirche.

Ja, das Kloster ist als Ausflugsziel beliebt. Mehrere „Schiffsladungen" sitzen im Innenhof der Klosterschänke und lassen es sich bei Schweinshaxen und Bier aus der ältesten Klosterbrauerei der Welt (schon wieder so ein Superlativ) gut gehen. Das Personal flitzt gestresst zwischen Küche und Innenhof hin und her. Den Innenraum der äußerst sehenswerten Klosterkirche sollten sie trotz all des Trubels draußen in Ruhe auf sich wirken lassen. Bei unserer ersten Erkundungsreise kamen wir in den Genuss eines abendlichen Konzerts, das wir in angenehmer Erinnerung haben. In diesem Zusammenhang haben wir festgestellt, dass das Kloster auch mit dem Womo angefahren werden kann, eine Übernachtung auf dem Parkplatz [N48° 53' 32.0" E11° 49' 22.7"] in WELTENBURG ist seit geraumer Zeit allerdings nicht mehr gestattet.

Auf dem Weg nach REGENSBURG kommen wir in BAD ABBACH an der **Kaiser-Therme** vorbei. Hier ist man auf den wohnmobilen Kurgast sehr gut eingerichtet.

(243) WOMO-Badeplatz: Bad Abbach - Kaiser-Therme
GPS: N48° 55' 38.56" E12° 02' 25.63"   **max. WOMOs:** 34.
Ausstattung/Lage: Sehr ruhige Lage an der Therme. Ebener Untergrund aus Rasengittersteinen, ganzjährig nutzbar. Kostenpflichtig, Anmeldung an der Kasse des Thermalbades.
Zufahrt: Kurallee 4, neben der Tiefgarageneinfahrt der Therme..
Ver- und Entsorgung: Über eine Servicestation am Rande des Platzes. Einen Chip für die Nutzung gibt es an der Thermalbad-Kasse.

Der Dultplatz [**244:** N49° 01' 35.7" E12° 05' 29.2"] ist der offizielle Stellplatz der Stadt REGENSBURG. Sollte er durch eine Veranstaltung belegt sein, kann man auf den Parkplatz Unterer Wöhrd [**245:** N49° 01' 14.4" E12° 06' 41.9"] ausweichen. Versorgungseinrichtungen und Stromanschlüsse gibt es nicht. Beide Plätze sind nicht sonderlich charmant.

Regensburg, Innenstadt

Regensburg gilt als die am besten erhaltene mittelalterliche Großstadt Deutschlands. Etwa 1500 denkmalgeschützte Gebäude zählt die Stadt, die fast alle während ihrer Blütezeit als europäisches Handelszentrum und als politisches Zentrum des Heiligen Römischen Reiches Deutscher Nation im Mittelalter entstanden sind. Das Ensemble von Patrizierhäusern und Sak-

Steinerne Brücke über die Donau mit Dom und Brückturm im Hintergrund.

Von Greding nach Regensburg 273

Historische Wurstküche.

Nur für Fußgänger und Radler, eine der engen Gassen in der Innenstadt.

ralbauwerken in Kombination mit engen Gassen und Plätzen ist sehr außergewöhnlich. Seit 2006 zählt dieses wertvolle Ensemble mit 984 Einzeldenkmalen zum **Welterbe der UNESCO**. Es gibt also einiges zu entdecken. Wir haben uns allerdings nicht vorgenommen alle Denkmäler aufzusuchen, aber einige der herausragensten wollen wir schon ansehen.

Wir beginnen unseren Stadtrundgang vom Parkplatz am Dultplatz im Stadtteil Stadtamhof, der mit seinen Patrizierhäusern auch zum Welterbe gehört. Die in der ersten Hälfte des 12. Jahrhunderts gebaute **Steinerne Brücke** ist bereits in Sichtweite. Diese Steinbogenkonstruktion war lange Zeit eine der wenigen befestigten Übergänge über die Donau und eine wichtige Einnahmequelle der Handelsstadt.

Am Ende der Brücke empfängt uns der **Brückturm**. Daneben steht der **Salzstadel** mit seinen rot gestreiften Fensterläden. Donauabwärts befindet sich direkt neben dem Salzstadel die **Historische Wurstküche**. Dieses Gebäude diente während der Bauzeit der Brücke als Baubüro und wurde nach Vollendung der Bauarbeiten als Garküche umfunktioniert. Hafenarbeiter und die Arbeiter vom Bau des nahen Domes versorgten sich hier mit Mahlzeiten. Ob die Schlange an der Ausgabe dieses Vorläufers eines Fastfood-Restaurants auch so lang war wie bei unserem Besuch wissen wir nicht. Beliebt ist die **Historische Wurstküche** jedoch immer noch.

Die schmalen Gassen der Altstadt sind kaum mit einem PKW zu befahren. Viele sind so schmal, dass man mit ausgestreckten Armen fast von einer Häuserwand zur nächsten reicht. Sehr viel natürliches Licht fällt nicht in diese Schluchten, die Fassaden sind kaum richtig zu betrachten. Ohne einen Stadtplan findet man sich in den verwinkelten Gassen nur schwer zurecht, denn man findet keine oder nur selten Punkte, an

Das Alte Rathaus aus der Mitte des 14. Jahrhunderts mit dem Standerker.

denen man sich orientieren kann. Belebt sind die Gassen auch nicht, was man von den freien Plätzen und breiten Gassen nicht sagen kann. Hier finden sich Cafés, Eisdielen und Restaurants. An schönen Tagen ist die Stadt sehr gut besucht, die Cafés am Domplatz waren bei unseren Besuchen immer bis auf den letzten Platz besetzt. Aber wir gehen erst einmal weiter zum **Alten Rathaus**, einem frühgotischen Gebäude, das heute auf der linken Seite die Touristinformation beherbergt und auf der rechten Seite den Zugang zum **Reichstagsmuseum** gewährt. Der Reichssaal, in dem im Spätmittelalter zahlreiche Reichsversammlungen stattfanden, wird von dem Standerker aus der Mitte des 14. Jahrhunderts dominiert. Im Reichssaal findet sich auch ein grüner Tisch. Hier wurden Reichstagsbeschlüsse gefasst, die

Brückturm und Salzstadel.

Haidplatz mit der Neuen Waag (rechts) und dem Thon-Dittmer-Palais (Bildmitte).

ihren Praxistest aber noch bestehen mussten. Wir sehen: Entscheidungen am **„grünen Tisch"** gab es schon im Mittelalter, oft waren sie so realitätsfern wie heute. Eine **„lange Bank"** auf der Akten gelagert und geschoben wurden,

Turm der Kirche St. Emmeram.   Schloss Thurn und Taxis.

gibt es hier auch noch, was das im Sprachgebrauch heute bedeutet muss man nicht erklären. Geblieben sind die Redewendungen aus dem Reichssaal zu Regensburg. Wir wollen uns nun aber nicht mit der Lernfähigkeit von Entscheidungsträgern aufhalten, wir gehen lieber weiter und kommen zum **Haidplatz**. Er ist einer der traditionsreichsten Plätze der Stadt Regensburg. Die kaiser- und königliche Prominenz gab sich hier in den Wirtshäusern, insbesondere im Gasthof „**Zum Goldenen Kreuz**" die Ehre. In der „**Herrentrinkstube**", die in dem rötlichen Gebäude der „Neuen Waag", der Stadtwaage, untergebracht war, schoben die Ratsherren ihren Bierkonsum nach ihren Sitzungen allerdings nicht auf die „**lange Bank**".

Auf unserem weitern Stadtrundgang kommen wir am Kloster der Dominikanerinnen vorbei, dem ältesten in Bayern, das ununterbrochen seit seiner Gründung im Jahr 1233 an diesem Ort besteht. Von hier aus ist es nicht mehr weit bis zum **Emmeramsplatz**, an dessen südlichem Rand sich die Basilika **Sankt Emmeram** und das **Schloss Emmeram** befinden. Hier residiert die fürstliche Familie von Thurn und Taxis. Die romanische Basilika geht auf einen karolingischen Kirchenbau aus dem 8. Jahrhundert zurück. Sie wurde im Laufe der Geschichte mehrfach umgebaut und erweitert,

Kirchenschiff der Basilika St. Emmeram.

zuletzt in der ersten Hälfte des 18. Jahrhunderts mit Figuren und Malereien durch die **Gebrüder Asam**. Die Basilika war einst Teil eines Benediktinerklosters, das 1812 aufgelöst und an die Fürsten von Thurn und Taxis übergeben wurde. Das Kloster wurde zu einer Schlossanlage umgebaut. Heute residiert hier Fürstin Gloria von Thurn und Taxis mit ihren Kindern. Prunkräume, der ehemalige Kreuzgang des Klosters, die Schatzkammer sowie das Marstallmuseum können im Rahmen einer Führung besichtigt werden. Die Führungen finden täglich zwischen 11.00 Uhr und 17.00 Uhr statt. Abschließen lässt sich der Besuch im Fürstlichen Brauhaus, das mit allerlei bayrischen Spezialitäten aufwartet.

Weiter geht's! Wir gehen außerhalb der Schlossanlage durch den Park, dann über den Neupfarrplatz an der Neupfarrkirche vorbei und kommen zum **Dom St. Peter**, der einzigen gotischen Kathedrale Bayerns.

Mit dem Bau wurde in der zweiten Hälfte des 13. Jahrhunderts begonnen. Fertig gestellt wurde er allerdings erst 1872. Der Innenraum ist relativ dunkel, dunkler als es die mit moderner Digitaltechnik aufgenommenen Bilder vermuten lassen. Die außergewöhnlich kunstvollen Glasfenster aus dem 13. und 14. Jahrhundert lassen nicht soviel Licht herein. Neben den alten Kirchenfenstern ist der **silberne Hochaltar** besonders bemerkenswert und natürlich die 2009 installierte größte freihängende Orgel der Welt, die den berühmten Knabenchor der Regensburger Domspatzen musikalisch begleitet.

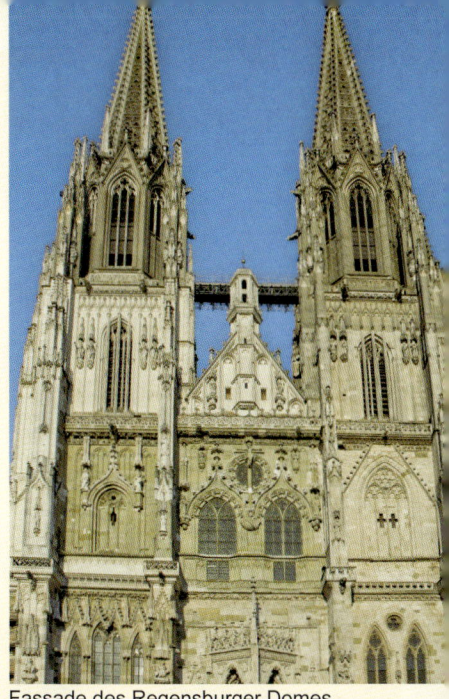

Fassade des Regensburger Domes.

Der Chor des Domes.

Die Orgel im Regensburger Dom.

Nach dem ausgiebigen Besuch der Stadt geht es nun entweder mit der Tour 18 nach Norden weiter, die entlang der **Naab** in das **Oberpfälzer Seenland** und bis zum Autobahnkreuz bei WERNBERG-KÖBLITZ führt, oder mit der Tour 19, die in den nördlichen **Bayerischen Wald** geht. Sie reicht bis zum **Großen Arber**, dem höchsten Berg dieser Region und lässt uns unterwegs sehr viel Glaskunst entdecken.

TOUR 18 (ca. 125 km)

Regensburg – Pielenhofen – Kallmünz – Burglengenfeld – Teublitz – Oberpfälzer Seenplatte Schwandorf – Nabburg – Neusath – Wernberg-Köblitz

Freie Übernachtung:	Pielenhofen, Kallmünz, Burglengenfeld, Teublitz, Oberpfälzer Seenplatte, Schwandorf, Neusath
Stellplätze:	Regensburg, Teublitz, Steinberger See, Schwandorf, Wernberg
Campingplätze:	Pielenhofen, Murner See,
Ver-/Entsorgung:	Pielenhofen, Schwandorf, Wernberg
Besichtigungen:	Pielenhofen (Klosterkirche), Kallmünz (Ort, Burgruine), Burglengenfeld (Altstadt), Teublitz (Wildpark), Schwandorf (Altstadt), Nabburg (Altstadt), Neusath (Freilandmuseum)
Wandern:	Kallmünz, Oberpfälzer Seenplatte (Steinberger See, Murner See)
Baden/Wellness:	Burglengenfeld, Oberpfälzer Seenplatte

Wir verlassen REGENSBURG in Richtung NITTENDORF über die B8, die als Autobahnzubringer zur A3 in Richtung NÜRNBERG fungiert, zunächst parallel zur **Donau** verläuft und ab MARIAORT entlang der **Naab** weitergeht. Nach ca. 3 Kilometern verlassen wir die Bundesstraße und fahren in Richtung PIELENHOFEN und KALLMÜNZ auf der St 2165 weiter. Von nun an wird uns die **Naab** auf dieser Tour begleiten.

Unser erstes Ziel ist das **Kloster Pielenhofen**, das wir nach weiteren 6 Kilometern erreichen. Wenn etwas fehlt in PIELENHOFEN, dann sind es Parkplätze. Mit etwas Glück finden Sie einen im Ort, ansonsten lässt es sich außerhalb des Ortes an der Dettenhofener Straße am Waldrand sehr gut parken. Dazu muss man die Naab überqueren und etwa 1 Kilometer in Richtung Dettenhofen fahren. [246: N49° 04' 32.1" E11° 58' 08.6"]. Der Platz eignet sich auch durchaus

Klosterkirche Pielenhofen.

Kloster Pielenhofen im Naabtal.

für eine Übernachtung, hat nur den Nachteil, dass man entlang der Straße in den Ort zurücklaufen muss.

Im Kloster ist ein Internat für die Regensburger Domspatzen untergebracht. Die Klosterkirche ist sehenswert und die Klosterwirtschaft mit dem Biergarten ein von Radlern gern angefahrener Ort. Apropos Radfahren: Entlang der **Naab** ist das auf den gut ausgebauten Radwegen mit zumeist ebenem Verlauf ein Vergnügen. Das Tal ist malerisch, die **Naab** ein sehr ruhiger Fluss und deshalb auch besonders gut für Familienausflüge mit dem Paddelboot geeignet. Nun gehört ein Kanu oder Paddelboot nicht zur Basisausstattung eines Wohnmobils. Wer keins hat, trotzdem aber eine Tour auf der Naab unternehmen möchte, der kann sich z.B. in Kallmünz beim "Kanuschorsch" ein Boot leihen. Weitere

Paddeln auf der Naab bei Pielenhofen ...

... und an einer Stromschnelle in Kallmünz.

Idyllisch, das Städtchen Kallmünz mit seiner Burgruine am Ufer der Naab.

Infos gibt es dazu unter (www.kanu-schorsch.de). Radtour, Paddeltour, das hört sich alles nach einem längeren Aufenthalt an. Dafür eignet sich der Campingplatz im Süden von Pielenhofen sehr gut.

> **(247) WOMO-Campingplatz-Tipp: Naabtal - Pielenhofen**
> **GPS:** N49° 3' 34.22" E11° 57' 39.14"   **max. WOMOs:** >5.
> **Ausstattung/Lage:** Distelhausen 2, 93188 Pielenhofen. Vollständig eingerichteter Platz mit Entsorgungsstation für Wohnmobile. Er liegt direkt am Ufer der Naab, sehr ruhig.
> **Zufahrt:** Von Pielenhofen der Naabstraße bis zum Ende folgen.

In KALLMÜNZ ist die Parkplatzsuche kaum erfolgreicher als in Pielenhofen. An der Straße nach SCHMIDMÜHLEN, 200 Meter von der Hauptstraße entfernt, findet sich an der Vils, einem Nebenfluss der **Naab,** ein Parkplatz, der sich bei Bedarf durchaus für eine Übernachtung eignet [248: N49° 09' 32.1" E11° 57' 07.1"]. In den alten Ortskern hineinzufahren empfiehlt sich nicht. Es geht eng zu in diesem malerischen Städtchen, das mit vielen Skulpturen in und um den Ort herum aufwartet. Alte, wie der Heilige Nepomuk an der Brücke über die Naab aber auch neuere, wie eine Badenixe, die es sich an der Stromschnelle bequem gemacht hat sind darunter. Es lohnt sich, diesen Ort in aller Ruhe zu durchstreifen, es gibt viel zu entdecken. Kunst und Künstler haben hier einen hohen Stellenwert, Wassily Kandinsky und Gabriele Münter fanden hier in der Sommerfrische zueinander und eine kleine Künstlerkolonie etablierte sich hier zu Beginn des 20. Jahrhunderts. Eine künstlerische Aura umgibt also diesen Ort, der mit einigen Galerien die Schaffensfreude ortsansässiger und ortsfremder Künstler zeigt. Die Burgruine vervollständigt auf romantische Weise das malerische Ensemble dieses Ortes an der **Naab**.

Die Burg der Stadt Burglengenfeld, die größte Burganlage der Oberpfalz.

Während die Burgruine in KALLMÜNZ das ganze Jahr über frei begehbar ist, ist die mächtige Burganlage unseres nächsten Etappenziels BURGLENGENFELD fest verschlossen. Mächtig ist sie und man sieht sie schon aus großer Entfernung, diese zweitgrößte Burganlage Bayerns und größte der Oberpfalz. Doch den Weg dorthin können Sie sich sparen, eine Heilpädagogische Einrichtung ist in dieser Anlage untergebracht, Touristen haben keinen Zutritt. Nur einmal im Monat findet sonntags eine Führung für Besucher statt.

Die Stadt ist dennoch besuchenswert und bietet mit den Resten der Stadtmauer, dem Örtlturm, dem Rathaus und einigen anderen Gebäuden rund um den Georgsbrunnen und dem Marktplatz ein gepflegtes Ambiente.

Ein Parkproblem haben wir hier nicht. Am Eislaufplatz an der Schwandorfer Straße [**249:** N49° 12' 41.5" E12° 02' 34.4"] findet sich im hinteren Teil immer ein ruhiges Plätzchen. Der Platz ist gebührenfrei und zentrumsnah. Von hier aus sind es zu Fuß nur zwei Minuten bis zur Altstadt. Für Wasserratten ist sicher noch das **Bulmare** (Naabtalpark 44), ein neuer Badetempel mit Freibad, Riesenrutsche und Saunalandschaft von Interesse.

Burglengenfeld: Georgsbrunnen (Bildhauer Jürgen Weber) und St. Vitus mit der Burg im Hintergrund.

Ein Naturbad gibt es neben dem **Wildpark Höllohe** in TEUBLITZ, nur 5 Kilometer weiter Richtung SCHWANDORF. Der Parkplatz [**250:** N49° 14' 05.9" E12° 05' 11.1"] liegt zwischen dem Wildpark und der **Naab** und ist absolut ruhig. Das Naturbad haben wir nicht weiter erkundet, den Wildpark aber schon. Eintritt ist bei einem Besuch der Anlage nicht zu entrichten. Um eine Spende für die Pflege des Parks und die Versorgung der Tiere wird allerdings gebeten. Die geben wir gern, macht doch die Anlage einen sehr gepflegten Eindruck und die Tiere scheinen gut versorgt zu sein.

Damwild im Wildpark Höllohe.

Diese mustern uns beim Rundgang neugierig, sind nicht scheu, verstecken sich nicht und posieren bereitwillig vor der Kamera. Auch unsere Hunde, die wir an der Leine dabei haben, scheinen sie nicht zu stören.

Nach unserem Spaziergang durch den Park fahren wir weiter auf der B15 Richtung SCHWANDORF und nach dem Ort ZIELHEIM rechts ab, unterqueren die Autobahn und gelangen zum **Steinberger See** im Süden des **Oberpfälzer Seenlandes**.

Die Wasserskianlage (Wild Wake & Ski) am **Steinberger See** bietet Stellplätze mit Stromversorgung für Wohnmobile. Wir nutzen diese Anlage aber nicht, sondern fahren weiter, halten uns rechts, folgen einem kleinen Sträßchen, das

Sonnenuntergang am Steinberger See.

(251) WOMO-Badeplatz: Steinberger See

GPS: N49° 17' 21.25" E12° 9' 35.06"   **max. WOMOs:** >5.
Ausstattung/Lage: Kostenpflichtiger Platz mit Stromversorgung an der Wasserskianlage Wild Wake & Ski.
Zufahrt: Wie im Text beschrieben.
Ver- und Entsorgung: Keine

zwischen dem Knappensee und dem Steinberger See entlang führt und gelangen auf eine große Wiese [**252: N49° 16' 57.6" E12° 10' 27.4"**]. Etwas weiter befindet sich am Waldrand der Jugend- & Familienfreizeitpark **Movin'G'round** mit allerlei Spiel- und Sportgeräten sowie einem Biergarten. Unser Platz ist nur über den beschriebenen Weg mit dem Fahrzeug erreichbar, wer es über den Ort STEINBERG AM SEE versucht wird scheitern. Absperrungen verhindern eine Zufahrt aus dem Ort, wie wir bei unserer Wanderung rund um den See (ca. 6 km) gesehen haben.

Die Wiese am Steinberger See.

Wir gönnen uns eine Auszeit und können hier ungestört baden, wandern und auch mit dem Rad fahren. Ein wenig verblüfft sind wir schon, dass es hier so beschaulich ruhig ist, denn es ist Hauptreisezeit und es sind Sommerferien in Bayern. Nur zwei weitere Wohnmobile gesellen sich in ausreichendem Abstand zu uns, Platz ist ja genug vorhanden am Rande der Wiese. Ähnlich ist es uns am **Murner See**, der wenig weiter nördlich liegt, ergangen.

Bis in die 80er Jahre des letzten Jahrhunderts wurde in dieser Landschaft Braunkohle abgebaut. Vor nicht allzu langer Zeit gab es hier also noch riesige Baggerlöcher, die, nachdem der Bergbau 1982 endgültig eingestellt wurde, sich allmählich mit Wasser füllten. **Oberpfälzer Seenland** wurde diese vollständig veränderte Landschaft getauft. Einige Seen wurden in den letzten Jahren für den Bade- und Wassersportbetrieb erschlossen. Die meisten jedoch, vor allem die kleineren Seen und Weiher, dienen der Fischzucht oder dem Naturschutz.

Auf gut ausgeschilderten Wander- und Radwegen kann man diese große Seenlandschaft in aller Ruhe durchstreifen ohne mit vielen anderen Menschen in Kontakt zu kommen. Im Vergleich zum **Fränkischen Seenland** (siehe Seiten 215-219) ist hier alles ein paar Nummern kleiner, beschaulicher und unberührter. Etwas lauter geht es nur rund um den großen Campingpark am Murner See zu.

Auf dem Weg dorthin kommt man, wenn man WACKERSDORF passiert hat, an dem Innovationspark Wackersdorf vorbei. Erinnerungen werden wach. Da war doch was. Ja, richtig, hier sollte doch in den 80er Jahren die zentrale Wiederaufarbeitungsanlage für abgebrannte Brennstäbe aus Kernreaktoren gebaut werden. Breiter Widerstand und heftigste Proteste führten jedoch dazu, dass dieses Vorhaben eingestellt wurde. Heute ist hier alles friedlich, nichts erinnert mehr an die Anti-AKW-Bewegung in dieser Region.

Am See befindet sich eine Anlegestelle für Paddelboote. Ein breiter und gut besuchter Badestrand und ein Campingplatz sorgen für ein wenig Trubel. Nachdem wir auf dem Damm, der den **Murner See** vom **Brückelsee** trennt, ein wenig weiter

(253) WOMO-Campingplatz-Tipp: Murner See
GPS: N49° 20' 44.1" E12° 12' 33.1"   **max. WOMOs:** >5.
Ausstattung/Lage: Vollständig eingerichteter Platz mit Entsorgungsstation für Wohnmobile. Er liegt direkt am Ufer des Murner Sees.
Zufahrt: In Wackersdorf der Industriestraße zum Campingplatz folgen.

gefahren sind, ist es mit dem Trubel aber auch schon wieder vorbei. Wir bleiben auf einem Parkplatz am Nordende des Sees auf einem Wanderparkplatz [**254: N49° 21' 18.4" E12° 12' 25.9"**] stehen und nachdem der letzte Jogger nach einer Seeumrundung mit seinem PKW den Parkplatz verlassen hat, kehrt absolute Ruhe ein.

Ruhig, obwohl zentrumsnah ist es

Wanderweg am Nordufer des Murner Sees.

auch auf dem Stellplatz in SCHWANDORF, unserem nächsten Ziel. Nur ca. 10 km haben wir dafür zurückzulegen. Wir fahren in SCHWANDORF angekommen über die Naabbrücke Richtung AMBERG und sodann gleich links in den Angerring und gelangen auf den großen Volksfestplatz, der auch als Parkplatz und an der Naab als Wohnmobilstellplatz genutzt wird.

(255) WOMO-Stellplatz: Schwandorf - Volksfestplatz
GPS: N49° 19' 54.2" E12° 06' 05.4"   **max. WOMOs:** 50.
Ausstattung/Lage: Gebührenfreier Großparkplatz/Volksfestplatz an der Naab, zentrumsnah und ruhig. Ganzjährig nutzbar, jedoch in der Woche vor und nach Pfingsten gesperrt.
Zufahrt: Wie im Text beschrieben
Ver- und Entsorgung: Wasserver- und Grauwasser- sowie Toilettenentsorgung ist gratis. Stromanschlüsse gibt es nicht. Wasserversorgung ist auch in den Wintermonaten bis -5°C möglich.

Der Fußweg über die Brücke ins Zentrum ist kurz. Wir kommen an einer großen Hinweiskarte über das hiesige Radwegenetz vorbei, sehen kurz einer Gruppe bei der Vorbereitung für eine Paddeltour auf der **Naab** zu und gehen dann weiter. Die großen Wasserräder an der Naabuferstraße erregen unsere Aufmerksamkeit. Wir schlagen den Weg zum Marktplatz ein. Er ist weder besonders groß noch besonders auffällig. Farbenfrohe Häuser, in denen Cafés und Gasthäuser untergebracht sind, säumen den Markt und warten auf Kundschaft. Die Kirche steht am Ende des Platzes, der, als wir dort unterwegs waren tatsächlich so menschleer war wie es auf dem Foto zu sehen ist.

Die Innenstadt ist also offensichtlich kein Touristenmagnet. Bei der Naturlandschaft in der Umgebung auch verständlich, denn eine Rad- oder Paddeltour entlang der Naab oder im Seenland übt sicher einen größeren Reiz aus als der Besuch eines Straßencafés am Markt.

Stadtpfarrkirche am Marktplatz.

Der Stellplatz in Schwandorf ist für solche Touren ein ausgezeichneter Standort, der Naabtalradweg führt direkt am Platz vorbei und ein Kanuverleih ist in Sichtweite. Da kann man sich den Restaurantbesuch für den Abend aufheben.

Sollte der Stellplatz an der **Naab** durch eine Veranstaltung belegt sein, so bietet sich als Ausweichmöglichkeit in SCHWANDORF der Parkplatz an der Wallfahrtskirche auf dem Kreuzberg an [256: N49° 19' 13.0" E12° 07' 01.3"]. Es ist kein offizieller Stellplatz aber ein großes und ruhiges Areal inmitten eines Wäldchens mit einem Kloster. Wenn das unvermeidliche Glockenläuten nicht stört, eine gute Alternative. Das Kloster ist leicht zu finden, es liegt an der Kreuzbergstraße und ist gut ausgeschildert.

Vorbereitung für eine Paddeltour.

NABBURG steht als nächster Ort auf dem Tourplan. Dort angekommen fahren wir in die Altstadt hinein, die durch verbreiterte Nebentore in der alten Stadtmauer auch für größere Fahrzeuge bequem zugänglich ist und finden auf dem zentral gelegenen Marktplatz genügend Parkmöglichkeiten [N49° 27' 15.9" E12° 10' 50.3"].

Fast ausgestorben wirkt das Städtchen. Auf die Frage beim Bäcker, ob es in dieser Stadt immer so ruhig zugehe,

Mähntor im Süden und Obertor im Norden bieten den Zugang zur Altstadt.

Das Schmidt-Haus (rechts), Raum für Kultur und Kommunikation in Nabburg.

bekamen wir zur Antwort: Ja, viel sei hier nicht los. Eigentlich unverständlich, denn die von einer sehr gut erhaltenen Stadtmauer umgebene Altstadt hoch über der **Naab** wirkt mit ihren bunt bemalten Häusern doch sehr reizvoll. Die Liste der Baudenkmäler dieser Stadt ist lang. Andererseits ist es natürlich auch sehr angenehm eine sehenswerte Stadt zu besuchen, ohne im Gedränge der Menschen unterzugehen.

Drangvolle Enge herrschte bei unserem Besuch im **Oberpfälzer Freilandmuseum** in NEUSATH, dem letzten Ziel auf dieser Tour, auch nicht. Es ist leicht zu finden. Wenn man in NABBURG zunächst den Hinweisen zur A93 folgt und sie dann überquert, braucht man nur noch der Beschilderung zum Museum zu folgen.

Die Rauberweihermühle stand ursprünglich in Pfaffengschwand.

Das Stiftlanddorf im Freilandmuseum Neusath.

Das Museum ist zweigeteilt. Keimzelle des Museums war der **Edelmannshof** in PERSCHEN, ein geschlossener Dreiseithof. Mit der daneben liegenden **Basilika St. Peter und Paul** ein sehenswertes Ensemble. Wir wollen die größere Anlage in NEUSATH etwas näher betrachten.

Der Parkplatz [**257:** N49° 28' 01.7" E12° 13' 04.0"] bietet insbesondere im oberen Bereich genug Platz und erscheint uns für eine Übernachtung gut geeignet, auch wenn sicher Keile unterlegt werden müssen.

In längst vergangene Zeiten werden wir bei dem Spaziergang durch das Dorf versetzt. Kleinbäuerliche Dörfer wurden hier zusammengetragen. Es gibt freilaufende Enten und Gänse, Koben mit lebenden Schweinen und den Misthaufen mit den kratzenden Hühnern drauf. Hier wird Getreide und Hopfen angebaut, Obstbäume säumen die Wege. Die Bauerngärten wirken absolut echt. Hier gibt es alles was kleinbäuerliche Wirtschaft der vergangenen Jahrhunderte einmal ausgemacht hat, nicht als Ausstellungsstücke sondern durchaus lebendig, so, als wären die Bauersleut nur mal eben kurz weggegangen. Die Mühsal der Arbeit, die muss man allerdings noch mit einem Schuss Fantasie hinzutun, um die Zeitreise komplett zu machen. Die Anlagen sind in den Wintermonaten von November bis Ende März geschlossen.

Die Reise geht nun weiter nach WERNBERG, von dort führt Sie auf den Seiten 154-169 die Tour 10 über AMBERG und HERSBRUCK nach PEGNITZ.

Blumen am klassischen Bauerngarten.

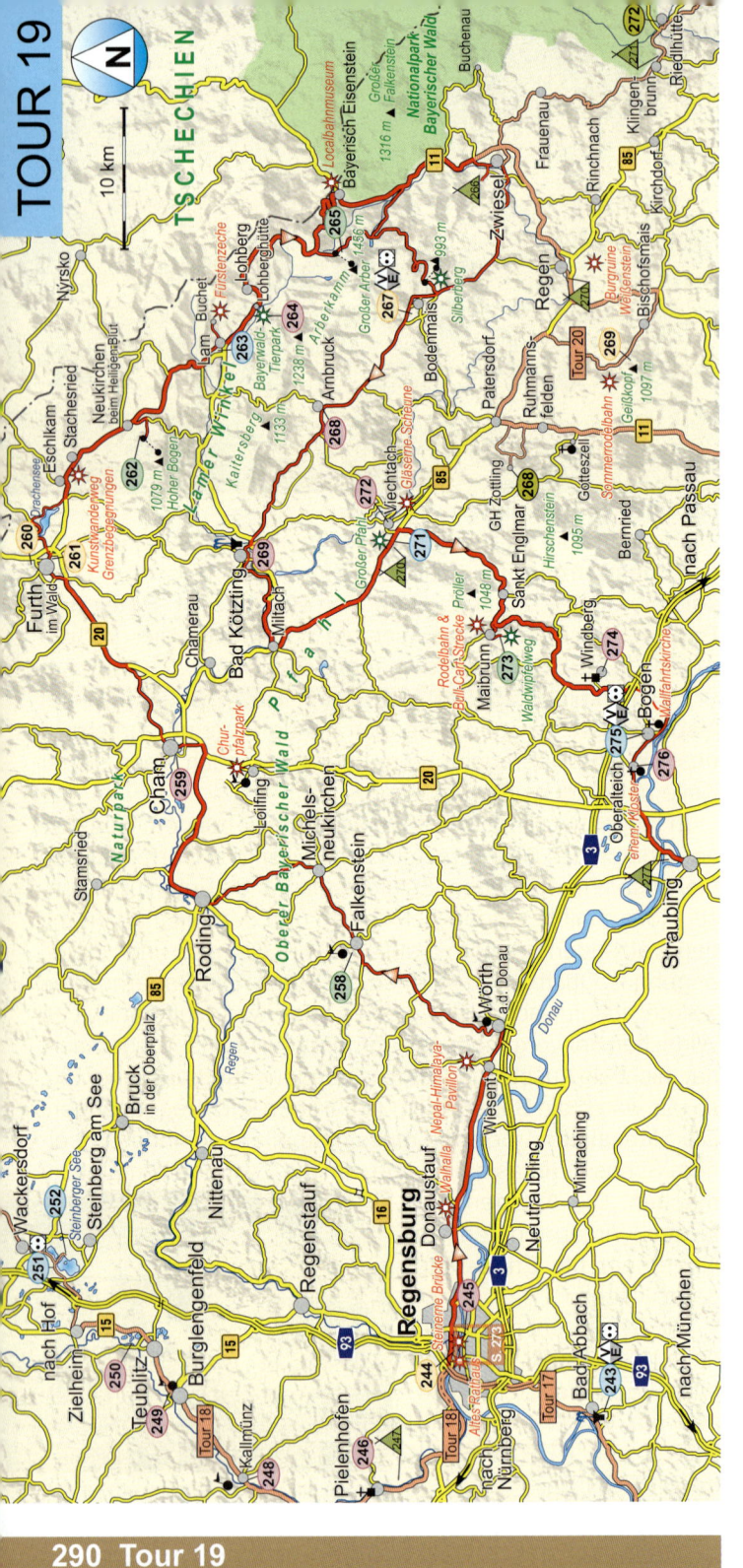

TOUR 19 (ca. 310 km)

Donaustauf – Wiesent – Falkenstein – Cham Furth im Wald – Neukirchen beim Heiligen Blut Lam – Lohberg – Bayerisch Eisenstein –Zwiesel Bodenmais – Arnbruck – Bad Kötzting – Viechtach – Sankt Englmar – Bogen – Straubing

Freie Übernachtung:	Burg Falkenstein, Cham, Neukirchen, Lam, Bayerwald Tierpark, Arnbruck, Bad Kötzting, Viechtach, Sankt Englmar-Maibrunn, Windberg, Abtei Oberalteich
Stellplätze:	Furth im Wald, Großer Arber, Bodenmais, Bogen
Campingplätze:	Zwiesel, Viechtach, Straubing
Ver-/Entsorgung:	Zwiesel, Bodenmais, Viechtach, Bogen
Baden:	Lam, Viechtach, Bogen
Besichtigungen:	Donaustauf (Walhalla), Wiesent (Nepal-Himalaya-Pavillion), Burg Falkenstein, Cham (Altstadt), Furth im Wald (Innenstadt, Erlebniswelt Flederwisch, Drachenmuseum), Lam (Fürstenzeche), Lohberg (Bayerwald-Tierpark), Bayerisch Eisenstein (Localbahnmuseum), Zwiesel (Waldmuseum), Arnbruck (Weinfurtner Glasdorf), Sankt Englmar (Waldwipfelweg), Klosterdorf Windberg, Bogen (Wallfahrtskirche), Straubing (Innenstadt)
Wandern:	Eschlkam (Kunstwanderweg), Großer Arber, Viechtach (Großer Pfahl), Sankt Englmar (Waldwipfelweg)

Wir verlassen Regensburg und fahren entlang der Donau nach DONAUSTAUF. Erstes Ziel ist die **Walhalla**, die König Ludwig I. von Bayern in der ersten Hälfte des 19.Jahrhunderts nach dem Vorbild des Parthenon auf der Akropolis in Athen errichten ließ. Sie ist nicht schwer zu finden, die Beschilderung eindeutig. Am Parkplatz [N49° 01' 58.8" E12° 13' 34.5"] entrichten wir unsere Parkgebühr und gehen die letzten Meter durch alten Baumbestand und über Treppen zur **Walhalla** hinauf. Zahlreiche Büsten warten im Inneren darauf betrachtet zu werden. Fast alle Namen und Gesichter, die damit verbunden sind, kennen wir. Einige Namen sagen uns allerdings nichts. Da muss der kleine Führer helfen, den es an der Kasse zu kaufen gibt. Die Halle beeindruckt nicht nur uns, zahlreiche Besucher stehen staunend mit gereckten Köpfen auf dem Marmorboden und betrachten die Büsten. Die Walhalla ist ein echter Touristenmagnet, da lockt die Burgruine die es in Donaustauf auch noch gibt weit weniger Besucher an.

Standbild Ludwig I. im Innenraum.

Walhalla

Nach der Niederlage Preußens gegen Napoleon 1807 fasste König Ludwig I. den Beschluss für die „rühmlich ausgezeichneten Teutschen" einen Ehrentempel zu errichten. Deutschsprachige Geistes- und Geschichtsgrößen sollten hier versammelt werden, um das nationale Zusammengehörigkeitsgefühl zu stärken. 64 Gedenktafeln und bislang 129 Marmorbüsten von Staatsmännern, Dichtern, Komponisten und Gelehrten deutscher Sprache sind in 6 Gruppen jeweils um eine Siegesgöttin angeordnet. Die Friese an den Brüstungen des Umgangs stellen die Urgeschichte der Germanen dar.

Die Walhalla, ein gern und viel besuchter Monumentalbau an der Donau.

WIESENT ist unser nächstes Ziel, hier steht der **Nepal-Himalaya-Pavillon** [N49° 01' 17.0" E12° 22' 24.2"], der auf der expo 2000 in Hannover zu sehen war, ist unser nächstes Ziel. Leider sind die Besichtigungsmöglichkeiten auf Samstag bis Montag beschränkt. Unter der Woche ist die Anlage nicht geöffnet. Wir müssen leider unverrichteter Dinge weiterziehen und können den Schau- und Sichtungsgarten mit seinen Staudenanlagen und die Pavillons nicht in Augenschein nehmen.

Wir fahren über WÖRTH AN DER DONAU nach FALKENSTEIN weiter. Über dem Ort thront die gleichnamige Burg auf einem Granitkegel. Die Zufahrt zum Fuße der Anlage ist eng, aber für geübte Fahrer kein Problem. Vom Parkplatz [**258: N49° 05' 58.6" E12° 28' 59.3"**] führen einige gut beschilderte Wanderwege in die nähere Umgebung. Zur Burg sind nur noch ca. 150 Meter bergauf zu gehen. Die Burg dient als Festspielort, Standesamt, Museum und hat ein gutes Restaurant sowie einen schönen Biergarten.

Burg Falkenstein über dem gleichnamigen Ort.

Wir fahren nach einer kurzen Erfrischung weiter durch die hügelige Landschaft des Vorderen Bayerischen Waldes Richtung CHAM. In RODING erreichen wir die breite Talaue des Flusses Regen und kommen kurze Zeit später in CHAM an. Die Parkplatzsuche gestaltet sich schwirig. Auf dem Platz vor der D'Wasserwirtschaft an der Blauen Brücke werden Wohnmobile nicht gern gesehen, wie wir der Hinweistafel entnehmen können und ein großer Parkplatz gegenüber am Flugplatzweg ist für Fahrzeuge über 1,5 t nicht zugelassen. Nach einigem Suchen finden wir einen guten Platz an der Florian-Geyer-Brücke [**259:** N49° 13' 05.0" E12° 39' 36.3"], er ist mit P5-Altstadt-West ausgeschildert. Um dort hinzukommen, müssen wir den Ort allerdings zunächst umfahren, denn die Hauptverbindung von der Innenstadt zu diesem Platz führt durch das **Biertor** und dort ist die Durchfahrtshöhe auf 2,3 Meter begrenzt, da kommen wir nicht durch.

Das Biertor in Cham.

Marktplatz, mit Stadtpfarrkirche und Rathaus.

Die alte Florian-Geyer-Brücke sowie das **Biertor** und Teile der Stadt Cham dienten übrigens als Filmkulisse für den 1959 gedrehten Antikriegsfilm „**Die Brücke**" von Bernhard Wicki. Wir gehen durch das **Biertor** und erreichen nach wenigen Metern den prächtigen Marktplatz mit dem äußerst interessanten

Brunnen mit den Figuren des Grafen Luckner, der Waldhexe und dem Bilmesschneider, der der Sage nach den Bauern das Getreide abschnitt. Pünktlich um 12.05 Uhr erklingt die Marseillaise zu Ehren des Grafen Luckner, denn er war einst Marschall von Frankreich. Das Chammünster, die die Urkirche des Oberen Bayerischen Waldes ist ebenso interessant. Wer sich für avantgardistische Kunst interessiert, der wird das Museum SPUR im ehemaligen Armenhaus der Stadt in der Schützenstr. 7 aufsuchen. Geöffnet: (Mi. Sa+So. 14.00-17.00 Uhr).

Nun geht es weiter nach FURTH IM WALD. Hier angekommen, schauen wir zunächst nach den zur Verfügung stehenden Stellplätzen und finden deren gleich zwei. Einen am Friedhof **[260: N49° 18' 47.7" E12° 50' 39.9"]**, an der Hochstraße, der als P5 ausgeschildert ist und einen an der Festwiese an der Eschlkamer Str. **[261: N49° 18' 18.0" E12° 50' 52.0"]**, den man als P9 findet. Ver- und Entsorgungseinrichtungen haben beide nicht.

Das attraktive Städtchen ist für sein Festspiel **»Drachenstich«** bekannt. Nach Aussage der Stadtväter ist es das älteste Volksschauspiel in Deutschland und wird bereits seit 500 Jahren gespielt. Es wird alljährlich im August aufgeführt. Wir müssen gestehen, das Drachenspiel bislang nicht gesehen zu haben. Aber nach allem was wir darüber gelesen und gehört haben, sollte es sich lohnen sich das einmal anzuschauen. Auf der website www.drachenstich.de gibt es Eindrücke von den Festspielen und natürlich die Aufführungstermine. Für alle die zum unpassenden Zeitpunkt kommen: Im **1. Deutschen Drachenmuseum** werden die Mythologien und die Geschichten rund um den Drachen ausführlich dargestellt.

Furth im Wald, Amtsgericht und Stadtturm.

Weiter geht es nach ESCHLKAM. Auf dem Weg dorthin erregt am Horizont auf einer Anhöhe eine Reihe von Windsäcken unsere Aufmerksamkeit. Die Windsäcke ent-

Die Windsäcke in Eschlkam.

puppen sich bei näherer Betrachtung als Teil des Kunstwanderwegs **Grenzbegegnungen - Wege zwischen Ost und West** [N49° 17' 32.0" E12° 55' 14.1"] und symbolisieren Deutschlands geraden Weg (links) und Tschechiens weniger geradlinigen Weg (rechts) zu einem geeinten Europa. Weitere Kunstwerke zum Thema Grenze und Freiheit säumen den hier angelegten Kunstwanderweg der in Stachesried am Kunstpavillon endet.

Weiter geht es nach NEUKIRCHEN BEIM HEILIGEN BLUT, einem der bedeutendsten Marienwallfahrtsorte Bayerns. Der Ort am Fuße des **Hohen Bogens** bietet mit dem **Sport- und Freizeitzentrum Hohenbogen** „Aktivurlaubern einiges, was die Ferien zu einem unvergesslichen Erlebnis werden lässt" wie es in der eigenen Werbesprache heißt. Wir sind hier in der vorletzten Woche der Sommerferien und das Ferienzentrum macht einen recht verwaisten Eindruck. Der große Parkplatz ist als Übernachtungsstandort [**262:** N49° 14' 38.6" E12° 57' 25.2"] ein äußerst ruhiges Plätzchen, bietet allerdings keinerlei Versorgungseinrichtungen.

Wallfahrtskirche Neukirchen b.H.B.

Als Start- und Zielpunkt für Wanderungen ist der Ort nicht schlecht. Ein dichtes Netz von Wanderwegen gibt es hier, um sich nicht zu verlaufen empfiehlt es sich bei der Touristinfo (Marktplatz 10) eine Wanderkarte zu besorgen.

Wir verlassen den **Hohen Bogen**, fahren entlang der Glasstraße weiter Richtung LAM. Nach kurzer Fahrt geht es bergab, vor uns öffnet sich das breite Tal des **Lamer Winkels** mit den Gebirgszügen des **Kaitersberges** und des **Arberkammes** im Hintergrund. LAM präsentiert sich mit einem blumenreichen und schön angelegten Ortskern. Viel zu sehen gibt es jedoch darüber hinaus nicht. Für Freunde der Bergbaumuseen ist sicher die **Fürstenzeche** im Ortsteil Buchet [N49° 11' 56.1" E13° 04' 36.2"] interessant. Dieses ehemalige Silber- und Flussspatbergwerk kann von März bis November mit einer Führung täglich besichtigt werden. Als Übernachtungsstandort bietet sich in LAM der Parkplatz am **Osserbad** [263: N49° 11' 38.3" E13° 02' 42.4"] am Ginglmühler Weg an. Wer mag kann in der Sauna oder einem Dampfbad relaxen, wer sich austoben will, der nimmt die Riesenrutsche. Um 21.00 Uhr wird das Bad geschlossen, dann wird es sehr ruhig auf dem zentrumsnahen Parkplatz.

Lam, Ortszentrum

Unser nächstes Ziel ist der **Tierpark Bayerwald**, nur ca. 4 Kilometer von LAM entfernt. Dort angekommen, stellen wir unser Womo am Waldrand des Bayerwald-Tierparks ab. [264: N49° 10' 19.7" E13° 05' 21.2"]. Ein guter Übernachtungsplatz wie wir meinen, zumal ein Restaurant in kurzer Entfernung mit leckeren Menüs lockt. Der Tierpark hat sich zum Ziel gesetzt, einheimische Tiere, die man in freier Wildbahn kaum zu Gesicht bekommt, in einer natürlichen Umgebung zu zeigen. Über 400 Tiere gibt es hier, darunter Rehe, Hirsche, Wisente, Elche und

Einer der Wölfe im Bayerwald-Tierpark.

auch Wölfe. Das Gelände liegt an einem Hang und ist recht weitläufig, doch die Gehege erscheinen uns relativ klein. Der Vorteil ist allerdings, dass man die Wildtiere auch tatsächlich zu Gesicht bekommt, sie nähern sich durchaus ganz neugierig dem Sicherheitszaun. Wer im Nationalpark Bayerischer Wald z.B. Wölfe sehen will, braucht dagegen sehr viel Geduld und „Stehvermögen".

Wir fahren weiter nach BAYERISCH EISENSTEIN, dort angekommen suchen wir das **Localbahnmuseum** [N49° 07' 17.9" E13° 12' 29.6"] in der Bahnhofstraße, unweit der tschechischen Grenze auf.

Im Lokschuppen des Localbahnmuseums.

In den 1877 fertig gestellten Lokschuppen stehen überwiegend Dampflokomotiven, aber auch einige andere Schienenfahrzeuge und Waggons der ehemaligen bayerischen Localbahnen. Schautafeln verschaffen einen Eindruck über das stillgelegte Streckennetz und geben Auskunft über technische Details. Die meisten der ausgestellten Lokomotiven sind betriebsbereit. Im Sommer wird die „gute alte Dampflokzeit" wieder lebendig, dann verkehren Sonderzüge dieser Museumsbahn zwischen BAYERISCH EISENSTEIN und ZWIESEL.

Nur wenige Meter neben dem Museum befindet sich eine Schauglashütte mit einem Shop und einem Restaurant. Das Interessante ist, dass man dem Glasbläser bei der Arbeit zuschauen kann, während man im Restaurant eine Mahlzeit zu sich nimmt.

Unser nächstes Ziel ist die Glasstadt ZWIESEL. Vom Parkplatz an der Alten Langdorfer Straße [N49° 00' 36.7" E13° 13' 05.7"], sind es ca. 800 Meter bis zur Stadtmitte. Dort besuchen wir das Waldmuseum, das mit seinen Exponaten einen Eindruck über die Geschichte der Region vermittelt. Von der Waldwirtschaft über die Tierwelt bis hin zur Entwicklung des Glashandwerks reicht die Ausstellung. Die Modelllandschaft eines Glasmacherdorfes macht auf eindrückliche Weise deutlich, welche Arbeitsschritte notwendig sind, um Glas zu produzieren und wie beschwerlich diese Arbeit im

Glaskünstler bei der Arbeit.

Zwiesel, Glaspyramide.

18. Jahrhundert gewesen sein muss. Vitrinen, in denen kunstvoll gestaltete Gläser ausgestellt sind, zeigen die ganze Breite dieses Handwerks. Mit Glas geht es auch nach dem Verlassen des Museums weiter. Zahlreiche Firmen werben in ZWIESEL mit Direktverkäufen für Gebrauchsgegenstände aus Glas und bieten zwischen Kruscht und exzellentem Kunsthandwerk eine außerordentliche Vielfalt an Varianten an.

In Zwiesel gibt es Glas in allen Variationen.

Wer ein wenig länger in Zwiesel verweilen will, dem empfehlen wir den Campingplatz am Waldesruhweg.

(266) WOMO-Campingplatz: Zwiesel - Arber Ferienpark

GPS: N49° 01' 35.3" E13° 13' 11.8"
max. WOMOs: 10
Ausstattung/Lage: Rasenplatz, auf dem Gelände mit Stromversorgung, Stellplatz vor der Schranke ohne Strom. Ruhig, in Ortsrandlage, ganzjährig in Betrieb.
Zufahrt: Waldesruhweg 34, in Zwiesel den Hinweisschildern zum Campingplatz folgen.

BODENMAIS, der nächste Ort an der Glasstraße, hat sich als Veredlungszentrum für Bleikristall entwickelt. Neben dem Outletcenter der Firma Joska und dem restaurantreichen Ortskern, der auch sonst alles hat, was eine Touristenhochburg ausmacht, ist das Freizeitzentrum Silberberg mit Sommerrodelbahn und Besucherbergwerk [N49° 03' 42.1" E13° 07' 03.4"] ein Anziehungspunkt. Wir suchen den Stellplatz auf, der sich am anderen Ortsende relativ nah am Zentrum befindet. Von hier aus kann man bequem auf Shopping-Tour gehen und den vielen „Glasläden" einen Besuch abstatten.

(267) WOMO-Stellplatz: Bodenmais
GPS: N49° 04' 15.5" E13° 05' 34.2" **max. WOMOs:** 12
Ausstattung/Lage: Asphaltierter Platz mit Stromsäulen am Nordrand des Ortes, relativ ruhig, gebührenpflichtig incl. kostenloser Nutzung von Hallenbad, Saunalandschaft, Freibad und Fitnessstudio.
Zufahrt: Er befindet sich an der Kötztinger Straße.
Ver- und Entsorgung: Über Servicestation am Rande des Platzes.

Nun zum „Höhepunkt" dieser Tour, zum 1456 Meter hohen **Großen Arber**. Von BODENMAIS fahren wir die kurvenreiche Strecke zu dem großen Parkplatz am Fuße des Berges hoch, der auch gleichzeitig als überdimensionaler Wohnmobilstellplatz dient [**265:** N49° 07' 19.6" E13° 08' 29.3"]. Ganz gleich wo man hier das Womo abstellt, der Platz ist gebührenpflichtig und die Parkscheinpflicht wird auch kontrolliert. Ver- und Entsorgungseinrichtungen gibt es nicht, Stromsäulen auch nicht.

Der Fußweg zum Gipfel in 1456 Metern Höhe ist so beschwerlich nicht, denn der Parkplatz liegt schon auf einem

Ein Blick vom Parkplatz zum Großen Arber.

Niveau von 1041 Metern. Die meisten Besucher wählen dennoch die Seilbahn, die ohne Unterbrechung fährt. Wir laufen hoch und fahren runter. Vom Gipfel hat man bei gutem Wetter einen phantastischen Blick ins Umland.

Vom **Großen Arber** fahren wir unsere Route weiter Richtung BAD KÖTZTING, passieren dabei erneut BODENMAIS und legen in ARNBRUCK [**268:** N49° 07' 41.5" E12° 59' 37.6"] einen Zwischenstopp ein. Wir besuchen das **Weinfurtner Glasdorf**. Hier locken wie in BODENMAIS und ZWIESEL große Läden mit bekannten Marken zum Einkauf. Von ganz gewöhnlichen Gebrauchsgläsern über Weihnachtsschmuck bis zur hochwertigen Glaskunst ist hier alles anzutreffen. Das große, frei zugängliche und parkähnliche Freigelände mit Glasskulpturen lockert das ganze Areal auf angenehme Weise auf. In den gastronomischen Betrieben kann man sich verwöhnen lassen.

Parkanlage im Weinfurtner Glasdorf.

Wir fahren weiter nach BAD KÖTZTING. Die Hauptsehenswürdigkeit, die **Kirchenburg** mit der Stadtpfarrkirche **Mariä Himmelfahrt** befindet sich in unmittelbarer Nähe des Busparkplatzes, dem gebührenpflichtigen Hauptparkplatz dieses Ortes [**269:** N49° 10' 22.7" E12° 51' 25.2"]. Wir erreichen ihn, in dem wir von der St2132 in der Ortsmitte rechts

Kirchenburg Bad Kötzting.

abbiegen und nach 200 Metern links abbiegen. Neben der sehenswerten **Kirchenburg** lohnt auch ein Besuch der Innenstadt und des Kurparkes, der auf der anderen Seite des Parkplatzes liegt.

Totenbretter am Rande des Kurparkes.

Die Anlage liegt in der Talaue des **Weißen Regen**. Eine Besonderheit die in der Oberpfalz und im Bayerischen Wald immer wieder an Kirchen, Kapellen und Wegkreuzungen auffällt, sind die **Totenbretter,** die hier zu sehen sind. Früher wurde der Leichnam auf dem Brett aufgebahrt, das Brett nach dem Begräbnis beschriftet, verziert und angebracht. Diese Form des Nachrufs ist in abgewandelter Form als Brauchtum auch heute noch lebendig.

Wir fahren nunmehr den **Weißen Regen** hinunter, durchfahren MILTACH und steuern VIECHTACH an. Auf der Suche nach einem Übernachtungsplatz fahren wir zum ausgeschilderten Knaus Campingpark [**270:** N49° 04' 57.3" E12° 51' 11.0"] Waldfrieden 22, bleiben dort aber nicht, weil uns die Lage unter einer Hochspannungsleitung nicht gefällt. Der Parkplatz am Freibad in unmittelbarer Nähe erscheint uns für eine Übernachtung besser geeignet [**271:** N49° 04' 52.1" E12° 51' 35.6"]. Innenstadtnäher gibt es noch eine Möglichkeit in der Bierfeldstaße [**272:** N49° 04' 44.01" E12° 52' 57.67"].

Überquert man vom Parkplatz am Freibad die B85, lassen sich nach einem kurzen Spaziergang die Quarzfelsen des **Großen Pfahls** bewundern, ein Naturdenkmal ersten Ranges.

Der **Große Pfahl** ist eine markante Gesteinsmauer aus milchigweißem Quarz, der über eine Distanz von 150 Kilometern Länge den Bayerischen Wald von Nabburg bis Passau durchzieht. Am deutlichsten sichtbar ist dieses geologische Gebilde hier bei Viechtach, wo er eine bis 30 Meter hohe und bis 120 Meter breite Wand ausgebildet hat. Der **Große Pfahl** lässt sich bequem umwandern und ist mit Schautafeln am Ort gut erklärt.

Weit reicht der Blick vom Waldwipfelweg in Sankt Englmar-Maibrunn.

Was gibt es sonst zu sehen in und um Viechtach? Der Marktplatz mit dem schönen Brunnen in der verwinkelten Innenstadt präsentiert sich als ein einziger Biergarten. Das **Kristallmuseum** und das **Nostalgiehaus** warten ebenso auf Besucher wie das **Handwerkermuseum**. Die Burgruinen **Alt-** und **Neunussberg** sowie die **Kollnburg**, die alle in unmittelbarer Umgebung liegen, sind kleine frei zugängliche Anlagen, die es sich lohnt anzuschauen. Besonders interessant ist aber die **Gläserne Scheune** [N49° 04' 40.4" E12° 55' 08.8"], im Weiler Rauhbühl. (Adresse: Rauhbühl 3). Das Haus ist ein Gesamtkunstwerk, die Glasbilder innen spiegeln regionale Legenden wieder.

Von VIECHTACH fahren wir weiter nach SANKT ENGLMAR. In den dicht beieinander liegenden Ortsteilen GRÜN und MAIBRUNN locken gleich drei spektakuläre Freizeiteinrichtungen. Eine große **Bob- und Coasterbahnanlage** mit über 1000 Meter Fahrstrecke, eine **Bull-Cart**-Strecke und ein **Waldwipfelweg**.

Der **Waldwipfelweg** ist 370 Meter lang und bis zu 30 Meter über dem Erdboden. Der Weg ist das ganze Jahr gegen Eintritt begehbar. Bei gutem Wetter hat man einen weiten Blick in das Umland und kann – wie es der Name verspricht – zwischen den Baumwipfeln spazieren. Der kostenlose Parkplatz am **Waldwipfelweg** erweist sich als idealer Übernachtungsplatz, hier ist es in der Nacht absolut ruhig [**273:** N49° 00' 42.0" E12° 47' 00.6"].

Auf dem weiteren Weg fahren wir noch kurz ins Klosterdorf WINDBERG. Hier parken wir im hinteren Teil des Ortes in der Schulstraße [**274:** N48° 56' 26.0" E12° 44' 53.2"]. Das mehrfach ausgezeichnete Dorf schmiegt sich um ein Prämonstratenserkloster, dessen Romanische Basilika aus dem 12. Jahrhundert stammt.

Das nächste Sakralbauwerk erwartet uns auf dem 432 Meter hohen Bogenberg [N48° 54' 08.5" E12° 41' 50.0"]. Es ist die älteste Marienwallfahrtskirche Bayerns. Vom Bogenberg hat man einen sehr schönen Blick hinunter auf die Donau und den Gäuboden. In BOGEN fahren wir am Freibad in der Kotaustraße 12 [**275:** N48° 54' 28.1" E12° 41' 15.7"] an dem Wohnmobilstellplatz mit Ver- und Entsorgungseinrichtung vorbei. Für die Grauwasserentsorgung gibt es hier einen großen Bodeneinlass. Auf dem weiteren Weg nach STRAUBING befindet sich im hinteren Bereich der ehemaligen **Abtei Oberalteich** einen Parkplatz [**276:** N48° 55' 00.4" E12° 40' 08.4"], auf dem man ungestört und kostenfrei übernachten kann.

STRAUBING mit seinen markanten Türmen schauen wir uns etwas länger an. Neben dem 68 Meter hohen Stadtturm, dem Wahrzeichen der Stadt, finden sich einige sehenswerte Baudenkmäler im Innenstadtbereich. Auf dem Theresien- und dem Ludwigsplatz vor und hinter dem Stadtturm, die verkehrsberuhigt, aber keine reinen Fußgängerzonen sind, gibt es zahlreiche Straßencafés, Marktstände und Restaurants. Das gesamte Ensemble macht auf uns einen sehr angenehmen Eindruck. Einen Wohnmobilstellplatz gibt es in STRAUBING allerdings nicht. Hier muss man auf den Campingplatz [**277:** N48° 53' 35.9" E12° 34' 33.2"] am Rande der Stadt im Wundermühlweg 9 ausweichen.

Der Stadtturm in Straubing.

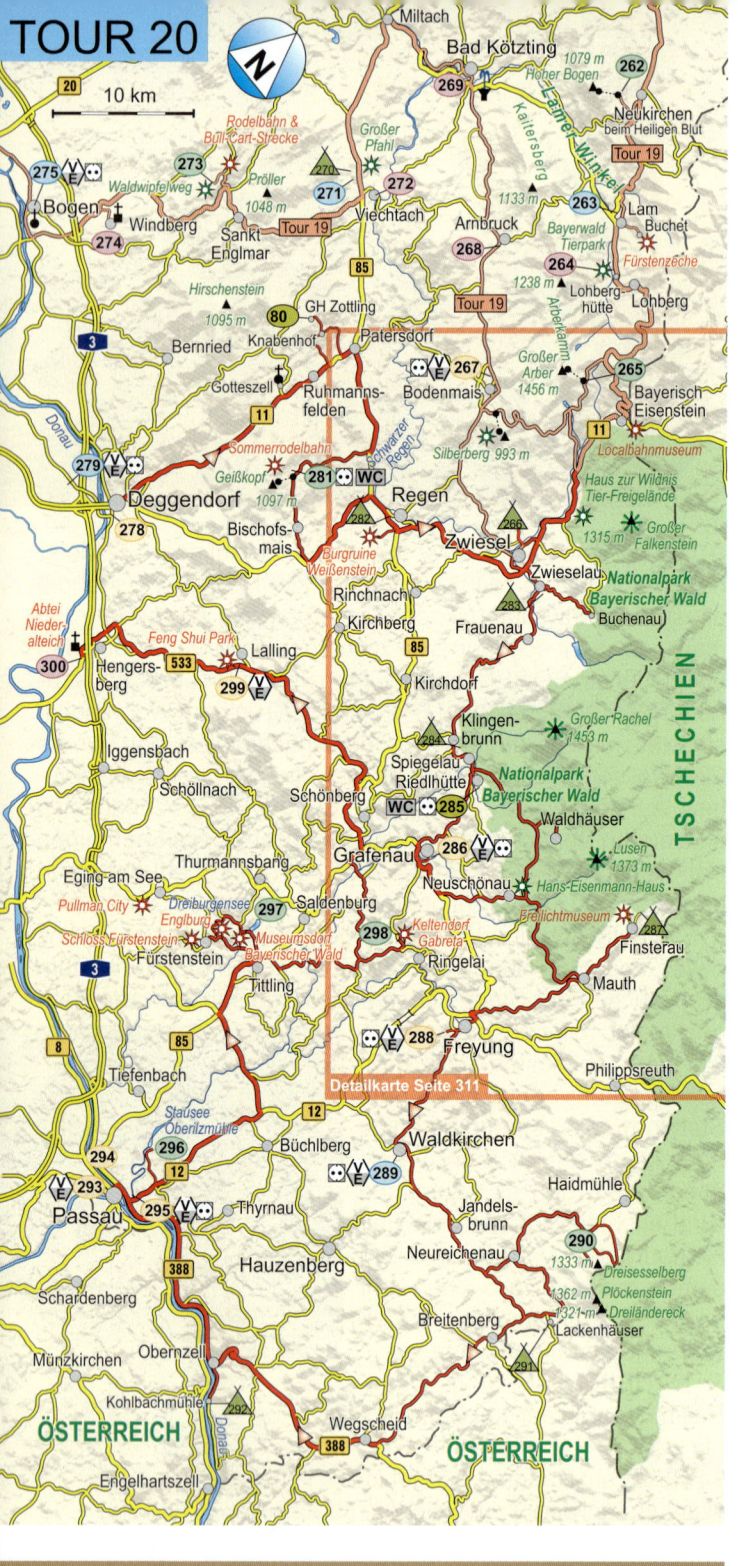

TOUR 20 (ca. 450 km)

Deggendorf – Gotteszell – Regen – Zwiesel Nationalpark Bayerischer Wald – Grafenau Freyung – Plöckenstein – Obernzell – Passau Tittling – Lalling – Niederalteich

Freie Übernachtung:	Patersdorf GH Zottling, Dreisesselberg, Oberilzmühle, Dreiburgensee, Keltendorf Gabreta, Niederalteich
Stellplätze:	Deggendorf, Geißkopf, Großer Arber, Riedlhütte, Grafenau, Freyung-Solla, Passau, Lalling
Campingplätze:	Regen, Zwiesel, Zwieselau, Klingenbrunn, Finsterau, Lackenhäuser, Kohlbachmühle
Ver-/Entsorgung:	Deggendorf, Regen, Zwiesel, Zwieselau, Klingenbrunn, Grafenau, Finsterau, Freyung-Solla, Lackenhäuser, Kohlbachmühle, Passau, Lalling
Besichtigungen:	Deggendorf (Altstadt), Gotteszell (Klosterkirche), Regen (Burgruine Weißenstein, Glaswald), Finsterau (Freilichtmuseum), Obernzell (Schloss), Passau (Altstadt, Dom, Mariahilf), Tittling (Museumsdorf Bayerischer Wald), Ringelai (Keltendorf Gabreta), Lalling (Feng Shui Park), Niederalteich (Abtei Niederalteich)
Wandern:	Patersdorf (Panoramaweg), Nationalpark Bayerischer Wald, Dreisesselberg-Plöckenstein-Dreiländereck, Oberilzmühle, Dreiburgensee
Baden/Wellness:	Deggendorf (elypso-Freizeitbad)

Die Tour durch den südlichen Bayerischen Wald starten wir in DEGGENDORF. Die „Knödelstadt" hat etliche Sehenswürdigkeiten aufzuweisen. Wir beschränken uns beim Besuch auf das Zentrum mit dem breiten Luitpoldplatz und dem Oberen Stadtplatz, die das historische **Alte Rathaus** voneinander trennt. Während der Obere Stadtplatz eine reine Fußgängerzone ist, ist der zentrale Teil des Luitpoldplatzes ein stark frequentierter PKW-Parkplatz. Man kann auch mit dem Wohnmobil hierher fahren, es ist aber durch die dicht parkenden PKW sehr eng und deshalb nicht empfehlenswert. Vom Stellplatz in der Konstantin-Bader-Straße sind es auch nur 800 Meter bis zum Alten Rathaus. Wenn man diesen Weg geht, kommt man zu Beginn des Luitpoldplatzes an der **Grabkirche** vorbei, einer Kirche mit einem der schönsten Barocktürme Deutschlands wie es heißt. Ob es tatsächlich einer der schönsten ist, wollen wir nicht beurteilen, sehenswert ist er in jedem Fall, ebenso das

Grabkirche in Deggendorf.

Alte Rathaus. Es lohnt sich also über die beiden Plätze zu schlendern. Sehenswert ist auch **Schloss Egg** [N48° 52' 53.26" E12° 55' 18.99"] etwa 8 Kilometer entfernt. Tierfreunde werden vielleicht auch noch nach Eichberg zu einer Niederlassung von **Gut Aiderbichl** [N48° 49' 04.3" E13° 01' 19.1"] fahren wollen. Das liegt etwas abseits, ist aber sehr gut ausgeschildert.

Schwimmbecken, Sauna, Massagen, Wasserrutschen und ein kleines Restaurant gibt es im elypso-Freizeitbad. Praktischerweise gleich mit Womo-Stellplätzen.

(278) WOMO-Stellplatz: Deggendorf
GPS: N48° 49' 35.7" E12° 57' 48.8" **max. WOMOs:** 3.
Ausstattung/Lage: Asphaltierter Platz in der Konstantin-Bader-Straße, gebührenfrei, nahe Stadtzentrum. Die Plätze sind kurz, fast nur für Kastenwagen geeignet. Große Mobile sollten die Anfahrt meiden.
Zufahrt: Nebenstraße der Hans-Krämer-Straße.
Ver- und Entsorgung: Beim elypso-Freizeitbad.

(279) WOMO-Badeplatz: Deggendorf, elypso
GPS: N48° 49' 13.81" E12° 54' 39.39" **max. WOMOs:** 4.
Ausstattung/Lage: Sandnerhofweg in Deggendorf-Natternberg, gepflasterter Platz am Freizeitbad „elypso", auch für große Mobile geeignet, ganzjährig nutzbar, Tickets an der Kasse des Freizeitbades zwischen 9 und 21 Uhr.
Zufahrt: In Deggendorf-Natternberg über der St2074 der Beschilderung zum Freizeitbad folgen.
Ver- und Entsorgung: Über eine Servicestation am Rande des Platzes, kostenpflichtig, Entsorgung kostenlos, großer Bodeneinlass für Grauwasser, Münzautomaten für die Stromversorgung.

Tipp: Für alle die noch eine Gasflasche tauschen müssen oder bei denen eine Reparatur am Fahrzeug nicht aufschiebbar ist: Im Fritz Berger Freizeitmarkt, Wohnwagen Stieler in der Hengersberger Str. 88, hilft man gern weiter.

Wir verlassen DEGGENDORF, fahren über die B11 in nördliche Richtung. Schnell verlassen wir die Ebene des Gäubodens und fahren durch das Graflinger Tal den **Bayerischen Wald** hinauf. In dem eng verwinkelten Ort GOTTESZELL kommen wir an der ehemaligen querschifflosen Klosterkirche vorbei und fahren anschließend weiter durch RUHMANNSFELDEN

Tiefhängende Wolken über dem Bayerischen Wald.

Richtung PATERSDORF. Wir folgen einem Hinweisschild zu einem Panoramablick und finden am Ende des Sträßchens den Berggasthof Zottling [**280:** N49° 00' 16.4" E12° 56' 25.1"] mit einem relativ großen Parkplatz. Wir bekommen die Auskunft, dass eine Übernachtung auf dem Platz nach einem Restaurantbesuch gern gesehen wird. Nach einem Spaziergang auf dem schön angelegten **Erlebnispfad Panoramablick** werden wir im Restaurant mit feinen Gerichten verwöhnt. Derbe Hausmannskost gibt es hier nicht, eher Spitzengastronomie und das zu sehr attraktiven Preisen.

Weiter geht es über schmale und kurvenreiche Straßen zum **Geißkopf.** Die Region rund um diesen 1097 Meter hohen Berg, mit dem benachbarten 1121 Meter hohen Einödriegel, dem höchsten Berg des Vorderen Bayerischen Waldes, ist Wandergebiet und Biker-Eldorado. Für Wohnmobile, Wohnwagen und Zelte ist vom Parkplatz [**281:** N48° 56' 02.3" E13° 02' 35.8"] ein Stellplatz abgetrennt, Stromanschlüsse sind vorhanden, eine Ver- und Entsorgungseinrichtung gibt es jedoch nicht, nur Toilettenanlagen.

Wir fahren weiter und passieren BISCHOFSMAIS mit seinen vielen Hotelanlagen. Der weitere Weg geht durch eine äußerst reizvolle Landschaft, die wie eine überdimensionale Modellbahnanlage aussieht. Die Straßen schlängeln sich bergauf und bergab. Es geht durch Wiesen, Weiden und Wälder, da ist die Fahrt recht kurzweilig bis wir am Campingplatz in **Regen** [**282:** N48° 57' 59.9" E13° 06' 46.6"] ankommen. Der Platz liegt zwischen dem Freibad und dem **Schwarzen Regen** und ist ein idealer Ort für Kanuten. Wer kein eigenes Kanu dabei hat, kann sich hier eines mieten und sich in VIECHTACH, das sind rund 34 Kilometer flussabwärts, wieder abholen lassen. Längere oder kürzere Strecken sind möglich. Wohnmobile die nur eine Nacht bleiben wollen, werden hier nicht gern gesehen.

Burgruine Weißenstein.

Die Hauptattraktion der Stadt ist die **Burgruine Weißenstein** [N48° 57' 03.5" E13° 08' 36.2"] ca. 2 Kilometer südlich des Ortszentrums. Sie steht auf einer der höchsten Erhebungen des **"Pfahls"**, des Quarzrückens, der sich von NABBURG bis nach PASSAU durch den **Bayerischen Wald** zieht (Siehe S. 301).

Neben der Burgruine befindet sich das **"Fressende Haus",** ein ehemaliger Getreidespeicher, der dem wenig bekannten Schriftsteller Siegfried von Vegesack als Wohnung diente und seit 1985 als Museum eingerichtet ist. Neben dem Museum wurde als Kunstinstallation ein **Gläserner Wald** begonnen, dessen Vollendung aber offensichtlich ins Stocken geraten ist. Unterhalb der Burg ist noch eine kleine Kapelle mit Totenbrettern an den Außenwänden zu besichtigen.

Wir fahren weiter und nähern uns erneut der Stadt ZWIESEL, die wir schon in Tour 19 beschrieben haben (Siehe S.297/298). Wir wollen uns jetzt nicht erneut dem Ort widmen, sondern nehmen uns den **Nationalpark Bayerischer Wald** vor, den wir mehrmals besucht haben und nun zusammenfassend darstellen wollen.

Achtung: Übernachtungen mit dem Wohnmobil im Nationalpark und auf den Parkplätzen an den Rändern des Nationalparks **sind nicht gestattet!** Wer es versucht, muss damit rechnen, ermahnt zu werden und der Aufforderung folgen, einen offiziellen Stell- oder Campingplatz aufzusuchen. Um Ihnen diese Unannehmlichkeiten zu ersparen, haben wir auf den folgenden zwei Seiten den Stellplatzinfos eine Karte gegenübergestellt, die Ihnen auf der einen Seite die Orientierung darüber erleichtern soll, wo Sie parken und wo Sie nächtigen können, auf der anderen Seite aber auch dazu dient, die Lage der einzelnen Attraktionen des Nationalparks zu zeigen.

Auf den Parkplätzen im Nationalpark ist Übernachten nicht gestattet.

Nationalpark Bayerischer Wald

Hilfreich zum Erkunden der Region sind die sogenannten Igelbusse. Sie verkehren im Nationalpark und fahren von den Parkplätzen und Orten am Rand in die Wandergebiete und zu den Sehenswürdigkeiten. Die Wanderwege im Nationalpark sind zahlreich und vorbildlich ausgeschildert. In der Beschreibung gehen wir nunmehr einfach von Nord nach Süd vor.

Unweit von Bayerisch Eisenstein liegt der **Urwald-Erlebnisweg**, hier können die ältesten Urwaldreste Mitteleuropas durchwandert werden. Etwa 5 Kilometer

Zahlreiche wildromatische Bäche lassen sich im Nationalpark entdecken.

entfernt liegt das Haus zur Wildnis, das von einem großen Tier-Freigelände mit Gehegen für Wildpferde, Urrinder, Luchse und Wölfe umgeben ist. Wildpferde und Urrinder lassen sich gut beobachten. Um Luchse und Wölfe zu sehen, braucht man allerdings sehr viel Geduld, wir haben sie hier leider nicht gesehen. Weiterhin ist die Nachbildung einer Steinzeithöhle im Rundweg integriert. Ein großer Aussichtsturm bietet einen Blick über den Nationalpark und auf den Großen Arber.

Das Haus zur Wildnis selbst bietet allerlei Information über die Vorgänge in der Natur und ist für Kinder besonders gut eingerichtet. Im Restaurant kann man sich die Kraft für die nächste Wanderung holen. Zum Beispiel für den Erlebnisweg Schachten und Filze. Dazu müssen wir aber bis nach Buchenau oder bis zum

Kapelle in Waldhäuser.

Wildpferde im Tiergehege am Haus zur Wildnis.

(265) WOMO-Wanderparkplatz: Großer Arber
GPS: N49° 07' 19.6" E13° 08' 29.3" **max. WOMOs:** 50
Ausstattung/Lage: Alle Parkplätze entlang der St2137 in der Nähe der Seilbahnstation.
Zufahrt: Der Beschilderung zum Großen Arber folgen.
Ver- und Entsorgung: Keine

(266) WOMO-Campingplatz: Zwiesel - Arber Ferienpark

GPS: N49° 01' 35.3" E13° 13' 11.8"
max. WOMOs: 10
Ausstattung/Lage: Rasenplatz, auf dem Gelände mit Stromversorgung, Stellplatz vor der Schranke ohne Strom. Ruhig, in Ortsrandlage, ganzjährig in Betrieb.
Zufahrt: Waldesruhweg 34, in Zwiesel den Hinweisschildern zum Campingplatz folgen.

(283) WOMO-Campingplatz: Green Village Zwieselau
GPS: N49° 00' 31.2" E13° 16' 33.9"   **max. WOMOs:** 35
Ausstattung/Lage: Vollständig eingerichteter CP mit allen Versorgungseinrichtungen. Ebenes befestigtes Gelände.
Zufahrt: An der Staatsstraße 2132, ca. 2,5 km von der B11 entfernt.

(284) WOMO-Campingplatz: Klingenbrunn
GPS: N48° 55' 02.6" E13° 19' 53.4"   **max. WOMOs:** 90
Ausstattung/Lage: Vollständig eingerichteter CP.
Zufahrt: In Klingenbrunn von der Staatsstraße 2132 in die Bergstrasse abbiegen, dann noch ca. 700 Meter, Bergstr. 44.

(285) WOMO-Stellplatz: Riedlhütte „Zum Friedl"

GPS: N48° 54' 29.0" E13° 23' 20.8"
max. WOMOs: 3
Ausstattung/Lage: Parkplatz am Hotel-Restaurant-Café „Zum Friedl", ein geringer Kostenbeitrag wird auch bei einem Restaurantbesuch erhoben.
Zufahrt: Am östlichen Rand von Riedlhütte, Kirchstraße 28.
Ver- und Entsorgung: Bord-WC-Entsorgung auf einer Toilette hinter dem Hotel möglich. Strom wird nach Verbrauch abgerechnet.

(286) WOMO-Camping-Nationalpark-Ost, Finsterau
GPS: N48° 56' 27.8" E13° 34' 20.6" **max. WOMOs:** 50
Ausstattung/Lage: Vollständig eingerichteter CP, sehr ruhig.
Zufahrt: Hinter Finsterau an der St 2127, Buchwaldstraße 52.

(287) WOMO-Stellplatz: Grafenau - Kurpark
GPS: N48° 51' 20.3" E13° 24' 13.8" **max. WOMOs:** 10

Ausstattung/Lage: Geschotterter Stellplatz am Volksfestplatz/Kurpark. gebührenpflichtig, mit Stromversorgung, Ortsrandlage, ruhig aber nicht sonderlich attraktiv.
Zufahrt: .Von der B533 in die Freyunger Straße abbiegen.
Ver- und Entsorgung: Über eine Servicestation am Rande des Platzes.

Nationalpark Bayerischer Wald

(288) WOMO-Stellplatz: Freyung - Solla

GPS: N48° 48' 04.4" E13° 32' 26.8" **max. WOMOs:** 12

Ausstattung/Lage: Asphaltierter Platz mit Stromversorgung an der Freizeitanlage im Ortsteil Solla mit Kneippbecken, Spielplatz, Eishalle und Skilift, ganzjährig nutzbar.
Zufahrt: Vom Ortszentrum Richtung Geyersberg fahren.
Ver- und Entsorgung: Über eine Servicestation am Rande des Platzes.

Durch den südlichen Bayerischen Wald   311

Aussichtsturm am Haus zur Wildnis.

Parkplatz an der Trinkwassertalsperre fahren und von dort aus in das Gebiet wandern. Was sind Schachten und was sind Filze? Nun, Schachten sind ehemalige Waldweiden, die nur einen geringen Baumbestand haben, und Filze sind Moore oder Moorkomplexe. Für die Wanderung in dieses Gebiet sollten Sie einen ganzen Tag einplanen.

Das **Waldspielgelände** bei Spiegelau ist ein 2 Kilometer langer Naturerlebnispfad, der dem Motto „Spielend die Natur begreifen" folgt und in erster Linie für Kinder gestaltet wurde. Aber auch Erwachsene können hier noch etwas lernen und erleben.

Das Wandergebiet rund um das Dorf Waldhäuser zeigt unter anderem mit einem **Bachlehrpfad** und dem Hochwaldsteig, wie sich der Wald nach dem intensiven Borkenkäferbefall in den neunziger Jahren allmählich erholt. Zwischen entwurzelten, kreuz und quer liegenden toten Baumstämmen sprießt frisches Grün und wächst zu einem neuen, wilden Wald heran. Es sieht zuweilen abenteuerlich aus, aber im Nationalpark lässt man der Natur ihren Lauf. Hier wird der Wald nicht „aufgeräumt", umgestürzte Bäume bleiben liegen und verrotten nach einigen Jahren. Es ist nicht ratsam - und darauf wird immer wieder hingewiesen - bei starkem Wind diese Wanderwege zu gehen, denn abknickende Äste und umstürzende Bäume können schon eine Gefahr für den Wanderer darstellen.

Oberhalb des Dorfes Waldhäuser ist ein kleiner **Skulpturenpark** mit Plastiken von Heinz Theuerjahr zu sehen, darauf sei noch hingewiesen, bevor wir

Im Nationalpark wird Totholz nicht „aufgeräumt".

uns der neuesten Attraktion des Nationalparks zuwenden.

Am **Hans-Eisenmann-Haus**, das als Informationszentrum alles Wissenswerte über den Nationalpark und allgemein über Naturgeschichte bereithält, wurde ein 1300 Meter langer Baumwipfelpfad errichtet. In 8 bis 25 Metern Höhe kann man hier über dem Waldboden spazieren gehen. Der 44 Meter hohe **Baumturm** hat die Form eines überdimensionalen Eies und wird sicher das neue Wahrzeichen des Nationalparks werden. In diesem Turm kann man eine Baumgruppe bis zur Spitze umrunden. Da kann man sogar mit dem Kinderwagen oder dem Rollstuhl hochfahren. Oben angekommen hat man einen schönen Blick über den Nationalpark.

An diesem architektonischen Kunstwerk ist ein **Baumwipfelpfad** angeschlossen, der in einer Höhe zwischen 8 und 25 Metern über den Waldboden führt.

Der Baumturm am H.-Eisenmann-Haus.

Das **Tierfreigelände** am Hans-Eisenmann-Haus ist recht weitläufig und hügelig. Der gesamte Rundweg ist 7 Kilometer lang. Neben sehr großen Gehegen für Rotwild, Wildschweine, Wölfe, Luchse und Wisente gibt es auch einige Volieren für Waldvögel. Bei einem Besuch in der Abenddämmerung oder am frühen Morgen hat man die größte Chance die Tiere in den Gehegen auch tatsächlich beobachten zu können. Ein Luchs ist am Abend ziemlich dicht an uns vorbeigestrichen, Wölfe haben wir jedoch nicht entdecken können. Wisente konnten wir dagegen in einiger Entfernung dabei beobachten, wie sie auf einer Lichtung ihr „Abendgras" zu sich nahmen.

Baumturm am Hans-Eisenmann-Haus, im Kreis herum geht es hoch.

Durch den südlichen Bayerischen Wald

Uhu in einer Voliere des Tierfreigeländes am Eisenmann-Haus.

Fensterschmuck im Freilichtmuseum Finsterau.

Zwei Wandergebiete sind noch zu erwähnen, das **Felswandergebiet** im Süden des Nationalparks und das **Waldgeschichtliche Wandergebiet** an der Tschechischen Grenze. Im Felswandergebiet führt ein 3 Kilometer langer Weg durch große Felsblöcke mit unterschiedlichsten Formen. Das Waldgeschichtliche Wandergebiet ist ein grenzüberschreitendes Projekt, das auf ausgewiesenen Rundwegen mit zahlreichen Hinweistafeln die Nutzungsgeschichte des Waldes, die Entwicklung der Kulturlandschaft und die Siedlungsgeschichte dieser Region zu erklären versucht. Hierzu passt auch ein Besuch des **Freilichtmuseums Finsterau**, das mit alten Gebäuden aus dem Bayerischen Wald Geschichte lebendig werden lässt, auch deshalb, weil u.a. Korbflechter, Schuhmacher, Bäcker und der Dorfschmied in den Sommermonaten ihr traditionelles Handwerk vorführen.

Damit beenden wir die knappe Zusammenfassung zum Nationalpark Bayerischer Wald und fahren auf unserer Route weiter.

Der Petzi-Hof im Freilichtmuseum Finsterau.

Unser nächstes Ziel ist das Dreiländereck am **Plöckenstein**. Zunächst erreichen wir WALDKIRCHEN. In dem schmucken Ort fahlen rund um den Marktplatz die aus Granit gehauenen und farbig gestalteten Figuren der Radabweiser auf. Sie heißen „Stoanerne Gretl", „Stoanerne Hans", ein Kaufmann ist dabei, ebenso ein Wirt und noch einige andere. In Waldkirchen gibt es ein großes Freizeitbad, mit einigen Wellnesseinrichtungen, Wasserrutschen und in dem Mediterraneum auch ein Salzwasserbecken. Für uns Wohnmobilfahrer ist der Stellplatz vor der Tür natürlich ungemein praktisch.

Radabweiser in Waldkirchen.

(289) WOMO-Badeplatz: Waldkirchen Karoli-Badepark
GPS: N48° 43' 19.68" E13° 36' 11.57"   **max. WOMOs:** 16.
Ausstattung/Lage: Befestigter Platz direkt am Karoli Badepark in der VdK-Heimstraße, auch für große Mobile geeignet, ganzjährig nutzbar, in der Nacht sehr ruhig, Brötchenservice im Hallenbadrestaurant bestellbar.
Zufahrt: In Waldkirchen der Beschilderung zum Karoli-Badepark folgen.
Ver- und Entsorgung: Über eine Servicestation am Rande des Platzes, kostenpflichtig, Entsorgung kostenlos, großer Bodeneinlass für Grauwasser, Münzautomaten für die Stromversorgung (10 Steckplätze).

Über JANDELSBRUNN fahren wir weiter durch Neureichenau und erreichen den Anstieg zum **Dreisesselberg** dem Nachbarn des **Plöckensteins** und stellen unser Womo auf dem Parkplatz unterhalb des Berges ab.

Tipp: Knaus-Fahrer (natürlich nicht nur die) können eine Werksbesichtigung des Knaus-Tabbert Werkes in der Helmut-Knaus-Straße 1 in Jandelsbrunn unternehmen. Eine Anmeldung ist über die website der Fa. Knaus erforderlich. Es gibt nur Termine im Frühjahr und im Herbst.

Wir haben das Werk nicht besichtigt, wir unternehmen eine Wanderung.

Wanderung zum Plöckenstein
Vom Parkplatz des Dreisesselberges laufen wir den Weg hoch und erreichen nach kurzer Zeit den Hochkamm, auf dem die Grenze zwischen Tschechien und Deutschland verläuft. Der Blick hinunter ins Tal ist phantastisch, der Blick auf die abgestorbenen Bäume erschreckt uns. Die Borkenkäfer hatten offensichtlich ein übergroßes Festmahl, abgestorbene und umgestürzte Bäume säumen den Weg. Ein schwer zu beschreibender Geruch liegt in der Luft, es riecht süßlich herb, irgendwie eine Mischung aus frischer und abgestorbener Waldluft. Wir laufen über Stock und Stein, mal rauf, mal runter, mal in Tschechien mal in Deutschland. Die Grenzmarkierungen stehen mitten auf dem Wanderweg. Tschechische und erkennbar österreichische Wortfetzen von

Aussicht vom Plöckenstein nach Süden.

Nach des Borkenkäfers Festmahl.

Plöckenstein, schön geschichtet.

entgegenkommenden Wanderern dringen ans Ohr. Der Weg ist von allen Anrainerländern gut erreichbar und offenbar auch beliebt. Nach einiger Zeit erreichen wir auf 1362 Metern Höhe ein mehrschichtiges Felsgebilde, den Bayerischen **Plöckenstein**, der uns eine gute Aussicht ins Umland bietet. Weiter geht es Richtung Dreiländereck, das durch einen Grenzstein aus Granit markiert wird. Den Rückweg treten wir über den unterhalb des Kammes verlaufenden Wanderweg durch das Steinerne Meer an. Wir durchqueren dabei drei gewaltige Felsenmeere, die nicht so einfach zu bezwingen sind. Nach vier Stunden sind wir wieder am Ausgangspunkt zurückgelangt.

(290) WOMO-Wanderparkplatz: Dreisesselberg

GPS: N48° 46' 51.5" E13° 47' 57.5"
max. WOMOs: 4
Ausstattung/Lage: Asphaltierter Parkplatz unterhalb des Dreisesselberges, bis zum Bergrestaurant sind es 500 Meter. Nachts absolut ruhig. Hier werden Unterlegkeile benötigt.
Zufahrt: Von der St2130 aus Haidmühle kommend vor Frauenberg links abbiegen.

Weiter geht die Fahrt nach OBERNZELL und dann nach PASSAU. Wir kommen an dem Knaus Campingpark Lackenhäuser vorbei [**291: N48° 44' 56.8" E13° 48' 59.9"**]. Hier wird Wasserver- und Entsorgung auch für Durchreisende kostenlos angeboten. Ein kleiner Obolus für die Kaffeekasse wird natürlich gern gesehen.

Auf dem weiteren Weg nach OBERNZELL an der Donau durchfahren wir eine hügelige, bäuerliche und malerische Kulturlandschaft mit beschaulichen Orten. In OBERNZELL angekommen, wollen wir das Schloss besichtigen. Es ist eine umgebaute spätmittelalterliche Burg, mit Graben und aufgemalten Fensterrahmen, die bei flüchtigem Blick auch als nobel hergerichteter Getreidespeicher durchgehen könnte. In OBERNZELL gibt es eine Fährverbindung auf die andere Seite der Donau nach Österreich und der Ort hat eine Anlegestelle für Ausflugschiffe, die zwischen PASSAU und LINZ in Österreich verkehren. Den Donauradweg mit dem Fahrrad ein Stück hinunterzufahren und abends mit dem Schiff zurückzukehren, ist eine gute Möglichkeit, diesen Abschnitt des Donautals von diesem Standort aus zu erkunden. Der örtliche Campingplatz [**292: N48° 32' 18.5" E13° 39' 48.3"**] liegt beim Landgasthof Kohlbachmühle und markiert den südlichsten Punkt unserer Reise.

PASSAU, die **„Drei-Flüsse-Stadt"**, ist unser nächstes Ziel. Die Stadt in der **Inn** und **Ilz** in die **Donau** fließen, hat mit dem **Stephansdom** ein Baudenkmal von ganz außergewöhnlichem Rang. Es ist der größte Barockdom nördlich der Alpen und hat die größte Domorgel der Welt. Aber es ist nicht nur die Größe, sondern auch die Ausgestaltung mit den Stuckarbeiten und den Gemälden, die den Dom in besonderer Weise interessant machen. Die anderen Sehenswürdigkeiten der Stadt, wie das **Opernhaus**, die **Jesuitenkirche**, die **Wallfahrtskirche Mariahilf** und die **Veste Oberhaus**, verblassen ein wenig neben dem Glanz des Domes. Genug zu sehen gibt es also, um hier einige Zeit zu verbringen.

Blick auf Passau von der Wallfahrtskirche Mariahilf an der Straße Mariahilfberg.

Drei offizielle Stellplätze hat Passau aufzuweisen, wir fügen noch einen Wanderparkplatz außerhalb der Stadtgrenzen hinzu, denn nur dort lässt es sich wirklich ruhig schlafen.

(293) WOMO-Stellplatz: Passau - Güterbahnhof
GPS: N48° 34' 25.9" E13° 26' 42.7" **max. WOMOs:** 15
Ausstattung/Lage: Der gebührenpflichtige Park- bzw. Stellplatzist auch gleichzeitig ein Omnibusparkplatz. Er befindet sich neben einem Parkhaus am Güterbahnhof ca. 1,5 km von der Altstadt entfernt. Der Platz ist nicht leise, er liegt eingekeilt zwischen Bahnlinie und Autobahnzubringer.
Zufahrt: An der Regensburger Straße (B8), Autobahnzubringer.
Ver- und Entsorgung: Über eine Servicestation am Rande des Platzes mit großen Bodeneinlass für Grauwasser (kostenlos).

(294) WOMO-Stellplatz: Passau - Racklau
GPS: N48° 34' 26.7" E13° 25' 31.8" **max. WOMOs:** 30
Ausstattung/Lage: Gebührenfreier, ganzjährig nutzbarer Platz ohne Versorgungseinrichtungen direkt an der Donau, bei Hochwasser gesperrt.
Zufahrt: An der Regensburger Straße (B8), Autobahnzubringer.
Ver- und Entsorgung: Keine.

(295) WOMO-Stellplatz: Passau - Parkdeck Ilzbrücke
GPS: N48° 34' 42.2" E13° 28' 25.6" **max. WOMOs:** 13
Ausstattung/Lage: Asphaltierter ganzjährig nutzbarer am Parkdeck Ilzbrücke, bei Hochwasser gesperrt.
Zufahrt: An der Regensburger Straße (B8), Autobahnzubringer.
Ver- und Entsorgung: Über eine Servicestation am Rande des Platzes, kostenpflichtig, Entsorgung kostenlos, Münzautomaten für die Stromversorgung.

(296) WOMO-Wanderparkplatz: Stausee Oberilzmühle

GPS: N48° 36' 24.0" E13° 26' 51.2"
max. WOMOs: 2
Ausstattung/Lage: befestigter Parkplatz am Stausee, keine V/E.
Zufahrt: Von Passau über die B12 in Richtung Freyung fahren, nach ca. 5 km die B12 über eine Anschlussstelle verlassen und der Beschilderung zum Stausee folgen.

Mittel- und Seitenschiffe im Passauer Dom.

TITTLING ist der nächste Ort den wir besuchen. Hier befindet sich eines der bedeutendsten Freilichtmuseen in Europa und liegt in unmittelbarer Nähe des **Dreiburgensees** [N48° 44' 31.2" E13° 20' 57.2"]. Über 100 Gebäude, die an ihren Ursprungsorten zwischen dem 16. und 19. Jh. erbaut wurden, stehen hier auf engem Raum beieinander, darunter auch die älteste Volksschule Deutschlands aus dem Jahre 1666. Neben den für Freilichtmuseen üblichen Ausstellungsgegenständen, werden in den Sommermonaten allerlei zusätzliche Ausstellungen, Handwerkervorführungen, Konzerte und Theaterveranstaltungen angeboten.

Der **Dreiburgensee** lässt sich leicht umrunden, er ist nur ca. 700 Meter lang und maximal 200 Meter breit. Namengebend für den See ist das Dreiburgenland, bestehend aus den ehe-

Durch den südlichen Bayerischen Wald

Die Rothaumühle im Museumsdorf Bayerischer Wald in Tittling.

maligen Ländereien der **Saldenburg**, der **Englburg** und dem **Schloss Fürstenstein**. Übernachten lässt es sich bequem auf einem Wanderparkplatz am Ostufer des **Dreiburgensees** [**297:** N48° 44' 35.4" E13° 21' 23.2"], ein Restaurant befindet sich in unmittelbarer Nähe.

EGING AM SEE mit seiner Westernstadt „**Pullmann City**" ist von TITTLING nur ca. 10 km entfernt. Wir haben den Ort nicht besucht, wollen den Westernfans unter Ihnen diesen Hinweis aber nicht vorenthalten.

Wir fahren weiter gen Norden. Über kleine Sträßchen erreichen wir die Gemeinde RINGELAI und schauen uns das **Keltendorf Gabreta** beim Dorf LICHTENAU an. Es ist ein kleiner Archäologischer Erlebnispark, mit acht Gebäuden, der überregionale Keltenfeste veranstaltet und ein reichhaltiges Veranstaltungsprogramm anbietet. Wir schauen einem Schmied eine Weile bei seinem Handwerk mit Hammer und Amboss zu

Das Herrenhaus im Keltendorf Gabreta.

und durchstreifen das Gelände auf dem Hügel. Würden keine Veranstaltungen angeboten, wäre das Besuchsprogramm in dieser Anlage schnell absolviert. Aber man kann hier Töpfern, Bogenschießen, mit Lanzen werfen und etliches andere mehr. Das ist nicht nur für Kinder spannend. Nur wird nicht immer alles zu jeder Zeit angeboten. Unter www.keltendorf.com kann man sich vorab informieren. Der Parkplatz [**298:** N48° 48'

39.1" E13° 26' 48.8"] eignet sich übrigens auch sehr gut für eine Übernachtung. Des Nachts ist es hier still, einsam und sehr ruhig.

Von den Kelten zu Feng Shui. Im 32 km entfernten LALLING

Der große See im Feng Shui Park.

gibt es einen **Feng Shui Park** [N48° 50' 29.6" E13° 08' 22.9"]. Schautafeln erklären die einzelnen Gestaltungselemente der Parkanlage. Der große See im zentralen Teil hat die Form einer liegenden Acht, darin enthalten zwei voneinander getrennte Holzstege, die Yin und Yang symbolisieren. Spazierwege verbinden Störzonenlehrpfad, Themengärten, Organweg, Qi-Punkt, Chakraweg und anderes mehr miteinander. Eine interessante Anlage! Den Bogen zu den Kelten bekommen wir auch noch geschlagen, denn in dem kleinen Themengarten wird ein keltisches Haus mit seinem Grundriss und einem Garten dargestellt, um zu zeigen, dass fernöstliche Weisheit und westliches Urwissen gar nicht so weit auseinander liegen.

Zwei Stellplätze mit Wasserver- und Entsorgung gibt es am Pfarrweg [**299:** N48° 50' 37.4" E13° 08' 28.6"]. Die netten Restaurants des Ortes sind von hier aus bequem zu Fuß zu erreichen.

Zum Abschluss dieser Tour schauen wir uns noch die **Abtei Niederalteich** an. Die Ausstattung der Basilika reicht natürlich nicht an den Dom in Passau heran, ist aber dennoch sehr sehenswert. Wer Klosterleben erfahren will,

In der Basilika der Abtei Niederalteich.

kann das hier tun. Im „Kloster auf Zeit" können Männer in einem zweiwöchigen Aufenthalt mit den Mönchen leben und arbeiten.

Der Parkplatz an der Hengersberger Straße [**300:** N48° 45' 56.7" E13° 01' 50.9"] ist groß und ruhig genug, um einer Übernachtung dienen zu können und die nah gelegene Klosterschänke lockt mit einer reichhaltigen Speisekarte. Nun geht es heim, die letzte Tour dieses Buches ist abgeschlossen und wir hoffen, dass ihnen dieses Buch bei Ihren Reisen behilflich war oder ist.

Tipps und Tricks – alphabetisch sortiert

Baden/Wellness
Campingplätze
Freies Camping/Freies Übernachten
Gasversorgung
Gaststätten und Spezialitäten
Geologie/Höhlen und Bergwerke
GPS/Naviagtion
Grenzen
Kartenmaterial und Literatur
Kleingeld/Münzen
Toiletten/Toilettenentsorgung
Trinkwasserversorgung/Grauwasserentsorgung
Wandern und Radwandern
Wassersport
Wintersport
Zum Schluss: Die große Wohnmobilfahrerfamilie

Baden/Wellness
Die Hanglagen und Täler der Mittelgebirgslandschaften schufen günstige Voraussetzungen für das Auffangen hoher Niederschlagsmengen und den Bau von Talsperren und Speicherbecken. Die große Ausnahme bildet hier die **Fränkische Alb**, die aufgrund ihres wasserdurchlässigen Kalkgesteins den Bau von Wasserspeichern nicht zulässt. Anderenorts haben wir zahlreiche künstlich angelegte Seen und Teiche die zum Teil touristisch stark erschlossen sind wie das **Fränkische Seenland**, weniger stark erschlossen sind wie die **Oberpfälzer Seenland** oder gar ein ganz verträumtes Dasein genießen wie der **Förmitzspeicher** bei Schwarzenbach an der Saale oder wie viele andere kleinere Seen die wir in diesem Buch beschrieben haben.
Es gibt darüber hinaus eine große Summe an Frei- und Hallenbädern auf die wir immer wieder hingewiesen haben ohne jedoch dabei den Anspruch auf Vollständigkeit erheben zu wollen.
Ein großes Thema sind in den letzten Jahren die Kurbäder geworden, die sich in der Regel nicht nur verordnete Kuren durchführen, sondern ihre Angebote auch auf das Thema **Wellness** ausgerichtet haben. Fast alle haben einen Wohnmobilstellplatz in unmittelbarer Nähe, manche so nah, dass man theoretisch im Bademantel vom Womo in das entsprechende Bad gehen kann. Wir haben sie aufgenommen und sie im Stichwortverzeichnis alle unter dem Stichwort „**Thermen**" aufgeführt.

Campingplätze
Die Zahl der Campingplätze ist groß im Nordosten Bayerns. Wir haben nicht alle aufgenommen, sondern sehen sie als Alternative zu nicht vorhandenen Stellplätzen. Wir wählen einen Campingplatz aber auch dann, wenn er besonders schön an einem Fluss oder einem See liegt, während der ausgewiesene Stellplatz nur eine Ecke auf einem Großparkplatz an einer viel befahrenen Straße ist oder in der Nähe einer viel befahrenen Bahnstrecke liegt.

Freies Campen/Freies Übernachten
Nicht jeder traut sich auf einem Waldparkplatz oder an einem still verschwiegenen See ohne eine Menschenseele um sich herum sein Womo abzustellen und zu übernachten. Uns stört es nicht, wenn des Nachts der Waldkauz ruft oder es im Gebüsch auch einmal knackt. Unter Sicherheitsaspekten betrachtet erscheint uns dies sogar besser, denn Spitzbuben, die auf Diebestour sind, gehen eher dort hin, wo sie nicht lange suchen müssen. Außerdem haben wir

immer unsere zwei treuen Begleiter dabei, die schlagen jeden in die Flucht, wenn es denn sein muss.
Wichtig ist natürlich – und darum bitten wir auch sie liebe Leser – nichts anderes zu hinterlassen als ein paar Reifenspuren. Wir hatten bislang mit dieser vorgehensweise nirgendwo ein Problem, nicht in Bayern und auch in keiner anderen Ecke Europas, in der wir uns aufgehalten haben.

Gasversorgung
Graue Campinggasflaschen werden in fast allen Baumärkten zu den üblichen Ladenöffnungszeiten zum Tausch angeboten. LPG-Tankstellen gibt es mittlerweile sehr viele. Sie aufzuführen würde den Rahmen dieses Büchleins sprengen.

Gaststätten und Spezialitäten
Kulinarisch hat die Region einiges zu bieten. In der fränkischen Küche ist die **Rostbratwurst** beliebt. Kaum größer als ein kleiner Finger und aus reinem Schweinfleisch gemacht, wird sie gern ab einem halben Dutzend aufwärts mit Sauerkraut und Klößen verzehrt. An Bratwurstständen gibt es sie auch als „Zwaa in an Weckla", als Mahlzeit für den kleinen Hunger zwischendurch. Dabei müssen es nicht zwangsläufig immer nur zwei in einem Brötchen sein.
Wer es gern besonders deftig mag, der wählt die **Fränkische Schlachtplatte**. Blut-, Leber- und Bratwurst kombiniert mit Sauerkraut und Kartoffeln sind allerdings nichts für Leute, die auf ihren Cholesterinspiegel achten müssen. Lecker ist das **Schäufala**, ein knusperig gebratenes Stück aus der Schweineschulter, das man in der Regel mit Sauerkraut und Klößen serviert bekommt. Schweinebraten gibt es in mehreren Variationen und auch die Krautwickla sind nicht zu verachten. Das ist aber noch nicht alles, es gibt noch einiges mehr.
Je weiter man sich der tschechischen Grenze und damit Böhmen nähert, desto bedeutender werden die **Knödel** in den verschiedensten Variationen, als Beilage zu Fleischgerichten oder auch als süße Nachspeise. Und wo wir nun schon bei den süßen Teigwaren sind, dürfen die **Lebkuchen** nicht fehlen, für die das fränkische Nürnberg berühmt ist aber das Oberpfälzer Waldsassen die bessere Qualität liefern soll. Ob dies auch tatsächlich so ist, können und wollen wir nicht beurteilen.
Bier ist eine besondere Spezialität dieser Region, auf die wir in den Tourenbeschreibungen ausreichend hingewiesen haben.

Geologie/Höhlen und Bergwerke
Ein geologisch-geographisches Seminar wollen wir nicht veranstalten. Bewusst oder unbewusst, fallen aber jedem, der diese Region bei der Durchreise mit aufmerksamen Augen betrachtet, die doch sehr unterschiedlichen Oberflächenformen auf. Rückgrat dieser Region ist die **Fränkische Alb**, die sich als markante, steil aufragende Schichtstufe präsentiert, aus harten Kalken besteht und vom **Nördlinger Ries** in einem Bogen an Regensburg vorbei bis zum **Frankenwald** zieht. Die Steilhänge weisen oft bizarre Formen auf, einzelne Zeugenberge sind der Stufe vorgelagert. Die leicht gewellte Hochfläche ist äußerst trocken und durch Trockentäler gegliedert. Am Trauf der Schichtstufe finden sich oft Burgen. Die Besiedlung geht teilweise auf die Kelten zurück und manch einem Berg wird – wie dem Staffelberg – eine mystische Wirkung zugeschrieben. Östlich der Alb folgt das Naabbecken, das zu den kristallinen altbayerischen Grenzgebirgen des **Oberpfälzer** und **Bayerischen Waldes** übergeht. Die langgestreckten Rücken und Kämme dieser Regionen sind von schier endlos erscheinenden Nadelwäldern und Hochmooren bedeckt. Hier ist der **Große Arber** zu finden, der höchste Punkt unseres Reisegebietes.
Der Fränkischen Alb vorgelagert ist das **Fränkische Keuper-Lias-Land**, das aus einer Mischung aus Ton- und Sandstein besteht. Die Senken der **Regnitz** und der **Rednitz** sind hier besonderes markant. Hier liegen die großen Städte von Nürnberg bis Bamberg.

GPS/Navigation
Ohne ein Navigationsgerät ist heute kaum noch jemand unterwegs. Wir halten diese Geräte für äußerst nützlich, nur blind vertrauen sollte man ihnen nicht. Hinter jeder Programmierung und Datenerfassung steht ein Mensch und der macht nun einmal Fehler, falsche Wegweisung ist deshalb nicht ausgeschlossen. Navigationsgeräte führen zwar zielgenau zu den eingegebenen Koordinaten, eine Übersicht bieten sie jedoch nicht und eine räumliche Orientierung vermitteln sie auch nicht. Nehmen Sie ergänzend zu Ihrem Navi eine gute Landkarte zur Hand, damit Sie ein Gefühl dafür bekommen, in welcher Lage sich die einzelnen Städte oder Sehenswürdigkeiten zueinander befinden.

Grenzen
Wir befinden uns hier im Grenzgebiet zu Thüringen und Tschechien und damit an den Grenzen zur ehemaligen DDR und ČSSR. Heute kein Problem mehr, nach dem Schengener Abkommen, dem auch Tschechien beigetreten ist noch weniger. Kunst und Museen haben sich der Geschichte dieser alten Grenzen angenommen. Wir haben uns bemüht, dies zu berücksichtigen.

Kartenmaterial und Literatur
Ergänzend zu Ihrem Navi sollten Sie gutes Kartenmaterial mit sich führen. Wir waren mit Kartenmaterial im Maßstab 1:200.000 vom ADAC-Verlag unterwegs und haben auch immer Kartenmaterial aus dem Kunth-Verlag an Bord. Aus den jeweiligen Verlagsverzeichnissen lassen sich die Karten und Autoatlanten für Ihr Zielgebiet gut entnehmen.
Für die Planung der Wanderungen bevorzugen wir die Bücher aus dem Bergverlag Rother. Darüber hinaus haben wir uns auch mit den Produkten eingedeckt, die regional an den Kiosken oder Tourist-Infos angeboten werden.
Natürlich macht auch eine Internetrecherche zu den jeweiligen Zielgebieten Sinn. Auch wenn jede Tourist-Info ihre „Website" anders aufbaut und man sich immer wieder neu in den Seiten zurechtfinden muss, lassen sich doch einige nützliche Informationen gewinnen. Man sollte nur immer daran denken, dass diese Informationen nicht uneigennützig ins Netz gestellt werden.

Kleingeld/Münzen
Die Parkautomaten, die Münzautomaten an den Stromsäulen und an den Sanitärstationen verlangen nach Kleingeld. Achten Sie darauf, immer einen Vorrat an 50 Cent und 1-Euro-Münzen mitzuführen. Wir haben uns dazu eine kleine Schachtel im Handschuhfach bereitgelegt, die immer wieder mit dem Wechselgeld nach Einkäufen gefüttert wird.

Toiletten/Toilettenentsorgung
Auf unseren Touren haben wir darauf geachtet eine Vielzahl von Plätzen zu finden, die sachgerechte Ver- und Entsorgungseinrichtungen haben. Die Entsorgung ist kein Kostenfaktor und es sind genügend Stationen in diesem Buch genannt. Es gibt also wirklich keinen Grund den Inhalt der Bordtoilette hinter irgendeinem Busch zu entleeren. Die Stationen sind in den Tourenkarten gut erkennbar. Vielleicht müssen Sie mal auf eine Station aus einer Nachbartour ausweichen, auch diese Möglichkeit ist in den Tourenkarten gut ablesbar.
Für den Notfall haben wir uns eine zweite Kassette zugelegt, die bei Bedarf gegen die volle getauscht wird. Ansonsten gilt: Vorausschauend Ver- und Entsorgen und nicht bis auf den letzten Drücker warten.

Trinkwasserversorgung/Grauwasserentsorgung
Hier gilt das gleiche wie für die Toilettenver- und Entsorgung. Erfahrungsgemäß ist die Toilette schneller voll als der Abwassertank. Wir arbeiten die Frischwasseraufnahme, Grauwasser- und Toilettenentsorgung immer an einer Service-Station nacheinander ab, egal wie dringend notwendig das eine oder andere gerade auch ist.

Wandern und Radwandern
Die gesamte Region ist zum Wandern und Radeln ideal. Wir haben uns bemüht, einige der interessantesten Routen im Buch zu berücksichtigen. Es gibt jedoch noch wesentlich mehr Wege, die entdeckt, durchschritten bzw. durchfahren werden wollen. Um diese zu erkunden, empfehlen wir u.a. die Wanderführer aus dem Rother-Verlag.

Wassersport
Altmühl, Regen, Naab sowie die vielen Seen bieten Wassersportlern alle Möglichkeiten. Auch hier haben wir uns bemüht, auf die interessantesten und schönsten Strecken bzw. Seen zu verweisen.

Wintersport
Bei entsprechenden Schneelagen ist alpiner Wintersport im Bayerischen Wald, insbesondere am Großen Arber möglich. Langlaufloipen gibt es in den Höhenlagen sehr viele, wir haben allerdings nicht immer darauf hingewiesen.

Zum Schluss: Die große Wohnmobilfahrerfamilie
Urlaub mit dem Wohnmobil ist etwas ganz besonderes. Man kann die Freiheit genießen, ist ungebunden, dennoch immer zu Hause und lebt mitten in der Natur. Seit nunmehr 29 Jahren geben wir Ihnen mit unseren Reiseführern eine Anleitung für diese Art Urlaub mit auf den Weg. Außer den umfangreich recherchierten Touren haben wir viele Tipps allgemeiner Art zusammengetragen, unter ihnen auch solche, die für einen Womo-Urlauber eigentlich selbstverständlich sein sollten. Weil wir als Wohnmobiler die Natur in ihrer ganzen Schönheit und Vielfalt zu schätzen wissen, haben wir auch eine besondere Verantwortung ihr gegenüber, die wir nicht einfach auf andere abwälzen dürfen. Jährliche erhalten wir viele Zuschriften, Grüße von Lesern, die mit unseren Reiseführern einen schönen Urlaub verbracht haben und sich herzlich bei uns bedanken. Wir erhalten Hinweise über Veränderungen an den beschriebenen Touren, die von uns bei der Aktualisierung der Reiseführer helfen.

Aber: Wir erhalten auch Zuschriften über das Verhalten von Wohnmobilfahrern, die sich egoistisch, rücksichts- und verantwortungslos der Natur und ihren Mitmenschen – Urlaubern und Einheimischen – gegenüber verhalten. In diesen Briefen geht es um die Themen Müllbeseitigung, Abwasser- und Toilettenentsorgung. Es soll immer noch Wohnmobilurlauber geben, die ihre Campingtoilette nicht benutzen, dafür lieber den nächsten Busch mit Häufchen und Toilettenpapier „dekorieren", die den Abwassertank nicht als Tank nutzen, sondern das Abwasser einfach durchfließen lassen, die ihren Müll neben dem Wohnmobil „vergessen" und sich davon machen.

Liebe Leser!
Wir möchten Sie im Namen der gesamten Womo-Familie bitten: Helfen Sie aktiv mit, diese Schweinereien zu unterbinden! Jeder Wohnmobilurlauber trägt eine große Verantwortung und sein Verhalten muss dieser Verantwortung auch gerecht werden. Bestimmt hat mancher, dem Sie auf Ihrer Tour begegnen und sich unwürdig verhält, das gleiche Büchlein in der Hand wie Sie. Er weiß zumindest jetzt worum es geht. Sprechen Sie ihn an und weisen Sie ihn auf sein Fehlverhalten hin.

Der nächste freut sich, wenn er den Stellplatz sauber vorfindet, denn auch er hat sich seinen Urlaub verdient!

Vor allem aber: Wir erhöhen damit die Chance, dass uns unsere über alles geliebte Wohnmobil-Freiheit noch lange erhalten bleibt.

Helfen Sie mit, den guten Ruf unserer Womo-Familie zu wahren! Tragen Sie dazu bei, dass einzelne ihn nicht in den Schmutz ziehen!
Wir danken Ihnen im Namen aller Womo-Freunde –

Ihr WOMO-Verlag

Stichwortverzeichnis

12 Apostel 238

A

ABENBERG 212
Abtei Niederalteich 321
Abtei Oberalteich 303
Abtei Waldsassen 128
Adam Ferdinand Tietz 100
Alexander von Humboldt 22
ALTDORF 259
Alte Hofhaltung (Bamberg) 98
ALTENBURG 93
ALTENVELDORF 253
Altes Rathaus (Bamberg) 96
Altes Rathaus (Regensburg) 275
Altes Schloss (Bayreuth) 71
Altmühlradweg 238
Altmühlsee 218
Altmühltherme (Treuchtlingen) 221
AMBERG 156
AMF-Museum 43
Archaeopteryx 237, 241
Armesberg 113
ARNBRUCK 300
AUERBACH IN DER OPF. 166
AUFSESS 87

B

Bachlehrpfad 312
BAD ABBACH 272
BAD BERNECK 47
BAD KÖTZTING 301
BAD STAFFELSTEIN 102
BAD STEBEN 21
Baille-Maille-Lindenallee 50
BAMBERG 94-97
BÄRNAU 125
Baumwipfelpfad (Nationalpark Bayerischer Wald) 313
BAYERISCH EISENSTEIN 296
BAYREUTH 70-73
Becherstalagmit 268
Befreiungshalle 270
Benediktinerkloster Michelfeld 168
Berchinale 250
BERCHING 248
Bergbau- und Industriemuseum Ostbayern 159
Bergbau-Museum (Kupferberg) 56
BETZENSTEIN 171
Binghöhle 86
Bischofsgrün 45
BLANKENSTEIN 25
Blasturm (Gunzenhausen) 220
Blechschmidtenhammer 20
Bleistiftschloss 189
Bocklweg 142
BODENMAIS 299
BOGEN 303
Bootstour auf der Altmühl 244
Breitenbrunn 250
Brombachsee 217
Brückelsee 285
Brückkanal 258
BRÜNNBERG 82
Burg Abenberg 213
Burg Falkenberg 135
Burg Gößweinstein 85
Burg Hartenstein 164
Burg Kipfenberg 244
Burg Neuhaus 138
Burg Parsberg 251
Burg Prunn 267
Burg Rabenstein 79
Burg Veldenstein 164
Burg Waischenfeld 77
Burg Wernberg 155
Burg Zwernitz 67
Bürgermeister-Müller-Museum 237
Burggrafenburg (Nürnberg) 184
BURGKUNSTADT 60
BURGLENGENFELD 282
Burgruine Epprechtstein 36
Burgruine Flossenbürg 122
Burgruine Hilpoltstein 230
Burgruine Leuchtenberg 153
Burgruine Lupburg 252
Burgruine Randeck 267
Burgruine Waldeck 112
Burgruine Weißenstein 308
BURGSALACH 224
Burgus (Burgsalach) 224

C

CADOLZBURG 190
CHAM 293
Christkindlsmarkt (Nürnberg) 182
COBURG 9
Creussen 109

D

DB Museum Nürnberg 187
DECHSENDORF 196

DEGGENDORF 305
Deutsch-Deutsches Museum Mödlareuth 27
Deutsches Zinnfigurenmuseum 58
Deutschen Dampflokomotivmuseum 51
Deutsches Korbmuseum 63
Deutschordensschlosses 210
Dietelhof 54
DIETFURT an der Altmühl 263
Dietrich Bonhoeffer 123
Dillighaus 101
Döbraberg 18
DOLLNSTEIN 238
Dom Sankt Peter (Regensburg) 277
Donaudurchbruch = Weltenburger Enge 271
DONAUSTAUF 291
Dreiburgensee 319
Dürerhaus (Nürnberg) 185

E

Edelmannshof 289
EFFELTRICH 198
Eger 34
EGING AM SEE 319
EGLOFFSTEIN 175
Ehrenbürg 199
EICHSTÄTT 239
Einsiedelei Klösterl 271
Eixendorfer See 148
ELLINGEN 228
Ellinger Tor (Weißenburg) 227
Erbmühle 250
Eremitage (Bayreuth) 73
ERLANGEN 196
ESCHENBACH in der Oberpfalz 114-116
ESCHLKAM 295
ESLARN 144
Eugen Gomringer 38
Eulen- und Greifvogelpark (Burg Rabenstein) 81
Europäisches IndustrieMuseum für Porzellan 33
Europäisches Museum für Technische Keramik 33

F

Faberschloss 189
Fackelmann Therme 161
FALKENBERG 135
Falkenhof (Riedenburg) 264
Falkenstein 293
Fehnturm (Herzogenaurach) 194
Feisnitz-Stausee 131
Felsenbad (Pottenstein) 83
Felsengarten Sanspareil 66
Felsenlabyrinth Luisenburg 41
Feng Shui Park 321
Festspielhaus (Bayreuth) 70
Festung Rosenberg 14-15
Fichtelsee 43
FLOSSENBÜRG 122
FORCHHEIM 200
Förmitzspeicher 31
Fossa Carolina 221
Fossilien-Besuchersteinbruch Mühlheim 237
Frankenwaldsee 24
Fränkische Bierakademie 95
Fränkische Brauereimuseum 95
Fränkische Schweiz 78
Fränkisches Seenland 215
Fränkisches Wunderland 166
Frechshaus (Forchheim) 201
Freilichtmuseum Finsterau 314
Freizeithugl 133
FRIEDENFELS 133
Friedrich-Wilhelm-Stollen 21
Fünf-Seidla-Steig 175
Fürstenzeche 296
FÜRTH 191
FURTH im Wald 294

G

Gabreta (Keltendorf) 320
Gaisweiher 124
Gartenkunst-Museum Schloss Fantaisie 76
Geißkopf 307
Geologische Lehrpfad Kemnather Land 112
Geologischer Lehrpfad (Tännesberg) 152
GeoPark Kaolinrevier 156
GEO-Zentrum an der KTB 138
Germanische Nationalmuseum (Nürnberg) 187
Giechburg 101
Goldene Meile (Schwabach) 233
GOLDKRONACH 46
Goldlehrpfad 151
Goldschläger (Schwabach) 233
GÖSSWEINSTEIN 84
GRÄFENBERG 176
GREDING 245
Greifvogelpark (Wunsiedel) 40
Grenzlandturm 125
Großbüchlberg 133
Großer Arber 299
Großer Brombachsee 217
Großer Pfahl 301
Großer Rußweiher 115
Großer Waldstein 37

Größter Bierkrug der Welt (Oberviechtach) 151
Grüner Markt (Fürth) 193
Gügelkirche 101
GUNZENHAUSEN 220

H

Hallersches Haus (Nürnberg) 186
Handwerkerhof 181
Hans-Eisenmann-Haus 313
Haus Wahnfried 71
Haus zur Wildnis 312
HECKENHOF 88
HEIDECK 228
Heilige Walburga 199
Heilig-Geist-Spital 181
Henkersteg (Nürnberg) 186
Herrieder Tor (Ansbach) 206
HERSBRUCK 160
HERZOGENAURACH 194
HILDWEINSREUTH 124
HILLSTETT 148
HILPOLTSTEIN 229
HIMMELKRON 49
Hirschsprung 21
Hirsvogelsaal (Nürnberg) 183
Historische Wurstküche (Regensburg) 274
Historischer Eisenhammer 231
HOCHSTAHL 88
HOF 29
Hofgarten (Ansbach) 207
Hofmark-Museum (Riedenburg) 266
Hohenmirsberger Platte 82
Hoher Bogen 295
Höhle Schulerloch 268
Höllental 20
Holzweg 116
Hopfengut Mühlreisig 214
Hornschuhpromenade (Fürth) 192
Hugenottenbrunnen (Erlgn.) 197
Hugenottenkirche (Erlgn.) 197
HUNDSHAUPTEN 174

I-J

idea DschungelParadies 52
JANDELSBRUNN 315
Johann Andreas Eisenbarth 150
Jura-Museum (Eichstätt) 241

K

Kaiserburg (Nürnberg) 184
Kaiserdom (Bamberg) 97
Kaisertherme Bad Abbach 272
Kaiserweg 34
KALLMÜNZ 281
Kammerer's Mühle (Forchhm.) 202
Kappl (Wallfahrtskirche) 130
Karlsgraben 221
Kastell Biriciana 225
Katharinenberg 40
KELHEIM 269
Kellerwald 200
Keltendorf Gabreta 320
KEMNATH 111
KIPFENBERG 244
KIRCHEHRENBACH 199
KIRCHENLAMITZ 36
Klauskirche 172
Kleiner Kulm 114
Kleiner Rußweiher 115
Klein-Venedig (Bamberg) 98
Kleinziegenfeld 66
Kleinziegenfelder Tal 65
Kloster Banz 105
Kloster Marienweiher 55
Kloster Pielenhofen 279
Kloster Plankstetten 247
Kloster Weltenburg 272
Klosterdorf Speinshart 114
Klosterdorf Windberg 302
Knopfmuseum 125
Kongresshalle und Dokumentationszentrum Reichsparteitaggelände 180
König Ludwig I. 292
König-Otto-Höhle 254
Konzentrationslager Flossenbürg 123
Koppetentorturm (Wunsiedel) 39
Korbmacherstadt 63
Kornhaus 214
KOTTINGWÖRTH 262
KRONACH 14-16
KROTTENSEE 165
KULMBACH 57
Kulturweg Egloffstein 175
Kulzer Moos 150
KUPFERBERG 56
Kurfürstenbad (Amberg) 158

L

LALLING 321
LAM 296
Landschaftsmuseum Obermain 59
Langheimer Amtshof 58
LAUF AN DER PEGNITZ 177
LEUCHTENBERG 153
LICHTENBERG 23
LICHTENFELS 63
Limes 224
Localbahnmuseum (Bayerisch Eisenstein) 297

Lohengrin Therme (Bayreuth) 70
Lucky Stable Ranch 14
Ludwig-Donau-Main-Kanal 257
Ludwigskanal 257
Luisenburg (Felsenlabyrinth) 41
LUPBURG 252
Lutherkirche (Bad Steben) 22

M

Maffeischächte 167
Magistratshaus (Forchheim) 201
Main-Donau-Kanal 230
Malefizturm 110
MARIENWEIHER 55
Markgräfliche Residenz (Ansbach) 206
Markgräfliches Opernhaus (Bayreuth) 72
Markgräfliches Schloss (Erlangen) 196
MARKTLEUTHEN 35
MARKTREDWITZ 131
Marktredwitzer Krippenweg 131
Maxhütte 159
Maximiliansgrotte 165
MEMMELSDORF 100
MERKENDORF 209
MICHELAU i.Ofr. 63
MICHELFELD 168
Mittelpunkt Mitteleuropas 124
MITTERTEICH 132
MITWITZ 13
MÖDLAREUTH 28
Monte Kaolino 155
Morgenländischer Bau 67
Mühlenweg 17
MÜNCHENREUTH 129
Murner See 285
Museum für historische Maybach-Fahrzeuge 257
Museum Porzellan (Mitterteich) 132

N

Naab (Paddeltour) 280
NABBURG 289
NAILA 19
Nassauerhaus 181
Nationalpark Bayerischer Wald 308
Naturpark Fränkische Schweiz 64
Naturschutzgebiet Waldnaabtal 134
Nepal-Himalaya-Pavillon 292
Neue Residenz (Bamberg) 96
NEUENMARKT 51
Neues Schloss (Bayreuth) 71
NEUHAUS an der Pegnitz 165
NEUKIRCHEN b. Heiligen Blut 295
NEUMARKT in der Opf. 255
NEUNBURG vorm Wald 149
NEUSATH 288
NEUSTADT am Kulm 114
NEUSTADT a.d. Waldnaab 139
NÜRNBERG 178
Nürnberger Christkindlesmarkt 182

O

Oberfränkisches Bauernhofmuseum 54
Obergermanisch-rätischer Limes 224
Oberilzmühle 318
OBERMURACH 152
OBERNSEES 76
OBERNZELL 317
Oberpfälzer Freilandmuseum 288
Oberpfälzer Seenland 285
Oberpfalzturm 134
OBERVIECHTACH 150
Ochsenkopf 44
Orangerie (Ansbach) 207
ORNBAU 208

P

Palm Beach (Stein) 190
PAPPENHEIM 235
Pappenheimer 236
PARKSTEIN 117
PARSBERG 251
PASSAU 317
Pegnitz (Fluss) 162
PEGNITZ (Stadt) 169
Perlsee 146
PERSCHEN 289
PFÜNZ 242
Planetenweg 107
PLANKSTETTEN 247
Plassenburg 58
PLEYSTEIN 142
PLÖCKENSTEIN 315
POMMERSFELDEN 202
Porzellanikon 33
POTTENSTEIN 83
PRUNN 266

R

RANDECK 267
Rauher Kulm 114
REGEN 307
REGENSBURG 273
Reichsstädtische Bauten (Nürnberg) 184
Rennsteig 25

Residenz Ellingen 228
Residenzplatz (Eichstätt) 240
RIEDENBURG 264
Riffelmacherhaus (Roth) 232
RÖDENTAL 12
Römer und Bajuwaren Museum 244
Römerturm (Burgsalach) 224
ROSENBERG 159
Rosenthal Museum 33
Rosner's Gläserne Lebkuchenmanufaktur 129
ROTH 232
Rothsee 230
RÖTZ 148
RUDOLPHSTEIN 27
Ruine Neideck 86
Ruine Weißenstein 134
Ruine Wolfstein 255
Ruinentheater 67

S

Salzstadel (Regensburg) 274
Sandkerwa 99
Sankt Emmeram (Regensburg) 276
Sankt Englmar 302
Sankt Gumbertus (Ansbach) 205
Sankt Johannis (Ansbach) 205
Sankt Laurentius (Thurnau) 69
Sankt Lorenz 181
Sankt Walburga (Beilngries) 262
Sanspareil (Felsengarten) 66
Scharfrichterhaus 110
SCHESSLITZ 101
Schiefe Ebene 51
Schloss Alexandersbad 41
Schloss Arnsberg 243
Schloss Burgfarrnbach 194
Schloss Callenberg 12
Schloss Eggersberg (Riedenburg) 266
Schloss Ehrenburg 10
Schloss Emmeram (Regensburg) 276
Schloss Fantaisie 75
Schloss Greifenstein 90
Schloss Hirschberg (Beilngries) 261
Schloss Ratibor (Roth) 232
Schloss Rosenau 12
Schloss Rosenburg (Riedenburg) 264
Schloss Seehof 100
Schloss Unteraufseß 89
Schloss Weißenstein 202
Schmetterlingspark = idea DschungelParadies 52
Schulerloch 268

SCHWANDORF 286
SCHWARZENBACH am Wald 18
SCHWARZENBACH a.d.S. 31
Sebalduskirche (Nürnberg) 182
Seebarnhammer 148
SELB 32
Sibyllenbad 126
Silbersee 146
SOLNHOFEN 236
SONNEFELD 61
Sonnentempel (Eremitage Bayreuth) 73
Sophie at night 81
Sophienhöhle 80
SPALT 214
Staffelberg 102
Stauffenberg, Claus Schenk v. 91
STEIN 189
Steinachklamm 17
Steinberger See 284
Steinerne Brücke (Regensburg) 273
Steinwald 133
Stephansdom (Passau) 317
Stiftland 121
Stiftsbibliothek der Abtei Waldsassen 128
STRAUBING 303
STREITBERG 85
STRÖSSENDORF 60
SULZBACH-ROSENBERG 160

T

TÄNNESBERG 152
Tatzelwurm 267
Tauritzmühle 111
Teufelshöhle (Pottenstein) 82
Theresienstein 29
Thermen:
Altmühltherme (Treuchtlingen) 221
Freizeitbad Atlantis (Herzogenaurach) 194
Fackelmann Therme (Hersbruck) 161
Kaisertherme (Bad Abbach) 272
Lohengrin Therme (Bayreuth) 70
Kurfürstenbad (Amberg) 159
Obermain Therme (Bad Staffelstein) 102
Palm Beach (Stein) 190
Sibyllenbad (Neualbenreuth) 126
Therme Obernsees (Obernsees) 76
Therme Weißenstadt (Weißenstadt) 38

Weidener Thermenwelt (Weiden) 119
THEUERN 158
THIERSTEIN 34
THURNAU 68
Tierpark Bayerwald 296
Till Eulenspiegel Museum 17
Tillyschanz 144
TIRSCHENREUTH 135
Tirschenreuther Teichlandschaft 136
TITTLING 319
Totenbretter 301
Trausnitz 153
Trausnitztalsperre 153
Trubachtal 173
Trubachweg 173
Tucherschloss (Nürnberg) 183
TÜCHERSFELD 78

U

UNTERSIEMAU 107
Untreusee 31
Urwald-Erlebnisweg 308

V

VELBURG 253
VELDEN 162
Verkehrsmuseum (Nürnberg) 187
Veste Coburg 11
Vetoniana (Pfünz) 242
VIECHTACH 301
Vierzehnheiligen 104
Vituskapelle Kottingwörth 262
VOHENSTRAUSS 141

W

WACKERSDORF 285
WAIDHAUS 143
WAISCHENFELD 77
Walberla 199
WALDAU 141
WALDHÄUSER 313
WALDKIRCHEN 315
WALDMÜNCHEN 147
Waldnaab 134
Waldnaabtalmuseum 138
WALDSASSEN 127
Waldwipfelweg (Sankt Englmar) 302
Walhalla 292
Wallfahrtskirche (Schwandorf) 288
Wasserbüffel 250
Weg des Granits 122
Wehrkirche Effeltrich 198
WEIDEN in der Oberpfalz 118
Weidener Thermenwelt 119
Weinfurtner Glasdorf 300
WEISMAIN 64
WEISSENBURG 225
WEISSENOHE 175
WEISSENSTADT 38
Weißenstädter See 37
Weißgerbergasse (Nürnberg) 185
Wellheimer Tal 238
Weltenburger Enge 271
Wenzelschloss 177
WERNBERG-KÖBLITZ 155
Wiesenttal 78
Wildpark Höllohe 283
Wildpark Hundshaupten 174
Wildpark Stückberg 144
Wilhelm Canaris 123
Willibaldsburg (Eichstätt) 240
WINDBERG 302
WINDISCHESCHENBACH 137
WINDSBACH 212
WIRSBERG 53
Wolfram von Eschenbach 210
WOLFRAMS-ESCHENBACH 209
WONSEES 66
Wülzburg 223
WUNSIEDEL 39
Wunsiedler Weiher 34

Z

Zoiglbier 137
ZWIESEL 297

Bildnachweis:

Alle Bilder und Karten stammen vom Autor Heiner Newe mit Ausnahme folgender Aufnahmen:
Festspielhaus Bayreuth S.70: Otto Durst - Fotolia. **Markgräfliches Opernhaus Innenaufnahme** S.72: Reinhard Feldrapp, Neila. **Therme Obernsees** S.76: Birgit Engelhardt, Osnabrück. **Sibyllenbad** S.126: Kurmittelhaus Sibyllenbad. Bierkrug S.151: Ludwig Berger, Oberviechtach. **Maximilliansgrotte** S.166: Rudolf Weber, Auerbach i.d.OPf..Treppenhaus **Schloss Weißenstein** S.203: Verwaltung des Schlosses Weißenstein, Pommersfelden. **Kornhaus in Spalt** S.214: Otto Durst - Fotolia. **Radabweiser in Waldkirchen** S.315: hwtravel - Fotolia.

Der WOMO®-Knackerschreck

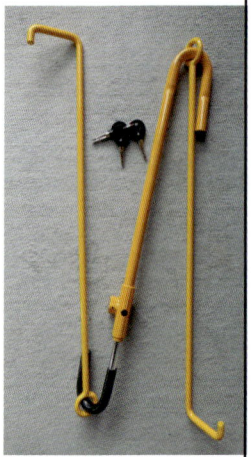

* ist die universelle und **sofort sichtbare Einbruchssperre**.
* Wird einfach in die beiden Türarmlehnen eingehängt, zusammengeschoben und abgeschlossen.
* Passend für Ducato, Peugeot, Renault Master, MB Sprinter und VW (alle Typen).
* Krallen aus 10 mm massivem, einbrennlackiertem Stahl, d. h. nahezu unverwüstlich.

Nur 54,90 € – und nur bei WOMO!

Der WOMO®-Aufkleber

* passt mit 14 cm Breite auch auf Ihr Wohnmobil.
* ist das weit sichtbare Symbol für alle WOMO-Freunde.

0,00 € – und nur bei WOMO!

Der WOMO®-Leserservice

Passend zu unseren Reiseführern bieten wir in unserem Online-Buchshop unter **www.womo.de** an:

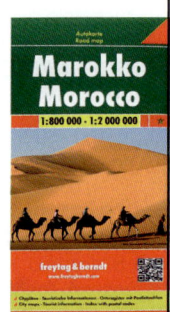

* Die besten **Autokarten** von Michelin, Freytag & Berndt, Reise-know-how, die garantiert die komplette Reiseroute abdecken.
* Die Kauderwelsch-**Wörterbücher** für jede Sprache unserer Reiseländer.
* Von jedem Reiseland mindestens einen Rother-**Wanderführer** über die schönsten Wanderregionen.
* Eine **GPS-CD** für jeden Reiseführer mit allen Koordinaten zur schnellen Übertragung auf

Info-Blatt aus dem WOMO-Buch: Bayern NO '14
(komplett ausgefüllt erhalte ich 10% Info-Honorar auf Bestellungen direkt beim Verlag)

Lokalität: **Seite:**   **Datum:**
(Stellplatz, Campingplatz, Wandertour, Gaststätte, usw.)
- ○ unverändert   ○ gesperrt/geschlossen   ○ folgende Änderungen:

Lokalität: **Seite:**   **Datum:**
(Stellplatz, Campingplatz, Wandertour, Gaststätte, usw.)
- ○ unverändert   ○ gesperrt/geschlossen   ○ folgende Änderungen:

Lokalität: **Seite:**   **Datum:**
(Stellplatz, Campingplatz, Wandertour, Gaststätte, usw.)
- ○ unverändert   ○ gesperrt/geschlossen   ○ folgende Änderungen:

Lokalität: **Seite:**   **Datum:**
(Stellplatz, Campingplatz, Wandertour, Gaststätte, usw.)
- ○ unverändert   ○ gesperrt/geschlossen   ○ folgende Änderungen:

Lokalität: **Seite:**   **Datum:**
(Stellplatz, Campingplatz, Wandertour, Gaststätte, usw.)
- ○ unverändert   ○ gesperrt/geschlossen   ○ folgende Änderungen:

Lokalität: **Seite:**   **Datum:**
(Stellplatz, Campingplatz, Wandertour, Gaststätte, usw.)
- ○ unverändert   ○ gesperrt/geschlossen   ○ folgende Änderungen:

Meine Adresse und Tel.-Nummer:
(nur komplett ausgefüllte, zeitnah eingesandte Infoblätter können berücksichtigt werden)

Info-Blatt aus dem WOMO-Buch: Bayern NO '14
(komplett ausgefüllt erhalte ich 10% Info-Honorar auf Bestellungen direkt beim Verlag)

Lokalität: **Seite:**   **Datum:**
(Stellplatz, Campingplatz, Wandertour, Gaststätte, usw.)
- unverändert
- gesperrt/geschlossen
- folgende Änderungen:

Lokalität: **Seite:**   **Datum:**
(Stellplatz, Campingplatz, Wandertour, Gaststätte, usw.)
- unverändert
- gesperrt/geschlossen
- folgende Änderungen:

Lokalität: **Seite:**   **Datum:**
(Stellplatz, Campingplatz, Wandertour, Gaststätte, usw.)
- unverändert
- gesperrt/geschlossen
- folgende Änderungen:

Lokalität: **Seite:**   **Datum:**
(Stellplatz, Campingplatz, Wandertour, Gaststätte, usw.)
- unverändert
- gesperrt/geschlossen
- folgende Änderungen:

Lokalität: **Seite:**   **Datum:**
(Stellplatz, Campingplatz, Wandertour, Gaststätte, usw.)
- unverändert
- gesperrt/geschlossen
- folgende Änderungen:

Lokalität: **Seite:**   **Datum:**
(Stellplatz, Campingplatz, Wandertour, Gaststätte, usw.)
- unverändert
- gesperrt/geschlossen
- folgende Änderungen:

Meine sonstigen Tipps und Verbesserungswünsche:

Wir bestellen zur sofortigen Lieferung:
(Alle Preise in € [D], Preisänderungen vorbehalten)

- ☐ Wohnmobil Handbuch .... 19,90 €
- ☐ Wohnmobil Kochbuch .... 12,90 €
- ☐ Albanien .... 19,90 €
- ☐ Allgäu .... 17,90 €
- ☐ Auvergne .... 19,90 €
- ☐ Baltikum .... 20,90 €
- ☐ Bayern (Nordost) .... 19,90 €
- ☐ Bayern (Südost) .... 19,90 €
- ☐ Belgien & Luxemburg .... 19,90 €
- ☐ Bretagne .... 18,90 €
- ☐ Burgund .... 17,90 €
- ☐ Dänemark .... 19,90 €
- ☐ Elsass .... 19,90 €
- ☐ England (Süden) .... 19,90 €
- ☐ Finnland .... 19,90 €
- ☐ Franz. Atlantikküste (Nord) .... 19,90 €
- ☐ Franz. Atlantikküste (Süd) .... 17,90 €
- ☐ Franz. Jura .... 19,90 €
- ☐ Griechenland .... 19,90 €
- ☐ Hessen (Norden + Osten) .... 19,90 €
- ☐ Hessen (Mitte + Süden) .... 19,90 €
- ☐ Hunsrück/Mosel/Eifel .... 19,90 €
- ☐ Irland .... 19,90 €
- ☐ Korsika .... 18,90 €
- ☐ Kroatien/Montenegro .... 19,90 €
- ☐ Latium/Rom/Abruzzen .... 18,90 €
- ☐ Ligurien .... 17,90 €
- ☐ Loire-Tal/Paris .... 17,90 €
- ☐ Languedoc/Roussillon .... 19,90 €
- ☐ Marokko .... 19,90 €
- ☐ Mecklenburg-Vorpommern (Ost) .... 18,90 €
- ☐ Mecklenburg-Vorpommern (West) .... 18,90 €
- ☐ Namibia .... 19,90 €
- ☐ Neuseeland .... 24,90 €
- ☐ Niederlande .... 19,90 €
- ☐ Nord-Frankreich .... 18,90 €
- ☐ Normandie .... 19,90 €
- ☐ Norwegen (Nord) .... 19,90 €
- ☐ Norwegen (Süd) .... 19,90 €
- ☐ Österreich (Ost) .... 19,90 €
- ☐ Österreich (West) .... 18,90 €
- ☐ Ostfriesland .... 20,90 €
- ☐ Peloponnes .... 18,90 €
- ☐ Pfalz .... 19,90 €
- ☐ Piemont/Aosta-Tal .... 19,90 €
- ☐ Polen (Nord/Masuren) .... 19,90 €
- ☐ Polen (Süd/Schlesien) .... 19,90 €
- ☐ Portugal .... 17,90 €
- ☐ Provence & Côte d'Azur (Ost) .... 19,90 €
- ☐ Provence & Côte d'Azur (West) .... 19,90 €
- ☐ Rumänien .... 19,90 €
- ☐ Pyrenäen .... 19,90 €
- ☐ Sachsen .... 18,90 €
- ☐ Sardinien .... 19,90 €
- ☐ Schleswig-Holstein .... 19,90 €
- ☐ Schottland .... 18,90 €
- ☐ Schwarzwald .... 17,90 €
- ☐ Schweden (Nord) .... 18,90 €
- ☐ Schweden (Süd) .... 19,90 €
- ☐ Schweiz (Ost) .... 19,90 €
- ☐ Schweiz (West) .... 19,90 €
- ☐ Sizilien .... 18,90 €
- ☐ Slowenien .... 18,90 €
- ☐ Spanien (Nord/Atlantik) .... 19,90 €
- ☐ Spanien (Ost/Katalonien) .... 18,90 €
- ☐ Spanien (Süd/Andalusien) .... 18,90 €
- ☐ Südafrika (Krüger NP) .... 24,90 €
- ☐ Süditalien (Osthälfte) .... 19,90 €
- ☐ Süditalien (Westhälfte) .... 19,90 €
- ☐ Süd-Tirol .... 18,90 €
- ☐ Thüringen .... 19,90 €
- ☐ Toskana & Elba .... 20,90 €
- ☐ Trentino/Gardasee .... 18,90 €
- ☐ Tschechien .... 18,90 €
- ☐ Tunesien .... 17,90 €
- ☐ Türkei (West) .... 18,90 €
- ☐ Türkei (Mitte-Kappadokien) .... 17,90 €
- ☐ Umbrien & Marken mit Adria .... 18,90 €
- ☐ Ungarn .... 17,90 €
- ☐ Venetien/Friaul .... 19,90 €
- ☐ Wales .... 18,90 €

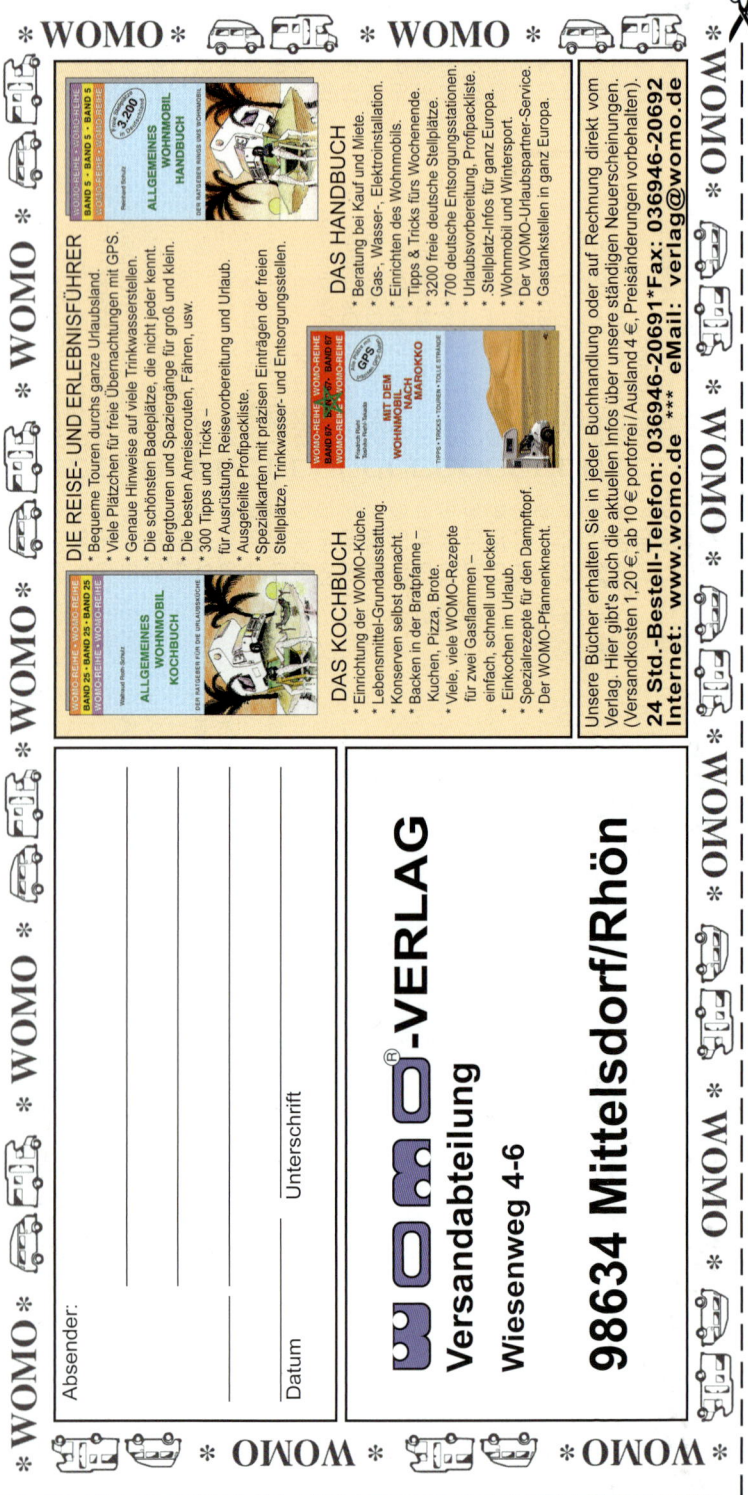